# 论单边开放

全球剧变下的中国开放新命题与新思考

郑永年 著

浙江人民出版社

图书在版编目（CIP）数据

论单边开放 ：全球剧变下的中国开放新命题与新思考 / 郑永年著. -- 杭州 ：浙江人民出版社, 2025.5.
ISBN 978-7-213-11959-0

Ⅰ．F125

中国国家版本馆CIP数据核字第20255BS360号

# 论单边开放

## ——全球剧变下的中国开放新命题与新思考

郑永年　著

出版发行：浙江人民出版社（杭州市环城北路177号　邮编　310006）
　　　　　市场部电话：(0571)85061682　85176516
组　　稿：王利波
责任编辑：莫莹萍　胡佳莹
营销编辑：陈雯怡　张紫懿
责任校对：陈　春
责任印务：程　琳
装帧设计：王　芸
电脑制版：杭州兴邦电子印务有限公司
印　　刷：浙江新华数码印务有限公司
开　　本：710毫米×1000毫米　1/16　　印　张：25.75
字　　数：265千字　　　　　　　　　　　插　页：5
版　　次：2025年5月第1版　　　　　　　印　次：2025年5月第1次印刷
书　　号：ISBN 978-7-213-11959-0
定　　价：98.00元

如发现印装质量问题，影响阅读，请与市场部联系调换。

# 引 言

我一直认为,"开放"的价值无论怎样强调,都不过分。对一个国家而言,开放是其融入世界、推动现代化进程以及实现经济社会转型的重要且几乎唯一的途径。开放意味着资源、技术、人才、思想观念的流动与交融,它能够打破封闭的体制壁垒,激发内部活力,形成内外联动的发展格局,是提升国家竞争力的必要条件;对世界而言,开放更是促进国际社会和平稳定、推动共同繁荣以及人类文明向前发展的核心动力之一。经验地看,封闭往往带来误解、对立和冲突,而开放则在实现生产要素与产品互相嵌合的基础上,进一步推动了思想和文化的传播与融合,使得不同文明能够在对话中增强包容性,并且在经济、社会和政治层面都实现真正的可持续发展。

然而,近年来随着国际局势的深刻变化,各主要经济体以及新崛起的政治力量对于开放的理解和全球的共识正在经历重大的调整。以美国为代表的西方国家在全球化的浪潮中逐渐显现出内向化和保护主义倾向。尤其是特朗普首次执政以来,本就脆弱的国际多边合作机制受到更加严重的冲击，全球开放治理体系中的矛盾愈发突出。一方面，发达国家内部的社会分裂和经济不平等加剧，使得全球化被污名化，第二次世界大战（以下简称二战）后建立的国际合作机制和多边机构受到质疑甚至削弱，国际规则的制定与执行缺乏有效协调，全球治理赤字不断扩大，反过来这又为保护主义和孤立主义倾向的滋生提供了养分；另一方面，新兴市场国家和发展中国家在积极寻求融入全球经济体系和争取更多话语权的过程中，不得不面临更加激烈的大国竞争和地缘政治冲突，原本稳固的全球产业链、技术合作与人员交流，陷入日益加剧的撕裂分隔风险中。许多国家发现，依赖传统的双边或多边合作框架已经不足以应对复杂的国际环境，必须探索更加灵活和主动的开放模式。可以说，以往我们习惯性地从双边或多边合作的角度讨论开放问题，这已难以适应当前国际氛围的深刻变化，更无法充分回应个体国家面对复杂外部环境时的战略选择。因此，我提出"单边开放"这一概念，希望能够作为一种更具主动性和创造性的开放方式，成为应对反全球化逆流、实现国家自主发展的关键战略。

作为全球化的重要参与者和主要受益者之一，中国不仅在过去几十年里通过开放和自力更生实现了经济的飞速发展，而且也率先观察到国际开放气候的变化，提出"当今世界正处于百年未有之大变局"的敏锐判断。这种气候变化也放大了中国实现民族复兴所面临的内外部挑战。从外部来看，美国等西方国家将地缘政治博弈推向新的高潮，传统的冷战思维又如幽灵般徘徊在全球化的上空，导致原有的自由贸易与市场条件以及技术合作渠道受到限制；从内部来看，中国正处于经济转型的关键阶段，以基础设施和房地产投资为抓手的旧驱动模式逐步向新发展模式转变，经济增长的新引擎尤其是新质生产力正加速孕育。在这样的背景下，中国的开放战略也在不断调整。过去，中国主要依赖于融入全球化体系，通过积极参与多边贸易组织和区域合作机制，在开放中寻求发展空间。近年来，从"一带一路"倡议、自由贸易试验区的设立，到海南自由贸易港的建设，再到实施《外商投资法》、进一步缩减外资准入负面清单以及扩大免签国家范围，中国不断通过单边开放的方式，积极推动体制机制创新，为自身发展创造更为有利的条件。对于中国而言，单边开放既是对反全球化逆流的回应，也是对中国如何在复杂国际环境中实现和平崛起的一种全新探索。

中国的发展经验表明，开放不仅是一种经济战略，更是一种文化实践，是中国独特文明传统与现代化进程相结合的产物。单边开放体现的是中国世俗文明中"以我为主、兼容并蓄"的智慧。中国的和平崛起，正是这种文化与实践的体现。通过单边开放，中国不仅可以继续吸引全球资源和要素，更能够以开放倒逼改革，推动国内的制度优化和结构性改革，最终实现更高水平的经济社会发展。同时，中国的单边开放更是一种对外部世界充满包容与合作意愿的主动尝试，是对全球治理的积极贡献。与西方国家的开放观念相比，中国的单边开放具有独特的文化和实践逻辑。西方的开放更多以经济利益为导向，强调资本的自由流动和市场的主导地位，而中国的开放更加强调"共赢"和"合作"的理念。这种理念不仅源于中国传统文化中"和而不同"的哲学思想，也反映出中国在现代化进程中对和平发展的执着追求。中国的单边开放并不是对双边或多边合作的替代，而是为国际合作创造新条件、注入新动力的一种战略选择。可以说，中国的单边开放为全球化提供了一种新的可能性，即如何在保持国家自主性的基础上，通过主动开放实现更高层次的国际合作。更重要的是，单边开放不是一种狭隘的"独善其身"，而是一种"以我为主"的全球化战略，是在复杂国际环境中实现自主发展与国际合作辩证统一的创新实践。

总体上，本书的内容主要基于我近年来一系列的观察与研究，在一定程度上反映了单边开放这一概念从萌芽到逐渐成熟的整个过程，同时我也试图探讨坚定地选择这一战略在国际和国内层面的多重意义。具体来看，全书内容既基于对不同国家实践和理论的研究，也结合了中国自身的发展经验，主要尝试回答以下三个方面的核心问题：一是在全球化面临挑战的背景下，单边开放的内在逻辑是什么，它如何成为应对国际不确定性的重要工具？二是中国如何通过单边开放，推动自身的高质量发展，并为全球经济治理贡献新的思路？三是在当前形势下，单边开放面临的挑战有哪些，中国如何更好地与世界沟通协调，以共同应对和解决这些挑战？

由此，本书的主体框架也将主要分为三大部分。首先，辨析单边开放的概念，探讨其理论逻辑和实践经验，分析它如何成为应对国际不确定性的重要工具；其次，结合中国的历史经验与最新的成功案例，探讨单边开放如何推动中国的高质量发展，并为全球经济治理贡献新的思路；最后，讨论单边开放面临的挑战以及应对之策，尤其是中国与世界各国如何一同扭转对开放的误解，并建设更加公正、合理、包容的全球秩序。

有趣的是，"单边开放"这一概念在2020年全球受新冠大流行冲击不得不阶段性封闭的背景下开始在我脑海中萌发，而本书的成型又恰逢特朗普2.0时代，这些特殊的现实背景赋予了其独特的注脚以及更深刻的现实意义。我们希望，通过本书的讨论，能够为学术界、政策制定者以及更广泛的公众提供一种新的视角，帮助大家更深入地理解单边开放的本质及其可能带来的巨大潜力。在全球化遭遇逆流、国际秩序深刻调整的当下，重新审视开放的路径和方式，将对一个国家的长远发展产生深远影响。单边开放，作为一种主动、包容而又灵活的战略选择，或许正是破解当今世界发展困局的一把钥匙。希望本书的出版，能够为中国及其他国家在新时代的开放与发展提供启发，并为全球秩序的变革贡献一份智慧。

需要强调指出的是，无论是我自己还是研究团队，对单边开放的研究都还处于早期阶段。尽管这本小册子里提出的一些命题和观点是建立在世界经济历史经验之上的，但仍然有待继续深化发展，也有待更多的经验验证。和近代以来的大多数社会科学概念一样，单边开放是一个经验命题，是可以验证的，因此也是开放的。所以，无论是对作者来说还是对这个问题感兴趣的学者来说，希望这本小册子都能够起到一个开端的作用。

出版《论单边开放》这本小册子的想法从提出这一概念的早期就有了，但一直苦于找不到一整块的时间来做这件事。在过去的几年，尽管我把很大精力放在"平准经济学"的研究项目上，但也一直在思考单边开放问题。我在各种论坛和媒体采访中也不断表达我对单边开放的理解。前海国际事务研究院有一个传统，每周二上午都有一个内部集体讨论，既讨论热点问题，也讨论理论问题。在周二讨论会上，大家多次讨论单边开放的概念及其相关的政策。华南理工大学公共政策研究院和广州粤港澳大湾区的同仁也对这个概念有很多的研究和讨论。这个概念的发展也受益于很多年轻学者的想法，无论是他们所给予的评论还是提供的相关的案例应用。尽管因为人数很多，在此不一一列出，但他们在阅读这本小册子时可以发现，他们的一些相关的想法已经包含在里面了。

单边开放这一课题所涉及的内容是非常广泛的。我发现，很难把这些年所想所思的所有内容都放进这本小册子中。为了给读者一个比较完整的思路，很多想法都被简化甚至省略了。作为弥补，我把这些年所写的一些文章和接受的采访作为"附录"放在后面，供有兴趣的读者延伸阅读。

这本小册子这次能够出版特别要感谢同事包宏博士的大力帮助。包博士年轻，思想活跃，他认为把我这些年所写、所讲的有关单边开放的文字梳理成一本小册子是非常有意义的，至少这个想法是我们这个时代发展的一部分。他的建议刚好契合我原先的想法。包博士也主动承担了把这些文字整合在一起的任务。没有他的帮助，这本小册子可能依然停留在想法层面。前海国际事务研究院的杨芸淞和伍子尧帮助整理了"附录"这部分。最后，还要感谢浙江人民出版社原总编辑王利波女士，她第一时间阅读了书稿，并给予了积极的回应和建议，责任编辑莫莹萍、胡佳莹为书稿的编校工作倾注了很多心血。得益于她们的鼎力支持，本书才得以如期面世。

# 目　录

## 第一部分　单边开放的理论与国际经验

### 第一章　开放与发展的理论研究　/ 3
　　一、第一理论：劳动分工理论　/ 4
　　二、第二理论：比较优势理论　/ 6
　　三、第三理论：后发优势理论　/ 7

### 第二章　对等开放与单边开放之间的辨析　/ 12
　　一、避免陷入过于强调对等开放的误区　/ 12
　　二、单边开放是按需精准推动　/ 15

### 第三章　单边开放的国际经验与不开放的教训　/ 17
　　一、英国的单边开放　/ 17
　　二、美国的三大开放系统　/ 19
　　三、苏联不开放的深刻教训　/ 23
　　四、中国自身的历史教训　/ 25

## 第二部分　中国单边开放的战略选择

### 第四章　近代以来中国的三次开放　/ 29

一、第一次开放是鸦片战争失败后的被迫开放　/ 29

二、第二次开放是邓小平领导下的主动开放　/ 31

三、正在进行的第三次开放　/ 33

### 第五章　中国的国内外环境与开放政策　/ 36

一、美国的对华恐惧症　/ 37

二、中国内部经济社会发展结构大转型　/ 49

三、AI时代对中国开放的新呼吁　/ 52

### 第六章　中国单边开放的战略意义　/ 59

一、单边开放与国内国际双循环战略　/ 60

二、单边开放与中国式现代化　/ 65

三、单边开放与中国把握AI时代　/ 69

## 第三部分　单边开放的挑战与未来

### 第七章　单边开放面临的国际挑战　/ 79

一、经济不平等导致极端意识形态的崛起　/ 79

二、世界秩序的"封建化"在加速 / 83

三、今天没有人可以低估世界大战的可能性了 / 85

## 第八章 中国的单边开放与再全球化 / 90

一、单边开放是以中国文明破解美国"二元对立"棋局 / 90

二、单边开放是重塑国际秩序的"新动力" / 95

## 第九章 深化单边开放的政策建议 / 98

一、打造开放的人才体系 / 98

二、打好单边开放与双边多边开放的"组合拳" / 101

三、稳步推进资本跨境流动的制度型开放 / 102

四、鼓励中国企业延伸供应链、产业链 / 104

五、警惕全面替代，深化出口导向 / 108

六、要全面开放，更要有效管理，不怕"蚊子飞进来" / 110

七、加快向发达国家实行自主的单边开放 / 110

八、考虑设立一些单边开放特区 / 112

## 附　录　关于单边开放的部分文章和媒体采访

1. 中国要更开放，单边开放也可以（2020-12-11） / 117

2. 时局震荡，中国人当下必须放弃两个幻想（2021-08-22） / 120

3. 切莫让愤怒与仇恨中断了国家的现代化（2021-09-10） / 133

4. 大国就是要更开放（2021-11-28） / 142

5. 中国步入第三次开放，强国关键是规则制定权（2021-12-21） / 153

6. 中国需要第二次入世（2021-12-29） / 160

7. 有限全球化对中国是挑战也是机遇（2022-04-23） / 170

8. 建设"三大世界级平台" 打造可持续发展"南沙样本"
（2022-06-28） / 176

9. 中国践行的多边主义是国际公共产品，不像美国以自我为中心
（2022-12-04） / 186

10. 中国如何实现"高水平开放"（2023-03-21） / 193

11. 开放与发展（2023-04-24） / 197

12. 制度型开放与中国式现代化（2023-05-15） / 205

13. AI时代的中国开放战略（2023-06-27） / 212

14. 高水平开放与中国式现代化（2023-08-24） / 221

15. 中国沿边开放与区域经济一体化（2023-08-28） / 235

16. 共建"一带一路"如何应对经济逆全球化？（2023-10-15） / 244

17. 单边开放化解脱钩（2023-10-25） / 250

18. 制度型开放是把中国带向高质量发展的途径（2023-12-03） / 252

19. 实现更高水平的开放需要更大规模单边开放（2023-12-03） / 254

20. 破解美国的"围堵中国"，最好的武器是"单边开放"
（2023-12-04） / 257

21. 改革开放45周年，我们需要"精准单边开放"（2023-12-07） / 262

22. 把推进中国式现代化作为最大的政治（2024-01-02） / 267

23. 准确把握推进中国式现代化这个最大的政治（2024-01-22） / 271

24. 经济中国的今天与明天（2024-02-08） / 278

25. 未来十年，我的判断（2024-06-24） / 291

26. 扩大单边开放规模，应对"脱钩断链"逆风（2024-07-29） / 301

27. 好的改革需要经济发展牵引其他方面的发展（2024-08-01） / 306

28. 如何回应和管理美国的"中国恐惧综合征"？（2024-08-09） / 321

29. 中国"单边开放"下的国际新秩序（2024-11-08） / 337

30. 中国开放力度还可更大 未来或将重塑世界贸易格局
（2024-11-08） / 346

31. 中国的单边开放政策可能重塑全球贸易格局（2024-11-11） / 349

32. 中国单边开放正重塑全球化（2024-11-15） / 351

33. 中国的开放政策是重塑世贸格局的重要变量（2024-11-15） / 359

34. 不能低估中国对外开放政策重塑全球贸易体系的力量
（2024-12-04） / 361

35. 投资科技创新永远不会过剩（2024-12-08） / 364

36. 未来三年，对真正的企业家是机遇（2024-12-24） / 366

37. 大国竞争看的是谁更开放，更开放的将会是赢家
（2024-12-26） / 372

38. 中国单边开放政策有助于重塑世界贸易格局（2025-01-09） / 376

39. 中国和美国拼的是经济韧性（2025-04-07） / 381

第一部分 ——

# 单边开放的理论与国际经验

在经济全球化深入发展的背景下，开放政策成为推动国家经济增长和融入国际体系的重要工具。然而，关于开放模式的选择，尤其是单边开放，人们往往存在表面化和意识形态化的解读，忽视了其复杂的理论基础和实践逻辑。单边开放不仅是一种经济政策，更是特定历史条件和国家发展战略下的主动选择。本部分围绕单边开放的理论与国际经验展开分析，分为三章内容：第一章梳理开放与发展的理论研究，强调开放对于经济发展的至关重要性；第二章辨析对等开放与单边开放，揭示在复杂的国际政治与经济格局下，对等开放面临诸多制约，相比之下，单边开放是一种更加灵活的自主选择；第三章梳理英、美单边开放的国际经验以及苏联不开放的教训，从实践层面剖析单边开放的作用。通过这一结构化的研究，为深入理解单边开放的内涵与现实意义提供全面的理论和经验支持。

# 第一章

# 开放与发展的理论研究

　　人类进化到今天，开放对于经济发展的意义几乎是不证自明的了。中西方经济学中很多证明能够促进经济发展的概念，都和开放有关，甚至可以说，开放是经济发展的前提。

　　今天人们用国内生产总值（GDP）来衡量一个国家的经济发展。GDP的概念并不高深。GDP就是交易，每一次交易都产生GDP。因此，如果一个人或者一个家庭什么事情都自己来做，那么就不产生GDP。但如果"你帮我做饭，我帮你洗衣服"，那么就产生了GDP。如果从产生GDP的逻辑来看，我们可以认为开放是经济学的核心概念。在什么都自己生产和消费的情况下，也就是不开放的情况下，不会产生任何GDP。只有在自己生产的产品和别人生产的产品之间发生交易的情况下，也就是在开放的情况下，才能产生GDP。

　　论证开放对于发展的意义的著述很多，这里选择了三个经济学理论来做些论证。尽管这些理论是典型的教科书理论，处处可见，但这里主要想从开放的角度来重新对它们加以简单叙述。

## 一、第一理论：劳动分工理论

开放首先涉及有关经济发展的第一理论，即劳动分工理论。在学术界，人们一般认为，劳动分工理论是由200多年前的英国经济学家亚当·斯密在其《国富论》中提出来的。其实不然。正如中国社会科学院张宇燕教授所指出的，早在2000多年前，司马迁就在《史记》里写下了《货殖列传》。"货殖"实际上就是我们现在所说的"增长"。在《货殖列传》中，司马迁专门谈到了怎样实现货殖，特别强调"以所多易所鲜"，即用我多的东西换我少的东西。与司马迁几乎同时代的刘安编写的《淮南子》一书中，也谈到了如何实现自然货殖："以所有易所无；以所工易所拙"，也就是用我有的换我没有的，用我擅长生产的换我不擅长生产的。这里涉及经济学的两个最主要的概念，即"劳动分工"和"交易"。

就经济学发展来说，斯密的确是第一个系统表述劳动分工理论的经济学家。斯密用制造扣针的例子来说明劳动分工的经济意义：一个劳动者，如果对于这职业（分工的结果，使扣针的制造成为一种专门职业）没有受过相当训练，又不知怎样使用这职业上的机械（使这种机械有发明的可能性，恐怕也是分工的结果），那么纵使竭力工作，也许一天也制造不出一枚扣针，要做二十枚，当然是绝不可能了。但按照经营的方法，不但这种作业全部已经成为专门职业，而且这种职业分成若干部门，其中有大多数也同样成为专门职业。一个人抽铁线，一个人拉直，一个人切截，一个人削尖线的一端，一个人磨另一端，以便装上圆头。要做圆头，就需要有两三种不同的操作。装圆头，涂白色，乃至包装，都是专门的职业。这样，扣针的制造分为十八种操作。有些工厂，这十八种操作，分由十八个专门工人担任。固然，有时一人也兼任两三门。斯密说他见过一个这种小工厂，只雇用十个工人，因此在这一个工厂中，有几个工人担任两三种操作。像这样一个小工厂的工人，虽很穷困，他们的必要机械设备，虽很简陋，但他们如果勤勉努力，一日也能成针十二磅。从每磅中针有四千枚计，这十个工人每日就可成针四万八千枚，即一人一日可成针四千八百枚。如果他们各自独立工作，不专习一种特殊业务，那么，他们不论是谁，绝对不能一日制造二十枚针，说不定一天连一枚针也制造不出来。他们不但不能制出今日由适当分工合作而制成的数量的二百四十分之一，就连这数量的四千八百分之一，恐怕也制造不出来。

专业化导致分工，分工导致交换。这几乎是一个无限的过程。亚当·斯密在《国富论》里指出，专业化、分工和交换之间的关系"取决于市场规模的大小，市场规模越大，参与分工和专业化的生产要素就越多，分工也就越细密，大家越可以通过各自优势，比较优势或绝对优势进行交换，并取得更大收益"。后人把斯密这套理论称为"斯密定理"，即经济增长取决于市场规模的扩大，市场规模大了，贸易创造的收益就增长了。

再进一步而言，基于劳动分工之上的市场不仅是有效市场，而且是好的市场。斯密有句名言："请给我以我所要的东西吧，同时，你也可以获得你所要的东西。"斯密认为，人们在经济活动中追求个人利益，正因为每个人都有利己主义，所以，每个人的利己主义又必然被其他人的利己主义所限制，这就迫使每个人必须顾及他人的正当利益，由此而产生了社会利益，社会利益正是以个人利益为立脚点的。这就是所谓"看不见的手"的观点。

亚当·斯密最早提出了分工论，不仅成为经济学的第一理论，而且对经济实践也产生了巨大的影响。因为分工可以提高效率，所以，到20世纪初，美国企业家亨利·福特就把生产一辆车分成了8772个工时。分工论成为主导企业管理的主要模式。

劳动分工理论对于管理理论的发展起到了十分重要的作用，后来的专业分工、管理职能分工、社会分工等理论，都与斯密的这一学说有着"血缘关系"。

## 二、第二理论：比较优势理论

比较优势（Comparative Advantage）的概念解释了为何在拥有较低的机会成本的优势下生产，贸易对双方都有利。比较优势可分为静态比较优势和动态比较优势。当一方（一个人，一间公司，或一国）进行一项生产时所付出的机会成本比另一方低，这一方就拥有了进行这项生产的比较优势。例如，甲国和乙国都只生产衣服与食物，在同质的资源下，甲国生产一单位衣服的机会成本是二单位食物，而乙国生产一单位衣服的机会成本是三单位食物，根据比较优势理论，甲国享有生产衣服的比较优势，便应该专业生产衣服，并出口乙国，以换取食物。若乙国在生产食物上有比较优势，意味它应该专业生产食物，并出口甲国，以换取衣服。现实中，没有任何一方在所有物品的生产上均享有比较优势，所以比较优势的本质是互利的。

比较优势理论源于亚当·斯密的绝对优势理论。亚当·斯密将不同国家同种产品的成本进行直接比较，认为一国在某种产品上所花生产成本绝对地低就称之为具有"绝对优势"。一国只要有这种绝对成本优势，就应该发展这种产品的专业生产，并出口换回自己在生产上不占绝对优势的产品，贸易双方都能从交易中获益。

李嘉图发展了亚当·斯密的绝对优势理论，在《政治经济学及赋税原理》（1817）中，提出了比较优势理论（Law of Comparative Advantage），以改进绝对优势理论的一些不足。李嘉图所确定的比较优势理论的核心是：一个国家倘若专门生产自己相对优势较大的产品，并通过国际贸易换取自己不具有相对优势的产品就能获得利益。亚当·斯密的绝对优势理论只考虑表面的生产力优势，而比较优势考虑相对的优势。如果一个国家在生产两种物品上皆拥有绝对优势，根据亚当·斯密的看法，先进国家不会与落后国家贸易，因为逻辑上一个国家可以享有生产所有物品的绝对优势。这显然与现实不符。李嘉图认为，先进国家与落后国家仍然有机会贸易，并且可以从中互相得益。

### 三、第三理论：后发优势理论

美国经济史学家亚历山大·格申克龙（Alexander Gerschenkron）在对德国、意大利、俄国等19世纪欧洲较为落后国家的工业化过程进行分析的基础上,于1962年提出了后发优势理论。所谓"后发优势",也常被称作"落后得益""落后的优势""落后的有利性"等。如果说人们从前面两个理论很容易看到开放和发展之间的关系,那么第三个理论,即"后发优势"理论和开放之间的关联则是经常被人所忽视的。

格申克龙提出了六个重要命题:

一是一个国家的经济越落后,其工业化的起步就越缺乏联系性,而呈现出一种由制造业的高速成长所致的突然的大突进进程;

二是一个国家的经济越落后,在其工业化进程中对大工厂和大企业的强调就越明显;

三是一个国家的经济越落后,就越强调生产资料而非消费资料的生产;

四是一个国家的经济越落后,人们消费水平受到的压力就越沉重;

五是一个国家的经济越落后,其工业化所需资本的动员和筹措越带有集权化和强制性特征;

六是一个国家的经济越落后,其工业化中农业就越不能对工业提供市场支持,农业越受到抑制,经济发展就越相对缓慢。

格申克龙的所谓后发优势理论至少包含以下四个层次的含义:

第一个层次的含义,即所谓"替代性"的广泛存在。格申克龙强调指出,由于缺乏某些工业化的前提条件,后起国家可以,也只能创造性地寻求相应的替代物,以达到相同的或相近的工业化结果。替代性的意义不仅在于资源条件上的可选择性和时间上的节约，更重要的在于使后发国家能够，也必须根据自身的实际，选择有别于先进国家的不同发展道路和不同发展模式。

格申克龙强调了存在着多种途径达到同一种效果或者是从事相类似活动的可能性。因此，所谓替代性，实质上指的就是这样一种取得同样结果的手段或是器具的替代性。在制度安排上的多样性和可选择性，对先进技术的模仿和借用，使后发国家一开始就可以处在一个较高的起点上，少走很多弯路。

第二个层次的含义是指后起国家引进先进国家的技术、设备和资金。格申克龙指出，引进技术是正在进入工业化的国家获得高速发展的首要保障因素。后起国家引进先进国家的技术和设备可以节约科研费用和时间，快速培养本国人才，在一个较高的起点上推进工业化进程；资金的引进也可解决后起国家工业化进程中资本严重短缺的问题。

第三个层次的含义是指学习和借鉴先进国家的成功经验，吸取其失败的教训。在这方面，后发优势主要表现为后起国家在形成乃至设计工业化模式上的可选择性、多样性和创造性。后发国家可以借鉴先进国家的经验教训，避免或少走弯路，采取优化的赶超战略，从而有可能缩短初级工业化时间，较快进入较高的工业化阶段。

第四个层次的含义是指相对落后会造成社会的紧张状态。格申克龙指出，在一个相对落后的国家，会产生经济发展的承诺和停滞的现实之间的紧张状态，激起国民要求工业化的强烈愿望，以致形成一种社会压力。这种压力，一方面源于后起国家自身经济的相对落后性及对维护和增进本国利益的考虑；另一方面也是先进国家的经验刺激和歧视的结果。"落后就要挨打"，这在人类世界似乎永远作为普遍法则而运行。因此，落后国家普遍提出要迅速实现工业化的要求。

格申克龙的后发优势理论，首次从理论高度展示了后发国家工业化存在着相对于先进国家而言取得更高时效的可能性，同时也强调了后发国家在工业化进程方面赶上乃至超过先发国家的可能性。不过，从今天看来，尽管这一理论也论述到了开放因素，即后发国家向发达国家学习，但并没有把开放作为主体来论述后发国家的比较优势。作者没有这样论述可能有两个因素。第一，他所论述的是18世纪以来发达国家和后发国家之间的关系。直到冷战，不同类型国家之间的互相开放不是一个问题。第二，作者的研究发生在美苏冷战时期，当时世界被分为两个不互相开放的集团，即苏联及东欧集团和以美国为核心的西方集团。尽管西方集团国家之间是互相开放的，并逐步向非西方国家开放，但苏联及东欧集团是拒绝开放的。同样，即使在二战之后，后发国家在处理开放和发展方面的表现也很不相同。一些后发国家有强烈的发展民族工业的愿望，选择了"替代"战略，例如拉美国家。尽管在一些阶段，因为劳动力成本和土地成本低、西方技术的可得性等因素，这些国家实现"替代"战略的确有优势，但并没有促成这些国家赶上发达国家。相反，在东亚，包括日本和亚洲"四小龙"（新加坡、韩国、中国台湾和中国香港）选择了"出口导向"的战略，紧紧和西方经济体连接起来，实现了赶超的目标，顺利地从低度发展转型到中等收入经济体，再从中等收入经济体提升成为高收入经济体。这些是格申克龙所忽视的。

但不管如何，上述文献的讨论至少说明了几点。第一，无论是劳动分工、比较优势还是后发优势，如果要实现这三大理论所指的要素，那么开放无疑是核心中的核心。没有开放，所有这些要素都不能发挥出来。第二，在互相开放的条件下，各国可以发挥原本的比较优势，也可以集中发展出自己的比较优势。或者说，劳动分工虽受制于资源禀赋，但也可以通过人为的制度和政策设计发展而来。第三，发达国家倾向于开放，而后发国家倾向于封闭，但后发国家如果要发展起来，那么就必须向发达国家开放，否则发达国家所具有的先进生产要素很难进入后发国家。如果后发国家不开放，那么就很难体现出后发优势。第四，发达国家向不发达国家开放与否及其开放的程度，无论是市场还是技术，在很大程度上影响甚至决定了后发国家是否可以得到发展及其发展的进程。

无论从哪个角度来看，世界经济发展的历史充分说明了开放对于经济发展的至关重要性。发展是开放的产物，全球化更是开放的产物。

# 第二章
# 对等开放与单边开放之间的辨析

▼

开放的形式主要有两种,即对等开放和单边开放。对等开放和单边开放既可以是双边的,也可以是多边的;既可以是两个或者多个国家之间的开放,也可以是国家集团之间的开放。

今天,我们像美国一样,习惯于对等开放,即"只有你向我开放了,我才向你开放"。但是,鉴于客观环境的变化,今天的中国更应该学习践行单边开放政策的英国而不是践行对等开放政策的美国。一些人听到"单边开放"就很不舒服,觉得这是国际社会不平等的表现。因此,这里有必要简单讨论一下"对等开放"的真实含义以及在实践中的情况。

## 一、避免陷入过于强调对等开放的误区

对等（reciprocity）一词源于社会心理学,这个词指的是互惠的程度或状态,如相互依赖、行动或影响。它的另一个意思是相互交换特权,尤其是指两个国家或机构之中的一方承认对方授予的特许或特权的有效性。对等原则也称互惠原则,是

指在国际关系和条约中，一个国家的公民或法人从另一国处获得优惠、利益、惩罚等，应当以同样的方式回报。例如，对等原则被用于降低关税、向外国作者授予版权、相互执行判决以及放宽旅行限制和签证要求等，对等原则也适用于引渡协议。又如，两国之间如果互相驱逐对等数量的记者、互相驱逐对等数量的外交官、互相挟持对等数量的人质，那么就叫对等。

在经济交往中，"对等"也比较好理解。如果两国互相开放，那么即可视为对等。从正面说，如果两国之间达成协议，我采购你的商品A，你采购我的商品B，那么就是对等开放，因为你拥有的比较优势是生产商品A，我拥有的比较优势是生产商品B。但如果我在一个领域如C领域没有比较优势，而你有，而且我们之间也找不到能够交易的商品，在这样的情况下，我采购你的商品C，那么就是我在单边开放。如果你禁止向我出售商品C，而向其他国家出售商品C，那么就是你单边不开放。应当指出的是，经验地看，因为各国的自然禀赋、地理条件和制度设计等要素不同，并不存在完全意义上的"对等开放"，各国在不同的历史阶段，都会根据自己的需要实行单边开放政策。

近代以来，主权国家概念盛行，对等的概念得到强化，因为主权国家的核心假设便是国家无论大小都是平等的。因此，"对等"几乎成为国家间条约或者国际条约的关键词。但是，对等更多表示的是理论概念，并非实践概念。国家间的关系从来不是对等的，国际条约也并非总是对等的。就开放来说，对等开放也只是原则，真正的对等开放在现实中从来就没有实现过。除非两个国家实力旗鼓相当，否则就不会出现真正意义上的对等开放。近代以来，各主权国家一方面在国际社会争取对等开放原则，另一方面一直在根据自身的需要进行单边开放，连大国都不例外。英国是第一个实现现代化的经济体，在很长时间里，它实行的是单边开放。尽管美国是最坚持对等开放的，但必须指出的是，对等开放是美国强迫其他国家尤其是发展中国家向美国开放市场的有效手段。直到今天，很多西方国家都在强调对等开放的同时又根据自己的需要在实行单边开放。如果认识不到这一点，人们就会犯天真的错误。

今天我们总是强调对等开放，我们的一些外交官和商务人士根据在教科书上学到的教条，只知道对等开放，不知道单边开放。当然，在国际会议上、国际条约里，为了强调主权性，肯定会强调要对等开放。但现实不是这样的，历史上发达国家的成功都是单边开放的结果。如前文所说，单边开放就是"即使你不向我开放，我也向你开放"。

从另一个角度看，太过追求对等开放，有时会让我们陷入误区。例如，中国作为这么大体量的一个经济体，如何与周边那些小的经济体践行对等开放？小经济体根本不存在对等开放的条件。又如，在《内地与香港关于建立更紧密经贸关系的安排》（CEPA）中，也涉及对等问题，但香港是地方政府，中央政府和地方政府搞什么对等？再比如说，中国大陆跟台湾地区的经贸协议也要搞对等谈判，这很容易办错事，因为对等谈判是两个政府之间的事情。而两个政府之间一旦谈判，就会高度政治化。

总体上说，历史上，英国在大多数领域是实行单边开放政策的，"即使你不向我开放，我也向你开放"；而美国则是实行对等开放的，"只有你向我开放了，我才向你开放"。不过，需要特别指出的是，美国虽然强调的是"对等"的原则，但在实践上，在很多方面，美国甚至比英国更加单边开放。正如我们在下面还会讨论到的，美国所特有的优势使得其有巨大的能力实践单边开放，尤其表现在人才方面。

## 二、单边开放是按需精准推动

单边开放既区别于双边、多边开放，更有别于对等开放和互惠开放。单边开放是通过国内制定法律、法规或政策的形式单方面推动的开放，双边、多边开放通常指参加国际公约及与其他国家签署的双多边条约等，对等开放和互惠开放则在双边多边开放的基础上强调成员国享有开放成果的对等性和互惠性。中国仍在积极推进世界贸易组织（WTO）多边贸易体系发展，同时中国已经是全球覆盖人口最多和经济体量最大的区域自贸协定《区域全面经济伙伴关系协定》（RCEP）的成员，但无论是WTO改革还是RCEP未来的扩围升级，中国在其中能发挥什么样的作用，从根本上取决于中国精准单边开放的进程。中国已经申请加入《全面与进步跨太平洋伙伴关系协定》（CPTPP）、《数字经济伙伴关系协定》（DEPA）等高标准经贸协定，但能否顺利入局还取决于内外诸多因素。在这种情况下，一方面，中国需要对标高标准经贸规则，稳步深化国内改革开放，这实际上就是单边开放；另一方面，通过精准单边开放工具，与高标准经贸协定成员间深化合作，以获得这些协定成员的认可。例如，系统地分析《中欧全面投资协定》、CPTPP、DEPA等，从而确定哪些内容可以根据自身需求优先实施，循序渐进，由点带面，经试点成熟后再全面推广。从这个意义上说，精准单边开放与双边多边开放相互促进、相互配合，才能打好制度型开放的"组合拳"。

　　精准单边开放的实质是按需开放。这意味着并不是所有领域一股脑地开放，而是从实现高质量发展与中国式现代化的全局出发，着眼于自身可持续健康发展需要的内外条件，单方面采取具有精准目标、精准领域、精准对象以及精准工具的开放政策。美国在其所需要的领域始终是实行单边开放的，尤其是在人才、企业和金融领域，目标是维持其在科技创新上的绝对优势。如果在这些领域，美国没有单边开放，那么难以解释美国在所有这些领域成为"地域嵌入型世界级经济平台"——世界上的优质资本、优质技术和高端人才都拼命往美国跑，尤其是纽约湾区、旧金山湾区和波士顿湾区。2008年国际金融危机以来，美欧不再强调"自由贸易"，而是举起"对等开放"（Reciprocal Open，又译为"互惠开放"）和"公平贸易"的旗帜，旨在形成有利于自身发展的新贸易投资规则体系。美欧国家的许多政客认为过往的"自由贸易"政策给中国带来巨大好处的同时，给自己国家培养了制度竞争对手。但实际上，美国等发达强国一直是凭借其在全球治理体系中的制度竞争力和规则塑造力，按自己的发展需求精准单边开放的。例如，美国暂时放弃全面脱钩的排华政策，转向集中精力遏制中国高科技发展的"小院高墙"政策，体现了其对华开放政策的"精准单边"——目标是什么，对谁开放，对谁不开放，哪些领域开放，哪些领域不开放，美国实际上是权衡利弊后精准实施的。

# 第三章
# 单边开放的国际经验与不开放的教训

▼

单边开放作为一种经济政策选择，在世界现代化进程中扮演了重要角色。这方面，世界各国有很多的历史经验可供借鉴。英、美的现代化是单边开放的结果，我要强调这点。单边开放不仅是其塑造和主导全球经济的关键路径，更在推动技术进步、市场扩展和产业升级中发挥了重要作用。与之相对，苏联封闭经济体制的失败则凸显了不开放所带来的发展困境，不开放限制了技术引进与经济活力，最终导致了经济与社会发展的停滞，在与美国的竞争中败下阵来。本章将梳理与分析这些历史经验和教训，深入探讨单边开放对于国家现代化的现实意义。

## 一、英国的单边开放

英国是最先实行单边开放的，因为它是第一个完成工业化的国家，有条件进行单边开放。

作为第一个完成工业化的国家，英国在18世纪末到19世纪初率先进入工业革命阶段，其工业化进程奠定了它在世界经济中的领先地位。这种领先地位为英国的单边开放提供了强有力的条件和基础，使其能够以主动的姿态塑造国际经济体系，而不必依赖其他国家的对等开放。19世纪初，工业革命给英国带来了技术创新和生产效率的飞跃，其工业品不仅满足了国内需求，而且导致对外出口需求的迅速增长。为了拓展市场，英国选择了单边自由贸易政策，以促进商品出口，并引导其他国家接受自由贸易思想。在这样的背景下，英国选择了单边开放，在1846年废除了保护农业利益的《谷物法》，这标志着单边开放政策的启动。自此以后，英国的进口关税逐年下降，并且允许更多外国商品进入其市场。

英国的自由贸易政策之所以被称为"单边"开放，主要体现在其主动降低关税、开放市场，却不要求其他国家作出相应的自由贸易承诺。这一时期的单边开放政策给英国带来了诸多益处：

其一，通过单边开放，英国能够以较低成本获取原材料，尤其是来自殖民地的棉花、谷物等资源。这些廉价的原材料有力地支持了英国的工业生产，降低了生产成本，进而增强了其工业品在国际市场上的竞争力。

其二，单边开放为英国工业品拓展了广阔的输出市场。由于英国在技术和生产力方面处于领先地位，其他国家在短期内难以实现工业化，对英国的工业品存在强烈的需求。实施单边开放政策后，英国农业萎缩，大量资本和劳动力转向比较优势工业，英国的出口额显著增长。

其三，英国通过单边开放不仅获得了巨额利润，还在全球范围内确立了经济霸权。英国的单边开放政策不仅促进了自身经济的发展，还促进了更自由的国际贸易，对全球贸易体系产生了深远影响。这一政策持续到1932年《进口税法案》的通过。

通过单边开放，英国不仅能够巩固其工业化的成果，还能推动全球经济体系向有利于自己的方向发展，为其在19世纪确立"世界工厂"的地位奠定了基础。这个经验为后来的国家在制定开放政策时提供了深刻的启示。

## 二、美国的三大开放系统

美国表面上是最强调对等开放的，但这既是美国教科书中最吸引人的也是最容易误导人的地方。实际上，美国只有当其要强迫落后国家开放市场时才强调对等开放。经验地看，美国这个国家从一开始就一直实行单边开放，根据它自己的需要进行单边开放。

美国为什么强大？很多人会说因为美国有民主和自由的体制。在西方，论述民主自由体制与发展的关系方面的文献可说是汗牛充栋。但我个人觉得，美国强大的一个更为重要的原因是其高水平的开放。即便是民主与自由，也是和开放有直接关联的。美国有三大开放系统，即开放的教育与人才系统、开放的企业系统和开放的金融系统。这三大开放系统都是在单边开放过程中实现的。

首先是开放的教育与人才系统。美国自近代以来一直讲究对等开放，即"你向我开放，我才向你开放"，但是美国的教育从一开始就是单边开放的。美国本身是一个移民国家，二战期间吸引了大量欧洲的科学家，美苏冷战期间又吸引了大量苏联、东欧国家的科学家。爱因斯坦就是从德国到英国再到美国的。中国实行改革开放政策以后，美国也从中国吸引了大量的人才。

这些年来，我们一直说东升西降，但是大家也要意识到为什么美国一方面危机丛生，面临着严峻的国内治理危机，但另一方面其科技和经济一直在发展。美国这个国家自成立以来一直危机不断，经历了内战、一战、二战、越战、冷战，然而每一次危机之后，美国的技术就会迈进一大步。要意识到这是因为美国是世界人才的高地，世界上优秀的人才很多都跑去美国了。冷战期间，美国是用全世界的人才包括从苏联、东欧国家跑出去的人才与苏联竞争，因此苏联注定竞争不过美国。

今天，我们也面临这样的情况，美国用全世界的人才，包括从中国出去的人才和中国竞争，对此我们应当有充分的意识。改革开放以后，中国向美国输送了几百万的人才，虽然有一部分回到了中国，但是大部分还是因为各种原因留在了美国。观察美国的人口就会发现，在一些重要的经济区域，外国人口占据的比重很大。纽约湾区和旧金山湾区有大约40%的人口是外国人。尽管这40%并非都是典型意义上的人才，但这个比例足以表明美国的开放程度。要说人才的密集度，那么硅谷最具典型。硅谷的外国人比例更是达到了夸张的60%以上，美国人是绝对的少数。就诺贝尔奖的数量来说，美国是获奖最多的国家，但在各个奖项领域，获奖者很多都不是在美国出生的，而是外来移民。

第二个是开放的企业系统。美国的企业是开放的。开放表现在三个层面：一是美国内部企业之间的互相开放；二是美国企业的国际化；三是美国向其他国家的企业家开放，把他们吸引到美国来，在美国设厂。

就第一层面，我最近提出了一个说法，中国的企业生产大多是"土豆"类型的，企业之间的关系就像是土豆与土豆之间的互不关联的关系。相比较，美国企业之间则是互相开放的关系。以互联网公司为例，中国的几家互联网公司之间互相不开放，各自为政，进行恶性竞争。前些年国家大力整治的互联网"二选一"问题就充分说明了这一点。而美国则没有这样的问题，因为美国的互联网公司之间是开放的。当然，美国公司互相开放并非企业自身的作为，而是政府的作为。无论是美国还是中国，企业都是追求垄断的，因此政府要来遏制这种垄断。当美国政府要对微软进行反垄断调查的时候，发现传统的分解企业的做法并不符合互联网企业的运行逻辑，于是转而用"开放"来替代分解。

就第二层面，美国企业的国际化由来已久，在当代又有了新的模式。人们只要看一下美国企业是以何种方式进入中国和世界各地的就知道了——主要是依靠开放的企业制度，表现为把产业链和供应链延伸到世界各地。美国学术界一直有"领土国家"（Territorial State）和"贸易国家"（Trading State）的讨论，美国早期是侧重于领土扩张的领土国家，但二战之后越来越成为贸易国家。但贸易国家并非仅仅指商品贸易，而是包括贸易、投资、企业国际化等方面。

在第三层面，正如开放的人才系统吸引了大量的世界科技人才流向美国，开放的企业制度也促成了大量的世界企业家流向美国。今天的美国有多少企业家不是美国人？我们比较一下中国的企业和美国的企业就知道，为什么最好的资本和技术都热衷去美国。因为它有一个开放的企业系统。这也就解释了为什么硅谷三分之二以上的独角兽企业是由一代、二代移民而不是美国人所有。今天，大多数技术可以说是"美国制造"，但绝非"美国人制造"，而是世界人才制造。开放的教育系统，使得全世界聪明人都在帮助美国发展。再强调一下，不仅美国自己作为最发达国家培养了一大批科学家、企业家，还吸引了一大批发展中国家最好的企业家往那边跑，其中开放的企业系统发挥了非常重要的作用。

第三个是开放的金融系统。无论是大学和科研机构的基础科研，还是企业的应用技术研究，都需要金融支持。二战以来，金融领域最重要的创新就是美国发明的风投体系。现在很多人还是把风投理解成为金融投机。其实，无论从哪个角度看，至少从二战以来，风投都是最伟大的金融发明。从基础科研向应用技术的转化需要巨量的金融投入，风险巨大，但一旦成功，回报也极为可观。政府不可能拿着纳税人的钱去做这么高风险的投资，传统的银行也不可能拿着存款人的存款去做这么高风险的投资，所以美国发明了风投，集中民间闲散资本去做高风险、高回报的投资，同时把风险分散给社会。而我们很多人到现在为止，还没有把金融和实体经济的关系搞清楚。要意识到，如果没有一个强大的金融系统，一个经济体很难成为世界经济强国。近代以来，这个世界上其实只有两个真正的经济强国，即19世纪的英国和20世纪以来的美国，这两个国家都有强大的开放金融系统。而日本、德国、法国这些没有强大金融系统、只有实体经济的国家只能是二流的经济强国。没有一个强大的金融系统，就不会成为一流的经济强国。用现在的网络语言来说，如果光有实体经济而没有金融经济，这个经济体就会是被"割韭菜"的经济体。例如，生产一个杯子是实体经济，但是这个杯子的价格不是由实体经济本身决定的，而是由掌控金融的经济体决定的，也就是美国决定的。

这些领域美国践行的就是单边开放政策，这使得美国形成了一个我称之为"地域嵌入型世界级经济枢纽或者平台"——集中了来自世界各地的高端人才、优秀企业家和优质资本，这些要素都想进入这个枢纽，来了也不想走，也走不了，因为只有在这个枢纽中才能得到发展。所以，尽管二战以来美国政治和社会已经经历了巨大的变迁，但这些优质生产要素从来没有离开过这些枢纽。

## 三、苏联不开放的深刻教训

在开放方面，失败的典型案例是苏联。俄罗斯这个民族是一个了不起的民族，近代以来这个国家也产生了众多的科学家，并且也一直想加入西方，成为西方的一员。但是，这个国家两次和世界脱钩。第一次是在1917年十月革命之后。根据列宁的革命学说，后发国家的革命如果想要获得成功，首先要从帝国主义的"链条"中脱离出来。因此，十月革命之后苏联选择了和西方国家脱钩。脱钩之后的革命是成功的，但建设遇到了很大的问题。二战期间美国和苏联同属反法西斯政权阵营，苏联和美国友好，当时的苏联从西方尤其是美国获得了很多技术。但是，1945年以后东、西方两大阵营形成，苏联选择了不开放，同时以美国为首的西方集团也大力围堵苏联。

俄罗斯科学院在1724年就建立了。近代以来俄罗斯也出现了许多伟大的科学家，但为什么苏联没有像美国那样成为发达经济体呢？尽管这里有很多原因，但不当的封闭政策，无论是主动的还是被动的，无疑是一个重要原因。十月革命之后，苏联就和西方脱离开来，一直没有能够融入西方主导的世界体系；二战结束之后又开始了长达半个世纪的冷战，苏联和西方在科技上没有了实质性的关联。苏联实行的是近代以来典型的"举国体制"，也就是在不开放状态下进行自己的创新。

不开放产生了很多致命性的后果。从技术进步的角度来说，主要有两个后果：

一是不开放使得苏联失去了科技思想市场，导致科技思想逐渐枯竭。在冷战期间，苏联有很多好的思想甚至比美国提出得还早，比如我们现在熟知的芯片基础构建二极管是苏联先提出来的，但是苏联走了错误的路线。一些好的战略思想也是由苏联将军提出来的，而美国更多是反应性的。苏联的不开放使其没有了思想市场，没有了思想争论，因此经常犯方向性错误，也就是我们所说的"颠覆性错误"。科技创新需要一个有效的思想市场，不同科技思想的交流甚至冲突会催生新思想。没有思想市场，久而久之，科技思想就枯竭了，创新便难以为继。更为严重的是，如果没有争论，那么在没有共识的时候，就会出现权力决定科学、政治决定技术的情况。

二是不开放使得苏联失去了商品市场。科研投入需要花费巨量的人、财、物，只有通过市场得到回报才能实现可持续的科研发展。苏联的不开放使其只有华约几个国家的市场，尽管苏联与越南、印度等一些发展中国家也有贸易关系，但大多限于军事设备的交易。最终，苏联因为实行计划经济，又强调军事，很快走向了国民经济的军事化，这种模式最终导致苏联的国民经济难以支撑科研，从而在与美国的竞争中败下阵来。

## 四、中国自身的历史教训

我们自己的历史更能说明开放的重要性。中国在秦汉时成为统一国家，唐朝时因开放而成为当时世界上最强大的国家。李约瑟先生在其主编的多卷本《中国科技史》中认为，近代之前，中国对世界文明的贡献，远超过所有其他国家。英国近代思想家培根就认为"印刷术、火药和指南针这三大发明在世界范围内把事物的全部面貌和状态都改变了"。马克思也是认同这一观点的。实际上，经验地看，我们可以认为这三大发明改变了西方的历史，是西方近代史的开端。这三大发明都是中国文明对世界的贡献。在唐宋时期，中国的科技处于世界领先地位。"郑和下西洋"早于欧洲葡萄牙、西班牙的大航海。郑和的船队，用今天一些美国学者的话来说，相当于今天美国的航母群。但明朝中断了"下西洋"，并开始闭关锁国，最终封闭造成了科技的落后。一个例子便是火药。火药是中国发明的，传入欧洲之后，演变成为火药学，对欧洲的化学发展起到了很大的推动作用，但火药在中国却一直停留在初级应用阶段。

这表明，一旦封闭，即使原本先进的技术也会变得落后。2011年9月1日，时任国家副主席习近平在中央党校2011年秋季学期开学典礼上的讲话中总结了中国的历史经验，并强调指出，"明朝末年，中国开始落后于西方国家的发展，近代更是陷入了列强欺凌、被动挨打的境地。其中一个重要原因，就是封建社会统治者闭关自守、夜郎自大，看不到文艺复兴以来特别是工业革命以后世界发生的巨大变化，拒绝学习国外先进的科学技术和其他先进的东西。封闭必然落后，落后就要挨打，教训是深刻的"。

第二部分 ——

# 中国单边开放的战略选择

近代以来，中国在世界经济格局的风云变幻中不断摸索前行，经历了无数次的挑战与机遇，开放政策也随之跌宕起伏。这一历程，不仅是中国与世界经济互动的生动写照，更是中国寻求自身发展、实现民族复兴的关键线索。如今，在全球化进程持续演变和国际格局深刻调整的背景下，中国的发展再次站在历史的十字路口。"单边开放"这一概念，也在中国的发展语境中崭露头角，逐渐成为中国应对外部压力、构建自主发展空间的重要战略选择。

本部分将从历史与现实的双重维度，探讨中国单边开放这一战略的历史演变、国内外环境的塑造作用，及其在新时代中的实践与意义。

# 第四章

# 近代以来中国的三次开放

▼

从近代以来,我们已经经历了两次开放。

## 一、第一次开放是鸦片战争失败后的被迫开放

鸦片战争中,英国人用中国人发明的火药打开了中国的大门,这本身就足以令我们反思了。如前所述,火药是中国人发明的,但中国一直停留在应用层面。火药传到西方之后,发展为一门火药学,或者成为化学的重要部分。指南针传到西方之后,被广泛应用于航海。英国思想家培根曾说,是火药帮助欧洲国家"炸掉了城堡",促成欧洲从封建体制转型到资本主义社会。很显然,火药不仅帮助欧洲国家炸掉了城堡,更在培根之后帮助英国确立了大英帝国的地位。可以说,火药和指南针造就了英国海军的强大。

鸦片战争的失败为中国带来了巨大的屈辱,也使中国被迫打开了国门。而从那时起,中国开启了一段漫长的"站起来"的历程。这段历程充满了苦难与奋争,是一部从屈辱到觉醒、

从衰落到复兴的近代史。

鸦片战争的失败不仅仅是军事上的失利，更是当时中国的制度、思想和文明体系全面落后于世界的体现。鸦片战争之后，中国被迫签订一系列不平等条约，丧失了大量主权，沦为半殖民地半封建社会。从关税到领土，从司法到经济，中国的主权被列强肆意蚕食，国家命运被外人掌控。长期以来以"天朝上国"自居的中国，第一次深刻感受到现代世界秩序的冲击，传统的朝贡体系被彻底打破，闭关锁国的政策难以为继。在外有列强入侵、内有农民起义的双重夹击下，这个曾经辉煌的文明古国不得不开始重新审视自身的处境。

鸦片战争之后，中国社会逐渐走上了从传统向现代转型的道路。这段"站起来"的历程并非一帆风顺，而是充满了曲折和反复。在思想层面，面对列强带来的侵略和屈辱，越来越多的有识之士认识到，中国的问题不仅仅是技术落后，更深层次的原因在于制度的腐朽和思想的僵化。从洋务运动的"师夷长技以制夷"，到戊戌变法和辛亥革命的制度尝试，再到五四运动的思想启蒙，中国人在不断尝试中寻找一条摆脱落后、改变命运的道路。

然而，早期的探索更多是被动的和碎片化的。在洋务运动中，中国试图通过引进西方技术和军事装备实现"中体西用"，但最终发现技术的引进无法弥补制度上的缺陷。戊戌变法虽然提出了全面的改革方案，却因触及封建统治集团的利益而迅速失败。而辛亥革命虽然推翻了延续两千多年的封建帝制，却未能解决国家分裂、内忧外患的问题。屡次的失败让中国人逐渐认识到，真正的"站起来"不仅需要技术和制度的变革，更需要思想的解放和民族的团结。

这一漫长的历程，也是一场精神上的觉醒。从维新派到革命派，从启蒙思想到马克思主义的传播，不断有新的思想涌入，为中国近代化的道路提供了不同的选择。而正是在这种不断的碰撞和试探中，中国逐渐找到了一条适合自己的崛起之路。尤其是新中国的成立，为中国实现真正的独立和民族复兴奠定了基础。从那时起，中国人民真正掌握了自己的命运，开始以更加主动的姿态融入世界，追赶现代化的潮流。

## 二、第二次开放是邓小平领导下的主动开放

我们今天看到的中国是第二次主动开放的结果。很难想象，如果没有第二次主动开放，我们是否还能见到今天所能见到的一切。在很大程度上说，中国开放所带来的变化说明了前述后发国家比较优势理论的正确性。

这几年我一直在提倡单边开放，但有很多人批评，我对他们说，不要忘记，我们今天所拥有的一切就是单边开放的产物。为什么这么说？因为改革开放以来，中国的开放政策经历了三个阶段，即"请进来""接轨"和"走出去"。每一个阶段，都包含着单边开放的政策成分。

在改革开放初期，国家开始实行"请进来"的政策，主动为外资打开了国门。当时，国家处于贫穷状态，急需依靠资本推动经济发展。由于内资缺失，吸引外资成为最有效的选择。因此，国家开始实行"请进来"的政策，主动为外资打开了国

门，为外资进入营造了政策环境。外资进入中国也是一个非常复杂的过程。早期，西方资本对中国并没有表现出很大的兴趣。因此，首先进入中国的是海外华侨资本，它们对中国有比较深刻的认识。在华侨资本进入中国并取得成效之后，西方资本才开始进入中国。

1992年邓小平南方谈话之后，国家实行了更大规模的开放政策，外资开始大规模进入中国。其中真正具有划时代意义的是20世纪90年代的"接轨"政策。为了加入世界贸易组织，国家实行"接轨"政策，从中央到地方，主动修改了上万条法律法规和政策。也就是说，加入世界贸易组织把中国的开放政策提高到了制度层面。这为外商提供了最佳的营商条件和法制保障。

进入新世纪以来，中国开放政策开始进入"走出去"阶段。经过"请进来"和"接轨"两个阶段，中国很快从一个资本短缺经济体发展成为资本过剩经济体。和其他所有国家一样，一旦进入资本过剩的阶段，资本的国际化便不可避免。但是，资本过剩和"走出去"并不意味着中国不欢迎外国资本了。恰恰相反，进入这个阶段以来，中国的单边开放政策越来越有利于外国资本和商品进驻。中国国际进口博览会（以下简称进博会）便是典型，它为外商提供了一个进入中国市场的有效平台。

在中国之前，很多经济体因为开放而实现了增长，而另一些经济体因为开放不足甚至封闭而陷入停滞。拉美经济体的"进口替代"战略与日本和东亚"四小龙"的"出口导向"战略形成了鲜明对比。拉美实行"进口替代"战略总体上是失败的，而日本和东亚"四小龙"经济体实行"出口导向"战略是成功的。确切地说，拉美国家不是不开放，而是较之东亚经济体不够开放。开放程度的不同导致了不同的结果。拉美国家长期陷入中等收入陷阱，而日本和"四小龙"则成功跨越中等收入陷阱，成为发达经济体。中国主动打开国门引进国际先进资本、技术和管理方法，改革体制机制，使之与西方发达国家主导的世界通行规则接轨，并通过加入WTO、推动"一带一路"倡议等实施"走出去"战略，紧紧抓住了20世纪80年代以来全球化所带来的宝贵发展机遇，创造了诸多世界经济奇迹。可以说，中国改革开放以来取得的巨大成就，正是我们基于自己的需要实行单边开放的结果。

### 三、正在进行的第三次开放

经历了鸦片战争之后的被动开放和1978年之后的主动开放，我们现在要进行第三次开放。为什么要提出第三次开放？从开放的角度来说，我们面临的不仅是百年未有之大变局，而且可以说是两百年未有之大变革。鸦片战争的时候，西方强迫我们开放，我们不得不开放；后来我们主动开放，美国等西方国家也接受我们开放。但是，现在开放的条件很不一样了。如今美国等一些西方国家想要封杀中国，"卡脖子"，搞脱钩。在这样的情况下，我们应该怎么应对？我认为，中国需要高水平开放。我们所说的"第三次开放"就是高水平开放。高水平开放包括两个主题，一是扩大规则、规制、管理和标准等制度型开放，二是单边开放。

制度型开放就是继续和国际高水准的规则、规制、管理和标准对接。当然，这不是简单的对接，而是在对接的过程中积极参与新规则、规制和标准的制定。单边开放就是自主地根据自己的需要进行的开放，而不管对象国是否向我开放。正如前面所讨论过的，实际上，美国在其所需要的领域也始终是单边开放的，尤其是在人才、企业和金融领域。在这些领域，如果美国没有单边开放，那么很难成为世界的高地，或者我们所说的"地域嵌入型世界级经济平台"。世界上的优质资本、优质技术和高端人才都拼命往美国跑，主要聚集在几个湾区，包括波士顿湾区、纽约湾区和旧金山湾区。很多人会认为，这是因为美国变成了发达国家，条件优越，这些要素才会往美国跑。这当然是事实，但问题是美国如何发展起来的呢？又如何超越其他西方国家的呢？原因很复杂，但开放是前提，没有开放，就很难吸引到其所需要的生产要素，在开放的条件下，再配置有效的政策，那么就更能吸引优质生产要素。

中国现在进行的开放是"第三次开放"。"第三次开放"与第二次开放是不同的，中国需要新的改革、新的开放、新的创新。我们必须深刻认识到，规则制定权已成为中美竞争的核心，中国最有效的应对方法就是实施"第三次开放"，不仅聚焦投资贸易的数量和质量、技术升级与创新等传统问题，更要注重话语权和规则问题，强化"规则就是生产力"的意识。只有在市场型开放的基础上实现制度型开放，才能走出一条以开放、创新驱动的高质量发展之路。

同时，也要认识到制度型开放和单边开放是相向而行的。

如何实现制度型开放？那就要实行单边开放，即"即使你不向我开放，我也向你开放"，继续主动对接国际规则、规制和标准。今天在美国等一些西方国家封杀我们的时候，我们也应该根据自身的需要坚持向他们实行精准开放，向他们的要素开放，向他们的技术开放，向他们的市场开放。美国今天封杀中国、与中国脱钩是其国内冷战派、行政当局的逻辑。这样做不符合资本逻辑，因为资本是要走出去的；不符合科技逻辑，因为科学技术需要向外延伸；更不符合市场逻辑，因为中国是当今世界上最大的单一市场。如果中国践行单边开放，那么美国和其他西方国家的行政当局就很难封杀其作为市场主体的资本和企业。

## 第五章

# 中国的国内外环境与开放政策

▼

如前所述,我们面临的不仅是百年未有之大变局,而且可以说是两百年未有之大变革。这种大变革不仅影响深远,而且复杂多变,主要体现在三个方面。首先,从外部来看,是由美国主导的中美竞争格局。尤其是近年来,美国对中国的战略恐惧症愈发明显,其对华政策充满了不理性和焦虑,这不仅加剧了中美之间的对抗,也深刻影响了全球格局的走向。其次,从内部来看,中国自身发展已经进入一个全新的阶段。从高速增长到高质量发展,中国经济和社会发展正处于结构性转型的关键时刻,这既是机遇,也是挑战。最后,也是最为重要的一点,我们正处于人工智能(AI)时代,一个人类历史上从未有过的科技进步与变革的时代。人工智能的兴起,不仅改变了全球经济的运行逻辑,也对国家的开放政策提出了全新的要求。

这三大因素交织在一起,构成了当前实施单边开放这一战略时代背景的基本框架。如何在这种新的时代条件下实现更加平衡、更加主动的开放,是中国必须思考和回答的重大课题。

## 一、美国的对华恐惧症

从外部看，新一轮大周期初始，科技革命与产业革命正在发生，地缘政治经济剧烈变化，中国正面临自1978年改革开放以来最为动荡多变的国际环境。尤其是美国遏制中国发展、对华战略竞争的主基调不会发生改变。美国为什么这样做？我认为这源于美国越来越严重的对华恐惧症。

正如一些美国学者所承认的，今天美国对中国的恐惧已经到了不可思议的地步。如果读者注意一下美国副总统万斯（J. D. Vance）近年来有关中国的言论，就很容易感受到美国政治人物对中国的恐惧。实际上，如果经常阅读美国的报纸，就可以读到大量的歇斯底里的文字，逢中必骂、逢中必反、逢中必战。例如在这次美国大选过程中就有几个充分反映这种情绪的重大反华新闻，在这些新闻中，尽管当事者想尽各种办法来包装和理性化其观点，却无论如何都掩盖不住其对华的恐惧。这些新闻具有代表性，并且很多观点正在影响特朗普政府的对华政策，不妨简单引述一下。

新闻一。美国共和党全国代表大会党纲委员会小组于2024年7月9日内部通过了2024年党纲草案，并于7月18日晚上在密尔瓦基（Milwaukee）举行的共和党全国代表大会中正式公布。2024年党纲除了强调与盟友合作以对抗中国和打击恐怖主义之外，还提出将在经贸上对中国实施更多制裁，包括取消中国最惠国待遇，阻止中国汽车进口美国。（人们必须注意的是，共和党在这里把"中国"和"恐怖主义"并列在一起。）

新闻二。在共和党党纲草案公布的同日，美国联邦众议院议长约翰逊（Mike Johnson）在保守派智库哈德逊研究所（Hudson Institute）发表外交政策演说，强调"中国是我们头号的敌人"。他表示，中国对全球和平构成最大威胁，并透露众议院会致力于在2024年底前通过一系列针对中国的法案，以便在2025年初新一届会期开始时实施。这些法案包括制裁协助俄罗斯和伊朗的中国军工企业、进一步限制对华投资，以及堵塞被中国用以损害美国利益的贸易制度漏洞等。他又表明，下届国会将保留侧重解决中美经济和安全风险的"中共威胁专责委员会"（House Select Committee on the Chinese Communist Party Threat）。约翰逊还强调说，以中国为首的威胁网络，包括俄罗斯、伊朗、北韩（朝鲜）、委内瑞拉以至古巴等，每天都在想着如何取代美国。这些国家互相借力坐大，在各方面盗取美国科技并颠覆美国经济。作为应对，不好战的共和党人会做好准备，实行以实力争取和平，绝不退让。

新闻三。属保守派的《华尔街日报》，其社评委员会在2024年7月9日发表题为《约翰逊——自由世界的领袖》的评论，共和党总统候选人特朗普恐怕也不会比他说得更好，特朗普在共和党的大会上照抄了他对中俄等国的拒绝绥靖主义言论。

新闻四。2024年北大西洋公约组织（NATO）峰会从7月9日起在美国首都华盛顿拉开帷幕，美国国会两党议员纷纷表示希望寻求加强与欧洲盟友合作，应对中国在印太地区咄咄逼人的军事行为。一位众议院外交领袖对美国之音（VOA）说："让我夜不能寐的是第三次世界大战，而北约可以阻止它。"

新闻五。北约首次公开谴责中国成为"俄罗斯对乌克兰战争的决定性助推者"，要求中国停止向俄罗斯运送"武器部件"和其他对重建俄罗斯军队至关重要的技术。

实际上，近年来，类似这样的新闻每天充斥着美国的媒体。概括地看，美国的对华恐惧呈现出几个主要特征。第一，这种恐惧症是综合性的，涵盖地缘政治、军事、经贸、技术和体制等几乎所有方面。第二，这种恐惧症是全政府模式的。过去，美国政府也一直在叫嚣"中国威胁论"，但主要局限于几个政府部门，例如军方（为了争取更多的军费）、国务院和国会，但现在的恐惧症遍布全政府。正因为如此，特朗普在第一任期期间提出的应对中国的"全政府模式"不仅延续到拜登时代，而且变本加厉。第三，这种恐惧症是全社会模式的，即是说这种恐惧症蔓延到美国社会的各个角落。美国社会是分权和分散的，社会各个领域对中国的认知不见得和政府的认知具有一致性；相反，在更多的场合，社会的认知与政府的认知不仅不同，而且还截然相反。但今天则不一样了，美国政府的恐惧感已经蔓延到美国社会的各个角落。这一点反映于各种民意调查中。从民调来看，美国社会对中国的看法极其负面，没有最低，只有更低。第四，这种恐惧症具有强大的扩散和传染性质。首先传染到美国的盟友。越来越多的美国盟友接受美国的对华认知，至少从表面上表现出和美国一起"抗中"。2024年的北约峰会，罕见地集体公开指责中国正在大力支持俄罗斯的国防工业基地。

美国很显然已说服了一些北约的怀疑论者，他们以前不认为中国是俄乌冲突的关键参与者。美国也在努力把这种恐惧感传播到包括全球南方在内的广大发展中国家。因为美国掌握着话语权和话语权的基础设施，其传播的有效性相当高。

实际上，在很多美国精英那里，只有彻底打败中国，美国才可能从这种恐惧感中解脱出来。这种情绪显著地反映在了美国前副国家安全顾问博明（Matt Pottering）和美国众议院"美中战略竞争特设委员会"前任主席麦克·加拉格尔（Mike Gallagher）2024年4月中旬发表在《外交事务》的一篇文章中，这篇文章的题目就是："除了胜利我们没有选择：与中国竞争，美国必须取胜，而非管控"。

美国的对华恐惧综合征，表现在各个方面：

**1. 经贸领域的对华恐惧**

在经济领域，美国依然是世界第一大经济体，中国作为第二大经济体与美国的差距依然很大。无论是市场还是科技，美国依然为很多国家所向往。在这个领域，美国的恐惧来自这样一个事实：尽管从特朗普开始发动对华贸易战以来，美国花费了巨大的人、财、物来打压中国，但中国经济显现出巨大的韧性，在越来越多的领域不但生存了下来，且越来越强大，更为重要的是，中国在诸多新经济领域（主要在新能源领域）开始引领世界经济。在众多的实体经济领域，尽管美国可以拖慢中国的进步，但已经毫无能力扼杀中国经济了。

随着美中战略竞争的加剧，拜登政府期间，美国就已经加强了对美国资本投资中国公司的审查与限制。2023年8月9日，拜登发布第14105号行政令，指示财政部建立对外投资审查制度，重点解决美国在所谓"受关注国家"进行某些投资的潜在风险。美国财政部在2024年6月21日发布了对外投资审查拟议规则。该规则会深刻影响美国对设计或开发半导体和微电子、量子信息技术以及人工智能领域敏感技术的中国或中国拥有的公司的投资。

然而从现实来看，美国的投资审查和限制显然并不是很成功。2024年7月9日，美国财政部部长珍妮特·耶伦（Janet Yellen）在众议院金融服务委员会作证。肯塔基州的共和党联邦众议员安迪·巴尔（Andy Barr）问耶伦："财政部已禁止美国对某些与中国军工复合体有关联的公司进行公开的证券交易，但自被列入中国军工复合体（CMIC）名单以来，海康威视的收入增长了30%，中化集团的收入上涨了60%，中国移动的股价飙升了90%，华为和中芯国际继续开发先进的5G芯片，而华为本来就不是上市公司。显然，对公开交易的证券交易进行监管已被证明是无关紧要的。为什么财政部不对这些中国军工复合体公司实施限制性的制裁呢？"

对此，耶伦无言以对。即使是很多人以为不用担心的金融领域，美国也已经变得忧心忡忡。尽管这个领域，美国一霸独强，占据全球范围内的绝对主导地位，但美国发现自己并不能随心所欲。在同一场作证会上，当问到在国际金融领域，她最大的担忧是什么这个问题时，耶伦回答说："我有很多不同的担忧，但在国际金融领域，由于美元在国际交易中扮演着重要角色，我们可以采取非常强有力的制裁措施，切断外国银行、企业或个人通过美国金融体系进行交易的途径，以及参与美元化交易的能力。"然而，她也指出："我们实施的制裁越多，越多的国家会寻找不涉及美元的金融交易方式"。与此相反，人民币国际化取得了长足的进展。

很多年来，中国一直在努力推动人民币国际化，希望能够逐渐摆脱对美元的依赖并使人民币也能像美元和欧元那样，跻身全球主要储备货币行列。2022年爆发的俄乌冲突导致西方国家对俄罗斯实施经济制裁，这使人民币至少在俄罗斯已取代美元成为交易量最大的货币。

针对这种情况，美国的恐惧是显而易见的，但美国并无具有实质性意义的手段来进一步打压中国。可以预见，在这方面，美国的动作会变本加厉。现任总统特朗普已经多次强调，如果金砖国家有意图设置自己的结算系统，那么美国就要对这些国家征高关税。

美国在不断深化和升级对华经济认知战，意在影响国际资本对华的投资行为。近年来，美国已经制造出试图达到这一目标的话语，包括"中国经济见顶论""中国经济衰退论""中国不可投资之地""中国资产泡沫论"，等等。美国还就中国的新能源产品制造了"中国产能过剩论"，试图影响和阻止中国新能源产品的出口和国际化。

美国甚至试图打压中国的经贸伙伴。为适应地缘政治环境的变化，中国企业"走出去"加速，通过第三地和美国发生经贸交往。因此，2024年以来，尽管中美双方之间的直接经贸交往减少，但中国通过第三地（主要是墨西哥与越南）和美国的交往反而增多。所以，美国也试图通过与墨西哥建立类似美国海外投资委员会（CFIUS）的投资审查机制，以阻止中国企业规避美国对中国的制裁。特朗普上台之后，没过几天就宣布要对加拿大和墨西哥征收25%的关税，以此来要挟这两国在反非法移民和反毒品方面的合作。但不管如何，问题在于，除非美国变成一个完全封闭的国家，否则美国很难封杀其他国家与中国的经贸关系，至少美国这样做的成本是巨大的。

更为重要的是，正如哈佛大学经济学家罗格夫（Kenneth Rogoff）所警告的，美国与中国的贸易斗争会"害惨美国平民"，从而引起美国社会的反弹。罗格夫认为，美中的自由贸易壁垒，是造成价格上涨、人民对政治反弹的主因。他指出，在近年来的美国政策论述中，中国冲击经常被描述为一个巨大错误，它摧毁了铁锈地带（Rust Belt）的城镇，并导致经济不平等的情况加剧。虽然与中国生产商的竞争对一些制造业的工作机会产生了不利影响，但自由贸易无疑创造了更多赢家，而不是输家。

低收入美国消费者一直是低价中国产品的最大受益者之一。如果美国对中国实施进一步贸易限制，恐将导致物价上涨和人民的反弹，因为世界上除了中国大陆外，没有其他国家和地区可以提供那么低廉的产品与市场，若继续在贸易方面与中方对抗，无疑将影响美国一些低收入民众。经验地看，也是如此。尽管特朗普的高关税政策刚刚开始，美国又开始了新一轮的高通胀。

## 2. 科研领域的对华恐惧

美国甚至在科研领域对中国产生了恐惧感。在中国看来，这个领域可以说是美国的最强项。二战以来，美国凭借其开放的教育和人才系统，吸引了大量的国际人才，使得其成为世界人才高地，从而赋能美国占据科研的绝对霸主地位。但美国人并不这样看，相反，他们开始恐惧于在这个领域被中国赶超。

"今天美国在科学领导力方面的表现如何？这方面的消息可不太好。"2024年6月27日，美国国家科学院院长马西娅·麦克纳特（Marcia McNutt）在一场演讲中对美国在全球科研领域的领导地位进行分析，指出了这个她称之为"令人不安"的趋势。

麦克纳特特别强调了中国在很多领域正在奋起直追，甚至已经反超美国。她认为美国需要采取行动，以确保其在科学领域保持强大。

麦克纳特表示，自二战以来，美国在科学领域的公共投资推动了经济和就业增长，并催生了许多新产品，改善了美国人的生活质量。作为全球领导者，美国能够有效地保护国家安全，从经济增长中获益，为新技术制定道德和标准，并体现在软实力和外交中。然而，今天美国在科学领域的数据显示出"非常令人担忧的趋势"。例如，虽然美国目前仍然是研究与试验发展投入最多的国家，但随着中国在研发方面的投入大幅增长，相信不久后就会追上美国，并且，中国的投资已经产生了成果。例如，2006年至2020年间，美国在全球顶尖论文中的占比呈下降趋势，中国则逐年上升，已经超过欧盟，和美国的差距越来越小。例如，在药物研发方面，2013年，中国处于Ⅰ期至Ⅲ期试验的药物在全球所占份额只有4%，仅仅过去十多年，现在已经达到28%，而美国的曲线正在缓慢下降。再如，在2023年世界500强企业中，中国上榜企业有142家，超过美国的136家（注：2024年中国的世界500强企业为133家）。这一趋势反映了中国工业的崛起。

麦克纳特坦言，尽管美国在诺贝尔奖数量上保持领先，但诺贝尔奖是一个非常滞后的指标，通常是在获得科研成果之后几年甚至几十年才颁发。

麦克纳特因此认为，美国应该重新思考当前的模式。她认为，美国科学面临的一大挑战在于非常依赖国际学生。依靠外国学生的情况不太可能持续下去，美国必须创造未来的科学劳动力。

麦克纳特表示，尽管美国希望培养自己的本土人才，但也仍然想要继续吸引全球最优秀的学生。她特别提及，2021年至2022年间，中国赴美学生的数量下降，"这令人担忧"。她认为，中国学生数量下降的原因之一，是中国加大了研发投资，并由此指出，国际学生的选择更多元了，美国不再是他们的首选。麦克纳特称，"中国现在授予的科学和工程学位比美国多，我们的损失就是他们的收益"。

这次杭州的DeepSeek等"六小龙"的横空出世似乎印证了类似麦克纳特等人的预判。DeepSeek对美国各界的冲击是巨大的，也是深刻的。

### 3. 制度层面的对华恐惧

美国对华最深层次的恐惧莫过于制度层面。"中国制度威胁论"早已经成为美国精英层面的共识。在这方面，美国参议员、现任国务卿的鲁比奥（Marco Rubio）的表述最具有代表性。这位激进的反华议员近年来一直表示，美国曾希望用资本主义改变中国，结果反而是中国改变了资本主义，美国因此面临灾难性错误。

鲁比奥强调，美国现在最关注的问题，是与中国的竞争，这是历史性的挑战。在这项挑战中美国要记住，核心问题不是中国本身，而是几十年来在美国的经济和政治中根深蒂固的美国两党共识，即经济全球化会带来财富、自由与和平，是必要之物。鲁比奥指出，经济全球化及自由和平，几乎已成为一种宗教信仰。美国相信人员、金钱和货物跨境自由流动的力量可解决几乎世界上的所有问题。这就是美国建立政治的方式，也是美国制定外交政策的方式。

鲁比奥强调，二战后大约五十年里，美国这种策略总体上有效。而它之所以普遍有效，是因为美国实际上没有全球市场。美国当时的自由贸易，仍主要靠由民主盟友、拥有共同价值观和共同未来优先事项的国家组成的市场。

即使结果并不总是对美国有利，当一些产业转移到欧洲某个国家时，或当日本在某些领域挑战美国时，至少该结果的受益者，不是苏联（俄罗斯）或某些地缘政治的竞争对手。受益者是另一个民主国家，也是美国对抗共产主义的盟友。

鲁比奥认为，冷战结束后，美国为增加民主盟友，进行史无前例的赌博，邀请了各种非民主国家，在国际范围内签订了各种贸易协定、条约以及规则和条例。在所有达成的协议中，影响最大的就是让中国加入WTO。美国向人口众多的中国开放了美国的经济，因为他们认为，资本主义将改变中国。但资本主义没有改变中国，中国却改变了资本主义。

更有甚者，中国开始在世界各地试图输出中国模式。鲁比奥说，对于世界各地的发展中国家来说，中国模式可能具有一定的吸引力。

不过，再进一步分析不难发现，鲁比奥所恐惧的不仅是他所说的"中国模式"，更在于美国民主所遇到的困境。尽管前任美国总统拜登从一开始就把中美之间的竞争定义为"美国民主"与"中国专制"之间的竞争，并且显示出"美国民主必胜"的信心，但美国社会本身对美国的民主早已没有了往日那种"历史的终结"的底气，因为美国民主正面临着前所未有的来自内部的挑战，主要是绝对的社会不公平与分化。而现任总统特朗普的行为更是被美国（和西方）传统政治精英视为破坏民主和反民主的。同时，非西方国家对西方民主的认知也发生了巨大的变化，他们并不认为西方民主是唯一的政体选择。这也是鲁比奥所说的"中国模式"对发展中国家具有吸引力的另一个原因。

### 4. 地缘政治层面的对华恐惧

所有这些恐惧最终转化成为美国的对华地缘政治恐惧。在地缘政治方面，美国实际上具有得天独厚的优势，其为两洋（大西洋和太平洋）所包围，周边只有两个国家（加拿大和墨西哥），没有任何其他国家可以威胁到美国本土。更为重要的是，虽然中国的军费在增加，但也仅仅是美国庞大军费的一个零头。相反，中国周边地缘政治则复杂得多，中国被数十个国家所包围，并且迄今依然有领土和领海之争。尽管如此，在这个领域，中国做什么都可以被美国解读成为与美国的地缘政治之争。一方面，这与美国"二元对立"的世界观有关。美国学界和政策界一直有"修昔底德陷阱"一说，类似于中国传统的"一山不容二虎"的说法。因此，美国是绝对不会容许另外一个国家来挑战美国的霸权地位的。当今，中国正是那个被美国视为"另一个国家"的国家。另一方面，强调地缘政治也是因为只有通过地缘政治冲突，美国才有可能遏制和围堵中国。因此，拜登政府明确说过，美国已经放弃了改变中国内政的企图（尽管实际上美国从来没有放弃过，也不会放弃），改为塑造中国的周边环境。美国在中国周边已经营造了7个小多边（即我们所说的"团团伙伙"），意在遏制和围堵中国。特朗普上台之后，美国的地缘政治观念又在发生变化。特朗普以反对"中国控制"为名，要求巴拿马退出中国的"一带一路"，要从丹麦那里接管格陵兰岛。当然，特朗普不仅把"墨西哥湾"改成"美国湾"，更有意愿把加拿大变成美国的第51个州。所有这些已经使得人们感觉到美国回到了19世纪末和20世纪初的老式帝国主义扩张时代。

正如我们在下面会继续论述的，在这样新的外部条件下，中国需要新的开放。

## 二、中国内部经济社会发展结构大转型

从内部看，中国经济社会大转型与新一轮全球大周期交叠，高质量发展与中国式现代化面临新的历史关口，1978年启动的改革开放站在了新的历史起点上。

第一，中国经济发展模式从规模数量型向效益质量型的转型尚未完成，经济健康持续增长面临内外需求双重收缩的压力。释放科技创新生产力成为决定经济转型成败和持续增长的关键。在人工智能、生物技术、航天航空等决定未来发展的技术领域，我国的技术水平，尤其是原始创新能力与先进国家的差距仍然不小。人才、知识等科创要素的高效流动与优化配置仍然面临诸多制度性壁垒，这正成为科技创新及其转化为现实生产力的最大障碍。通过制度型开放，一方面打造规则、规制、管理、标准与国际对接融合的全国统一科创市场，另一方面努力吸引和汇聚全球科创要素，这是推动经济转型、释放内外需求、稳定制度预期的现实抓手。

第二，中国仍未由全面小康社会进入全面中产社会，居民充分就业、收入提高与民生改善的压力仍然很大。未富先老、少子高龄化问题突出，社会结构转型中的利益冲突和社会矛盾导火索明显增多。一方面，经济的流动性未能充分转化为社会的流动性。尽管在相当长的时间内中国经济增长速度超过两位数，但中产占总人口的比例仍然较低。尽管就绝对数量来说，我们已经拥有了4亿中产，但就比例来说，还不到总人口的30%。也就是说，代表共同富裕的橄榄型收入分配结构远未形

成。这就要求打破利益固化藩篱,打破阻碍社会开放、流动的包括城乡、区域、城市、行业间的制度性壁垒。另一方面,经济本身的流动性在下降,不同区域、城市间的行政壁垒、制度壁垒广泛存在,需要尽快通过制度型开放推动形成内部统一大市场,释放经济活力和动力。而制度型开放的要义就在打破降低经济社会流动性的制度壁垒。

第三,中国仍未实现由建设型、管制型政府向服务型、治理型政府的转变,国家治理能力与治理体系现代化任重道远。尽管中央出台了许多提振信心的政策,但政策落地的"肠梗阻"时有发生,一些政策的实际效果不如预期,宏观政策与微观感受之间存在明显温差。这里根本的问题在于政府转型,而不在政策本身。作为中国式现代化的支撑要素,国家治理能力与治理体系现代化客观上要求政府加快由建设型、管制型为主,向服务型、治理型为主转型。以规则、规制、标准开放为主的制度型开放将倒逼政府自身转型与改革,在立足国情的前提下充分学习借鉴国际先进经验,推动形成法治市场经济与法治政府的有效组合,进而推动国家治理能力与治理体系现代化。

除了上述周期性结构性的问题之外,中国内部想要发挥经济潜力还存在诸多堵点和难点:

一是经济内卷,即各地方之间的恶性竞争。与经济内卷相伴而来的是地方保护主义抬头与市场的碎片化。这与建设全国统一大市场的要求背道而驰。在20世纪80年代,中国经济学家曾经用"诸侯经济"来形容当时盛行的地方保护主义。后来通过市场化改革,尤其是加入世界贸易组织和一些区域自由贸易组织，地方主义消退了。但现在地方保护主义又有回潮的势头，如果这个势头不能逆转，那么不仅将阻碍全国统一大市场的形成；从长远看，更会通过阻碍生产要素的自由流动而降低经济效率，从而影响经济的可持续发展。不过，从另一个角度看，也表明一旦全国统一大市场形成，经济增长的潜力就可以得到源源不断地释放。

二是中央宏观层面的政策调整仍未转换成地方红利。十八大以来，中央出台了数千项改革举措，但在经济领域真正落实的政策数量并不多。最近有关民营经济的政策便是一个典型的例子。中央层面能做的基本已经做了，包括强调"两个毫不动摇"、出台"民营经济31条"、成立民营企业发展局、推进民营经济促进法的立法进程等，但这些很难反映在地方层面。地方的政策执行水分很大，落实不到位，甚至做相反的事。官僚主义和形式主义依然盛行，有关部门不负责任，也不敢负责任。在这样的情况下，很多政策一直在空转，难以落地。

三是非经济部门出台的政策对经济的影响。近年来，各部门都是根据自己的需要来制定改革政策，推进改革政策，事先没有考虑到这些政策对经济的影响。尽管各部门的改革也非常有必要，初衷也是为了增进国家利益，但因为没有科学地评估各类政策对经济的影响，往往造成一些学者所说的"合成谬误"，对经济和资本构成重大的负面影响，甚至冲击。正因如此，2023年中央经济工作会议强调，把非经济性政策纳入宏观政策取向一致性评估，强化政策统筹，确保同向发力、形成合力。

开放对于内部转型的意义几乎是不言而喻的。越来越严重的内卷是因为还没有形成全国统一大市场，而全国统一大市场未能形成是因为国内各地还没有形成统一的规则、规制、管理和标准。如何形成？唯有开放，即全国各地之间的互相开放。而对外开放对于全国统一大市场的形成的重要性已经在过去数十年的经验中得到体现。改革开放早期，尤其是20世纪80年代，中国形成了当时很多经济学家所称的"诸侯经济"，即各地分割市场。之后，"诸侯经济"被各种要素削弱，包括体制机制的改革，民营企业的逐步壮大和新技术手段的产生等，其中加入世界贸易组织无疑是最为重要的因素。加入世贸组织意味着全国各地的产品得以直面国际竞争，倒逼国内市场规则加速统一。世贸组织框架下的非歧视原则与透明度要求，实质上成为破除行政壁垒的强制力量。

### 三、AI时代对中国开放的新呼吁

现在，人类社会已经进入了AI时代，这个时代既是开放的产物，也对现有的开放构成了严峻的挑战。尽管中国的改革开放已走过40多年，开放是中国取得今日成就的重要因素，对中国人来说，"开放"这个词也并不陌生。但是，开放在这个新时代到底意味着什么，并不是每一个人都明白的。这里，我们可以引用一位中国人民老朋友的话，来叙述新时代开放的重要性。

2023年，基辛格先生100岁了。在他去世之前的几个月，他接受了多家媒体的采访，可以看出他最担心的还是世界的战争与和平问题，他尤其对中美关系的现状和未来感到非常悲观。

20世纪70年代，基辛格先生经历了尼克松访华的中美关系破冰之旅，改变了世界权力格局。现在，经过那么多年的发展，他再次审视世界局势，把中美关系放到整个世界局势中来看，向我们释放出非常悲观的观点。他认为中美寻求和平共处之道的时间只剩下五到十年。如果两国不能找到和平相处的方式，按照现在的趋势发展，中美必然走向最终的冲突。他在2023年4月底接受了《经济学人》杂志8个多小时的采访，主题就是，如何防止中美之间的竞争变成战争。他认为，中美如果要共存，彼此就要学会如何相处，也就是要合作、讨论和对话。

中美之间的确有很多的内容可以对话，气候问题、公共卫生问题、核不扩散问题等，这些都是近几年非常重要的议题。比如气候问题，中美之间如果不合作，其他国家再努力也解决不了，因为中美两国的碳排放量加起来差不多是全世界总量的一半。再比如，过去几年所经历的新冠疫情，如果中美两国一开始能合作，就不会演变成后来的样子。核不扩散问题也是一样，更需要中美的合作。不过，这些问题虽然重要，但从他对中美关系的担忧中可以看出，他似乎认为这些已经不能构成中美对话的基础了，至少不足够了。

那么，中美对话的基础是什么呢？我们从基辛格对中美人工智能发展的关切就可以理解，那就是AI，人工智能。2022年，基辛格先生出版了一本书叫《领导力：世界战略六案研究》(*Leadership: Six Studies in World Strategy*)，其中有一章是讲AI时代。这个章节是他和谷歌前首席执行官埃里克·施密特（Eric Schmidt）合写的。而在此前一年，即2021年，基辛格先生就与埃里克·施密特以及麻省理工学院苏世民计算机学院的首任院长丹尼尔·胡滕洛赫尔（Daniel Huttenlocher）合作写了《人工智能时代与人类未来》(*The Age of AI: And Our Human Future*)，可见他对人工智能的高度重视。在基辛格先生看来，AI将在五年内成为安全领域的关键因素。我个人觉得基辛格先生是对的，如果说冷战时期美苏之间的对话基础是核武器，那么在当下和未来，中美之间的对话基础肯定不是气候问题，不是核不扩散问题，也绝对不是公共卫生问题，而是AI。

为什么这么说呢？美苏之间的核谈判、核对抗、核威慑，构成长达半个多世纪的冷战，双方形成了均衡的状态，以至于谁也不敢发动战争。因为只有核武器才能置对方于死地，如果没有这种武器，就没有和对手对话的资格。所以，我认为中美现在的竞争，核心点就是AI，谁的AI技术做得好，谁就能胜出。实际上，我们现在讨论的OpenAI和ChatGPT，自出现以来一直有很多的争论。包括OpenAI的创始人也对AI技术可能给人类带来的毁灭性影响感到担忧，甚至呼吁大家能否停下来，冷静下来，思考这个技术要不要发展。但是个人认为，技术一旦产生且发展起来，就没有人会放弃它，这是得到世界历史证明的。核武器确实可以毁灭人类，但仍旧有一些国家不惜代价想要发展核武器。对这些国家来说，问题不是要不要发展，而是有没有能力发展出来。AI也是一样的，即使这个技术会毁灭人类，大家还是会竞相发展。所以，可以看到的结果是，一方面，大家在讨论AI技术对社会、政治、经济可能产生的负面影响，另一方面，各国又在加速AI技术的发展。

我要提出的问题是：中国会错失这个AI时代吗？历史上，我们曾经错失过许多新技术革命的机遇。从李约瑟先生写的《中国科学技术史》可知，中国古代的四大发明到宋代已经处于世界领先地位了。历史地看，经济分两种，一种是掌握先进技术的前沿经济，一种是追赶经济。中国在宋代就拥有前沿经济了，尤其到了郑和下西洋的时代，更是世界领先。尽管学术界一直在争论，郑和七次下西洋究竟到了哪些地方。今天研究得出的最保守的估计指出，如果说郑和没到达美洲，至少也到了东南亚、印度和印度洋。郑和的船队，用今天美国学者的话来说，相当于今天美国的航母群。郑和的船队代表了国家的海上力量，而中国民间的海上力量，当时同样强大。这个强大的民间力量就是从前人们所说的"倭寇"。"倭寇"当然包括日本人，但是要意识到，其主体是福建、浙江等中国东南沿海地区的海商，这两地当时的民间海上力量很强大。

但是，后来中国在科技方面落后了。为什么落后？20世纪80年代，流传着一句朗朗上口的话：封闭就要落后，落后就要挨打。这句话不仅对中国适用，对整个世界也是一样的。大航海时代以来，开放国家总是打败封闭国家，海洋国家总是打败陆地国家。这些都是经过世界历史验证的。回看中国，两次鸦片战争的战败，以及其后长达一个多世纪的耻辱史，表明中国落后了。直至新中国成立以后，我们才有机会奋起直追。毛泽东时代的"大跃进"运动就是在"赶英超美"的口号下发动的。直到今天，我们还是处在追赶经济的状态，还没有成为前沿经济。这也是为什么今天我们使用"伟大复兴"这个概念。中国曾经是强大的，现在如何实现赶超才能比肩唐宋时候的前沿经济？我们为此还需要做很多努力。

在进入互联网时代以来，国际层面的竞争越来越表现为中美之间的竞争。关于 AI 时代的中国开放战略，有两个方面的问题值得讨论。

一是为什么中美互联网经济规模的差距在拉大？过去，中国在互联网领域和美国是旗鼓相当的。普遍认为有影响力的互联网公司主要还是集中在中美两国，因为日本、欧洲及其他国家的互联网公司都没有发展起来。直到今天，互联网公司还是中美两国的最强，但是量变了。美国这些年互联网经济的量越来越大，而中国的量在缩小。有人说这是政府反垄断，规制互联网公司的结果，当然这个是有点影响的，但最主要的原因是中国的互联网经济不够开放或者不开放。中国有互联网，但是互联网公司之间"互不联网"。如果把中国互联网公司的运营方式与美国进行对比，就会发现美国的互联网公司是互相开放的。例如微软公司的反垄断案，按照传统的方式，反垄断就是分解，把微软公司分解成几个公司。如果微软分解了，就不符合互联网时代的经济发展规律，所以美国法律用强制开放取代了传统的分解手段。相较美国互联网公司的互通与开放，中国的互联网公司之间都像是土豆和土豆之间的关系，相互间没有任何的关系。2021 年 4 月，国家市场监管总局、国家网信办、税务总局召开互联网平台企业行政指导会，反对平台企业强迫商户在签订协议时"二选一"。美国没有这个问题。中国互联网公司的量加起来很大，但是不强。美国是又大又强，而中国是大而不强。

二是在互联网领域，为什么中国不能像美国和欧盟一样制定规则？中国的互联网只在国内有点规则，大部分都是政府部门的监管规则。出了国门，面对的要么是美国规则，要么是欧盟规则。特别是欧盟，尽管缺少大的互联网公司，但是欧盟可以把强大的市场转化为规则。所以，可以看到美国既有强大的互联网公司又有世界规则；欧盟虽然没有大的互联网公司，但有国际通用的欧盟规则；中国有互联网、有空间、有量，但是没有规则。为什么会这样呢？就是因为没有互相开放。

实际上，人们甚至可以提问，中国的互联网是不是真正的互联网呢？我们的互联网是局域的，而西方的互联网是向中国开放的。如果西方互联网不向中国开放，中国的互联网就会成为"内联网"，这种局面也是有可能出现的。这些年来，美国及其盟友在设想构建一个民主互联网，只在民主国家之间互相沟通，而对中国设置防火墙。所以，如果美国这些互联网公司也研发自己的防火墙，那么未来的互联网就不能叫互联网了。

现在OpenAI为人们所熟悉，但很多人没有理解OpenAI诞生之初为什么叫OpenAI。OpenAI就是要Open，中国有没有Open？实际上，ChatGPT的逻辑是需要大量的应用场景对大量的数据进行训练。从这个角度来说，美国掌控了全世界的应用场景，而中国只掌控了14亿人的应用场景。这样比较一下，就很容易理解，为什么ChatGPT产生于美国，而不是中国。美国现在不仅制造出ChatGPT，而且还开始制定规则。历史经验表明，新技术的发明者往往是新技术应用规则的制定者。古代中国是个例外，当时的四大发明虽然对西方世界的塑造产生了重大影响，但中国没有抓住制定新技术应用规则的主导权，免费地把这些技术献给了其他国家。现在发明 ChatGPT 的这些人在制定规则，但是马斯克等人也批评了 OpenAI 和 ChatGPT，认为它们违背了初心。这个初心就是 Open。ChatGPT 是因为开放才诞生的，但是生产出来的产品被制定了规则之后就变得不开放了。ChatGPT 因为地缘政治的关系，不允许中国大陆的 IP 地址对接，这也是规则。要知道，技术不会是纯粹的技术，技术永远是与地缘政治结合在一起的。

# 第六章

# 中国单边开放的战略意义

▼

第五章论述了百年未有之大变局对中国开放政策的新要求。在这个背景中来讨论中国的单边开放就显得更具有现实意义。经验地看，在实践层面，中国早已实施大国和小国间的单边开放政策。最典型的例子体现在《中国—东盟自由贸易协定》上，中国针对一些较落后和较小的经济体，实行单边开放政策，只不过当时中国没有使用"单边开放"这一概念而已。

近年来，中国正式提出和使用这一概念。从上海进博会到持续缩减外资准入负面清单、取消制造业领域外资准入限制，再到对法国、德国、意大利、荷兰、西班牙、马来西亚、瑞士等国试行单方面免签政策、放开VISA境外卡使用等，都是单边开放的成功案例。其中从免签政策中可以看到，这里的"单方面"就是"单边"的另一种表述。单方面免签政策也取得了令人意想不到的积极效果。中共二十届三中全会公报使用了"单边开放"的概念，强调扩大对最不发达国家单边开放。2024年中国—东盟峰会上，李强总理指出，中国愿意和东盟国家进行单边开放的协商和讨论。2024年，国家主席习近平在APEC会议上也强调了中国的单边开放政策。此外，中国还在共建"一带一路"、推进同更多国家商签高标准自贸协定和区域贸易协定等方面，做了很多工作，效果非常好。可见，中国的单边开放已经开了一个好头，接下来希望能把单边开放扩大到更多的领域。

如前所述，中国选择单边开放意义重大，是应对当前复杂国际局势和加快自身转型升级的关键之举。从我们自身来看，单边开放为构建"双循环"新发展格局提供了重要支撑，同时，单边开放也是推进中国式现代化的重要手段。在AI时代，单边开放更是中国拥抱AI发展浪潮、勇立潮头的前提。

## 一、单边开放与国内国际双循环战略

我们可以从国际国内两个方面来理解今天中国的"高水平开放"。

第一，从国内来看，经济发展的概念从传统上强调经济增速迈向"高质量发展"，从"单一指标的发展"转向"全面综合的发展"。改革开放以来，中国通过不断引进外资、技术，加快与国际规则接轨，实现了经济高速增长，成为世界第二大经济体。然而，过于偏重经济增长速度的发展模式也导致区域、群体之间发展不均衡，社会领域过度市场化而缺乏足够的社会保护，环境和生态破坏加剧等系列问题。与此同时，经济领域的改革进入"深水区"，产业链供应链升级加速，技术领域的核心环节遭遇"卡脖子"等问题也日益凸显。这些由原有的开放带来的外部性问题，无法通过原有的开放模式来解决，而是需要对开放模式进行调整和升级，将开放的重点转移到当前中国发展最关切的领域上。

第二，从国际来看，中国规则话语权实力与经济实力不匹配的现象，阻碍了中国企业"走出去"的步伐，也制约着中国国际形象和"软实力"的提升。中国已形成了门类齐全的工业体系、完整的供应链体系，同时还具有全世界最大的消费市场和丰富的商业实践。但是这种优势并没有相应转化为中国在国际体系中的规则优势。核心技术领域、市场商贸领域的许多标准和规则的制定权和解释权依然掌握在西方国家的手中。西方现在对中国的许多指责，也都集中在这些领域。这意味着中国在解决了"挨打""挨饿"问题后，要着重通过新的高水平开放来解决"挨骂"的问题。

需要强调的是，要实现高水平对外开放，就必须同时着眼于国内和国外两个维度来开展。开放不仅仅要适用于对外开放，更需要首先适用于对内开放。对很多人来说，开放仅意味着对外的开放，但实际上，内部开放更为重要。从本质上来说，对内开放是对外开放的基础。一个国家可以通过对外开放来促成对内的开放，但如果不能够就内部开放形成足够的制度化和法治化，那么久而久之，对外开放就会失去动力。经验地看，中国对内开放的程度是远远不够的。很多年来，尽管我们的对外政策越来越开放，但一执行便困难重重，其中一个原因就是对内开放程度不足。我们可以把内部开放理解成为外部开放的基础，内部开放的动力越足，外部开放的动力就越足。

对内开放不足的直接结果就是内部市场的分割。通过对内开放就可以将国内的市场规则统一起来，形成全国统一大市场。正是因为意识到这一点，《中共中央、国务院关于加快建设全国统一大市场的意见》已经针对性地提出了系统方案。这也是双循环发展格局中内循环的应有之义。

20世纪90年代初，我在美国留学的时候，读到一份世界银行的报告。世界银行发现，中国各个省之间的贸易量远远低于各个省与其他国家及经济体的贸易量。比如说广东和福建两个相邻省份之间，在90年代没有多大的贸易量，但广东和福建两个省份都和东南亚有很多贸易。两个省都是外向型经济，但是彼此的贸易量则不多。也就是说，当时中国的对外开放远远高于对内开放。我们国家为什么直到近年才提出要建立全国统一大市场？就是因为全国统一大市场到今天还没有形成。这些年我们一直在强调内循环，但区域之间的生产要素被严重分割，很难流动起来。其实我国的东、西部有各自的优势，东部在制造业、资本、开放、管理经验、企业家精神等方面有比较优势，西部在地上、地下的能源、土地、劳动力成本方面有比较优势。如果这些要素能够流动起来，那么必将大大提高劳动生产力。问题在于这些生产要素为什么流动不起来呢？不仅大区域之间流动不起来，省份之间也流动不起来，甚至一个省份内部的各个城市之间也流动不起来。原因很简单，因为规则、规制、管理和标准不统一。

另一方面，在统一国内的基础上，高水平对外开放应当致力于使中国的规则"走出去"，对现有的国际规则进行改革、补充乃至创设。同时，在外部环境变化的压力下，中国更应当坚持单边开放的政策，以分化瓦解针对中国的打压力量，团结一切可以团结的力量，更好地为中国的发展争取新的有利环境。

在实现规则统一和规则国际化的过程中，中国需要建立自己的地域嵌入型世界级经济平台或者经济高地。在这方面，粤港澳大湾区有能力成为这样一个平台。这一地区在上一轮开放中，就是外循环的重要产物。大湾区城市产业链完善、外向型经济发达、文化亲缘相近、国际化程度高，拥有比较完善的国际营商环境及规则体系。粤港澳大湾区可以在此基础上，通过进一步融合实现共同发展，打造金融、科创—制造业、科教三大世界级经济平台。可以说，粤港澳大湾区建设，就是中国高水平对外开放的重要抓手。

粤港澳大湾区建设方案出台之后，一直在努力进行融合式发展。但现实是，别说11个城市没有融合起来，内地9个城市都还没有统一的规则、规制、管理和标准。各个城市在招商的土地标准、税收返还等方面恶性竞争，所造成的经济内卷已经到了不可控制的地步。一个一线城市的一个区在2024年上半年通过招商引进的资本，80%来自全国各地，10%来自广东其他几个城市，只有10%来自港澳。从前的外向型经济俨然已演变成内向型经济。可见各城市之间的内卷已经到了什么程度。珠三角是中国最具代表性的外向型经济区域，在新冠疫情之前，大量的资本来自海外投资，但现在这种局面已经不再。很显然，要阻止内卷，各个城市之间必须互相开放，在拥有统一的规则、规制、管理和标准的条件下，在劳动分工的基础之上，让作为经济主体的企业自主决定投资方向和领域。

除了国内区域之间、省市之间的互相不开放外，中国的企业之间也不开放。中国的国有企业不向民营企业开放，国有企业之间也不互相开放，民营企业之间也不互相开放。我们最近在做新能源汽车产业的比较时发现，无论是民营企业还是国有企业，如果和特斯拉比较，中国企业的产业链和供应链都很短，基本上什么都自己生产，甚至全产业链和全供应链都是自己生产；而特斯拉的产业链和供应链拉得很长，全世界都有其供应链和产业链。所以说中国的每个企业都像是"土豆"，尽管加总起来量很大，但是大而不强。美国的企业相互开放，所以加总起来又大又强，因为只有企业互相开放，才能聚力做规则和标准。

这些年，中国企业践行"走出去"，但是在马来西亚、印度尼西亚、拉美地区都可以观察到，两个或者多个国企经常进行恶性竞争。为什么中国的国企之间会出现恶性竞争，而西方国家或者亚洲的日本和韩国的企业就没有这种情况？就是因为我们没有统一的规则、规制、管理和标准。

所以，要把内循环做起来，国内的规则、规制、管理和标准就一定要统一，这样才能保障区域、省份、城市之间的互相开放。内部开放是最核心的。如果国内的开放做不到，那么对外的开放也很难做到。

高水平对外开放根植于中国共产党革命、改革的历史基因当中。中国共产党本身就是"地方性"和"世界性"共同结合的产物，中国共产党也把自己的实践置于"世界性"之中。历史地看，在事实层面，离开了"世界性"，就无法理解近代以来的中国，更不能理解中国共产党。同样，离开了"世界性"，就无法理解近代以来的中国实践，尤其是中国共产党的实践对于世界的意义。这也是中国共产党提出"人类命运共同体"的重要原因。从这个角度来说，高水平对外开放不仅仅是中国国内治理的问题，也不仅仅是中国走向世界的问题，还是中国与世界互动的问题。在高水平对外开放的过程中，中国要实现的目标还包括提升全球治理水平，为世界提供确定性、稳定性和正能量。国际大循环我们也很重视，《区域全面经济伙伴关系协定》（RCEP）已正式生效，我国也已正式提交申请加入CPTPP和DEPA。我们要解放思想，不要认为国际规则就是西方的规则，我们内部市场暂时缺乏统一的规则，通过与国际标准、规则的衔接，可以帮助我们弥补不足，完善内部的规则。

## 二、单边开放与中国式现代化

中国式现代化可以从三个层面、三个维度来看。

第一个层面是物质现代化。世界各个文明国家对物质现代化是有一定共识的。物质现代化是可以看得到的，比如高楼大厦、公路桥梁以及各种高科技。物质现代化的衡量标准也是基本统一的，尤其是技术的先进与落后。比如我制造一台车时速100千米，你制造一台车时速200千米，大家都会说你的车比我的更现代化。

第二个层面是人的现代化。现代化的终极目的是人的进步。没有人，我们探讨的现代化是不全面的，更是毫无意义的。尤其在中国的文化背景里，人的现代化显得特别重要，因为我们具有几千年的人本文化传统。

第三个层面是制度的现代化，它是介于物质层面和人的层面的现代化中间非常重要的变量，或者说最重要的变量。制度层面的现代化一方面是看哪一种制度更能推进物质的现代化，哪一种制度更能推进人的现代化，另一方面更重要的是看哪一种制度能推进物质现代化与人的现代化的协调发展。物质现代化和人的现代化有相向而行的方面，也有矛盾的方面。我们看到很多西方国家、中东国家、亚洲国家在推进物质现代化的过程中，对社会造成很大的冲击，对人产生很大的影响，所以需要靠制度来协调物质现代化和人的现代化。中共二十大报告提出"五位一体"的中国式现代化定义，非常重要，是具有世界性意义的。

中国式现代化为什么要强调共同富裕，是因为我们接受了西方的深刻教训。资本主义释放出了劳动生产力，但在帮助人类社会实现物质现代化的同时，却使人本身异化了，使社会变得越来越不公平，越来越不稳定。所以我们提倡的是全体人民共同富裕的现代化。

我们也提倡人与自然和谐共生的现代化。我在英国工作了三年，发现他们的科学家还在恢复在维多利亚时代遭到破坏的生态，他们是先破坏后整治，但是成本太高太大。所以现在我们提倡人与自然和谐共生。

走和平发展道路的现代化也是非常重要的。西方在现代化的过程中，先实行殖民地主义，后实行帝国主义，牺牲了其他国家的利益，牺牲了很多人。我们不能学西方，我们必须走和平发展道路，我们也确实是在和平发展。

我们选择走中国式现代化的道路，也源于我们自己的经验教训。从1840年第一次鸦片战争开始到1949年，我们花了100多年，终于找到社会主义这个制度形式。中国的成功是非常少见的成果，因为我们既跟西方接轨，融入世界经济体了，又是独立的。可以说，中国的现代化模式为那些既要追求发展，又要保持独立的发展中国家提供了除西方现代化之外的另外一条选择。

经验地看，凡是符合本国文明、文化和国情的现代化就会是成功的，不符合本国文明文化和国情的现代化就会是失败的。中国式现代化既是中国实践经验、世界实践经验的总结，也是"永远在路上"的目标。

如何实现中国式现代化？还是要通过发展。然而，旧的发展模式依赖的"三驾马车"——投资、贸易和消费，现在面临非常大的挑战。

首先，投资很难再像以前那样拉动增长。东部地区的基础设施建设已基本完成，尽管以后还可以改善，西部还在建设基础设施，但是西部经济总量不大，经济活动也不多，过度基建会造成浪费。我们现在需要的是有助于国民财富增长的GDP增长，而不是单纯的GDP增长。我们不要为了GDP而只追求GDP，那样不是高质量的发展。

消费的挑战也很大。从学术上说，消费社会就是中产社会。如果一个经济体的中产阶级占比跨过了50%的门槛，到60%、70%时，才能形成消费社会。尽管我们国家的中产总量达到4

亿，但在总人口中的比例还不到30%，也就是说我们的消费能力还是有限的。所以，如果要建设消费型社会，还是要继续把"饼"做大，实现"扩中"。

贸易方面，在新冠疫情期间，西方国家新冠疫情的管控不力，刺激了我们的增长。但现在，由于美国等西方国家跟我们搞贸易摩擦，加上世界经济形势总体不好，我们的对外贸易受到很大影响。

当然，旧的"三驾马车"也还是有很多空间的。比如城市更新就需要投资。我们提出一个"软基建"的概念，基础房屋、建筑、公路、桥梁、5G技术都是硬基建，而社会保障、医疗、教育、公共住房则是软基建。

如果老的"三驾马车"不足以拉动经济的发展了，那么中国式现代化的新动能来自何处呢？我们认为，需要新的"三大法宝"，那就是改革、开放、创新。其中，开放是最重要的。开放是改革和创新的基础或者前提条件。从历史经验来看，一个经济体越开放，越能实现高质量发展。如前面所讨论过的，美国现在对我们的"卡脖子"也好、脱钩也好，只是个政治逻辑、行政逻辑，并不符合市场逻辑、资本逻辑。所以我们绝对不要帮着美国去脱钩，不能随逆全球化浪潮起舞，我们需要的是一次新的开放，我称之为"第三次开放"。

我多次到长三角去考察，一直在思考像浙江这样经济发达的省份，如何更上一层楼的问题。这些开放的经济大省，如何实现省域现代化先行？我认为可以打造地域嵌入型的世界级经济平台。地域嵌入型经济平台最著名的如旧金山湾区、纽约湾区、日本东京湾区，它们吸引了全世界的优质资本、优质技术、高端人才。浙江等沿海地区也完全可以建立这样的平台。内地的其他地方也可以这样做，根据自己的比较优势来构建各种开放的平台。尤其要强调的是，长三角和大湾区这两大中国经济的引擎就是在外循环或者说全球化的环境中成长发展起来的。在今天的新环境下，还是要通过继续和更大的开放来促成未来的增长和发展。

总之，中国要继续保持开放，才能化解美国两极分化世界的企图，同时要争取国际话语权和掌握规则制定权，变被动为主动，让中国真正与国际社会和市场接轨。这是中国实现现代化，成为社会主义现代化强国的关键。

### 三、单边开放与中国把握AI时代

当前，人工智能已成为国际竞争的战略制高点。如果中国不想错失AI时代，应该怎么办？唯一的办法就是开放，开放，再开放。

第一要与世界规则接轨。不接轨的话，不可能走得出去。所以要参与进去，就像我们加入世界贸易组织一样，要和世界规则接轨，在互联网领域也不可避免地要和世界接轨。

第二要改变过于强调封闭的小农意识，要"走出去"。这一点非常重要。中国已经到了后工业化时代，但一些人的思维状态仍是小农意识。中国的企业，无论国企、民企都像是一个个"土豆"，什么都想自给自足。我们最近的研究比较了民营企业如比亚迪、国有企业如广汽和外资企业如特斯拉。研究表明，马斯克的特斯拉是一个开放的系统，而中国的国有企业、民营企业都是相对封闭的系统，走出去比较困难。互联网企业和人工智能企业一定要走出去，无论是东南亚国家还是非洲国家的，要真正做到开放，真正做到全球性的互联互通。

第三，更重要的是人才开放。我们现在最大的问题是人才不够。中国人不行吗？不是，其实中国人非常行，比如ChatGPT团队里面就有很多中国的年轻人。关键还是要改变体制。技术要进步就一定要开放，开放是体制的问题，而不是钱的问题。我们老是把人才的多少和钱联系在一起，其实和钱毫无关系。一定要给科研人员足够的自由度，去追求他们的兴趣。从这点来说，在关键的领域，我们一方面要发挥中国的制度优势，美国在这方面是没有制度优势的。无论是AI的发展，还是经济全球化，如果解决不好社会问题，那么都会对美国社会产生毁灭性的影响。实际的情况也是这样的，美国政府无法应对经济发展对社会所造成的冲击。但是中国的国家体制是有优势的，尤其在解决社会不公平的问题上。在过去的40年里，全球化为美国创造了巨大的财富，但政府在应对全球化副作用时的无能导致社会越来越分化，贫富差距越来越大。即使像加州硅谷这样的互联网世界中心，它的互联网基础设施依然是一团糟，就是因为没有政府统筹的制度优势。

另一方面，我们也要看到自己的短板。目前，中国在AI领域还是处于一个赶超的阶段，很多短板如果没能补起来，中国可能又会陷入以前鸦片战争时的类似情况。技术的进步是非常迅速的，我们绝对不要低估美国。美国在每次危机发生以后，尤其是每次战争以后，科技进步都很大。不管街头发生什么、白宫发生什么、国会发生什么，美国的技术一直在进步。所以，中国还是要奋起直追，看到美国的长处，向自己的对手学习永远不会错。

这次 DeepSeek 的出现更是说明了开放的重要性。尽管人们对 DeepSeek 现象有各种不同的分析，但科技界的共识是，DeepSeek 的胜利是开源的胜利。对于这一点，我们自己必须有足够的认识。DeepSeek 创始人梁文锋很强调 DeepSeek 是在开源基础上的创新。图灵奖得主、Meta AI 首席科学家杨立昆（Yann LeCun）认为，DeepSeek 成功的最大意义就是证明了 AI 开源的价值，即任何人都能从中受益。奥尔特曼（Sam Altman）也承认，OpenAI 的闭源策略站在了"历史错误的一边"。谷歌公司前首席执行官埃里克·施密特因此警告，西方国家需要专注于构建开源 AI 模型，如果西方国家不对开源技术进行投资，可能会影响自身科研进展，因为许多高校负担不起昂贵的闭源模型，如果继续这样的话，就有可能在这项尖端技术的全球竞赛中输给中国。在美国，目前除了 Meta 的 LLaMA 以外，大部分顶级 AI 大语言模型是闭源的，包括谷歌的 Gemini、Anthropic 的 Claude 和 OpenAI 的 GPT-4。施密特认为，如果美国不对此做些什么，中国最终将成为开源领域的领导者，而世界其他国家将成为闭源国家。

技术层面，开源的逻辑就是，你可以在人家的基础之上通过创新去超越人家，但人家也可以在你的基础之上进一步创新来超越你，当然，你接下来又可以通过创新去超越人家。这是一个循环往复的过程。闭源和开源并非矛盾，而是可以互相促进的。无论从理论，还是经验上来看，长远来说，闭源肯定会落后，但开源必然被超越。在整个发展进程中，一些公司会选择在某一个阶段进行（部分）闭源或者（部分）开源。在DeepSeek之后，美籍华裔科学家李飞飞率领其团队仅花了50美元及26分钟，便创造出一个"s1"的AI推理模型，其表现可以媲美OpenAI的o1和DeepSeek的R1等尖端推理模型。

可以预见，DeepSeek会迫使美国的一些公司重新开源。应当强调指出的是，人工智能领域的开源也是美国政府的政策意向。特朗普和马斯克一直都在强调开源的重要性。这次DeepSeek的成功更会促成美国的政策往开源方向行动。在今年2月的巴黎AI峰会上，奥尔特曼表示OpenAI在重新考虑是否要再次转向开源，此后不久，OpenAI再次转向了开源。

同样重要的是，我们要意识到DeepSeek没有改变什么。尽管DeepSeek可以说是一个里程碑式的创新突破，但这并没有改变美国在人工智能领域总体领先的地位。正是因为DeepSeek是开源的结果，它并非是从"0—1"的基础创新，而是应用端的创新。人工智能技术基本上由四大块组成，即（1）技术端（包括芯片、算力和算法等），（2）数据端（数据的数量和质量），（3）基于技术和数据之上的大模型端，及（4）应用端。这次DeepSeek的突破主要在第三领域，而在技术端和数据端，中国和美国依然存在很大的距离，应用端的差距也不小。

在技术端，中国在芯片领域受美国的打压和制裁，国产芯片虽在进步，但要赶上美国还需要时间。在数据端，这次

DeepSeek的突破也是基于对美国大模型数据的"蒸馏"。无论从数量还是质量而言，我们和美国的差距依然很大。就数量而言，尽管我们的数据是大量的，但美国拥有来自全世界的数据。因为互联网的有限开放，我们的数据出不去，外面的数据也进不来。就质量来说，我们大量的数据处于孤岛状态，公司之间、政府部门之间、区域之间的数据很难得到整合。尽管在产业应用场景方面，我们的数据远比美国的丰富，但因为数据的不整合而被浪费。尽管这些可以通过改革得到解决，但改革也需要时间。

人工智能在世界范围内的发展已经经历了几波，总体来看，美国（和西方）在"0—1"的原创领域占据优势，而中国在应用领域占据优势。这个趋势预计还会维持相当长一段时间。不过随着对基础研究的重视和大规模的投入，中国会逐渐转向"0—1"的原创领域，这种情况也将会得到改变。

更为重要的是，我们要意识到这次DeepSeek的成功正在产生外在效应，而这些外在效应会在给我们自己构成严峻挑战的同时提供新的机遇。这至少可以从如下几个方面来讨论。

第一，中美竞争变得更加激烈。国际范围内，人工智能的竞争主要发生在中美两国，DeepSeek的成功不仅没有改变这个局面，反而使得中美竞争变得更加激烈。近日，埃隆·马斯克的人工智能公司xAI发布了Grok3，马斯克称它为"地球上最智能的AI"。相信激烈竞争背景下的公司会发布更多的模型。由于中美两国具有不同的意识形态和政治制度，美国必然会加大和强化在高科技领域对中国的打压、制裁和围堵。副总统万斯这次在巴黎 AI 峰会上的讲话已经体现出特朗普政府的这个趋势。正如过去一段时间的经验所表明的，美国的打压必然激发我们更强的竞争精神、更多的投入。

第二，DeepSeek 这次的创新突破必然会培养出更多的竞争者。对中国来说，DeepSeek 最大的效应是打破了美国公司的垄断地位，但对其他国家来说，DeepSeek 的出现则是有可能打破中美两国目前所处的主导地位，因为它为人工智能从垄断式发展转型成为分散式发展提供了可能性。欧洲国家、日本和印度都已经受到极大的鼓舞，要在人工智能领域占有一席之地。可以预见，尽管人工智能领域中美两国迄今占据主导地位，但这个局面假以时日可能会被打破。这对中国意味着什么？很显然，前面有美国的打压，后面有其他国家的赶超。较之垄断，分散化的发展在激化国家间竞争的同时使得更多国家拥有人工智能技术的能力。从这个意义上说，分散化的发展可以使得人工智能变得更加安全。

第三，各国都不得不加入竞争，转向发展模式。在人工智能领域，美国一直决意要处于领先甚至垄断地位。特朗普政府从一开始就决定美国国内对人工智能要"去监管化"。在这个领域，美国是监管最弱的国家，不存在联邦层面的任何监管体系。在拜登时期出台的几个总统行政命令被取消后，美国对人工智能几乎就没有任何监管了。美国副总统万斯在 2025 年 2 月举行的法国 AI 峰会上不仅再次强调美国本身要"去监管化"，更是直接批评欧洲的过度监管政策。万斯当然不是鼓励欧洲发展人工智能，而是迫使欧洲"去监管化"，以便于美国公司在欧洲开辟新的市场。之前，马斯克对欧洲的过度监管也一直持不满的态度。这次由60国签署的巴黎AI峰会宣言并未获得一致同意，因为美国与英国拒绝加入，他们反对欧盟"过度监管"，认为这不符合国家利益。

不过，这也表明，欧洲如果要发展人工智能，"去监管化"就成为必然。法国总统马克龙也一直在呼吁欧洲的"去监管"。DeepSeek的成功正在迫使欧洲走出这一步。实际上，如果各国不"去监管"，那么因为当地监管过度而落不了地的人工智能技术必然会流向美国。可以预测，各国在人工智能领域的"去监管化"必然成为大趋势。

第四，去监管化使得人工智能变得更加不安全。如果欧洲也像美国那样从侧重监管转向侧重发展，那么监管体系必然弱化。人工智能对一个国家的政治、经济和社会方方面面正在或者可能构成的威胁已经有大量的研究，尤其在欧洲。如果各国都把重点转向发展，那么对人工智能所能产生的威胁的研发投入必然减少，这无疑会增加人工智能的风险。这种情况在国际层面会变得尤其严峻。例如，人工智能一旦被军事化，那么国家间的冲突会变得更加剧烈；又如，如果开源的人工智能被恐怖分子所利用，那么恐怖行为会变得更加不可控制。

对中国来说，有几点是很清楚的。

第一，我们也需要调整AI的发展思路，改变过去因监管过度而发展不足的局面。人工智能必须得到监管，监管技术必须成为人工智能发展的内在部分。就中美比较而言，直到这次DeepSeek的出现，中国总体上是侧重监管的发展模式，而美国是侧重于大模型的应用；中国在监管技术的很多领域领先于美国，而美国在大模型的应用上领先中国。

要赶超美国，中国下一步也需要适度放松监管，如果不是像美国那样完全"去监管"的话。这方面既是自身发展的需要，更是国际竞争的需要，并且在中国的体制内，发展和监管是可以并行不悖的。根本的问题就是需要转变监管观念。普遍而言，监管应当是对已经存在事物的监管，对不存在的事物说不上监管。从这个角度来看，我们很多不让技术落地的做法实际上不是监管。也正因为这样，中国在流失很多AI领域的人才，因为他们在国内很难施展抱负，就会"流落"到他国，尤其是美国。美国硅谷不乏很多源自中国的独角兽企业。因此，我们必须先放松监管，容许AI技术落地，在其成长过程中评估其对公共利益的影响，从而出台适度的监管政策。如果秉持安全第一、道德优先的政策，继续不让一些AI技术落地，那么很难赶超美国，甚至会被淘汰。

第二，我们要继续开源，并且把开源上升为国策。如上所述，DeepSeek的成功是开源的成功，一旦封闭起来，就会被赶超，OpenAI就经历了这一过程。我们很多企业本来就是在西方开源基础之上发展起来的，但一旦技术到了自己的手里，就变成闭源了。这实际上限制了企业技术水平的提高，长远来看，也必然会再次落后。因此，国家需要把开源上升为国家的普遍政策。

第三，不仅企业层面要开源，国家层面更需要实行可持续的总体开放政策。技术层面的开源只有在国家总体开放政策下才能生效。

第三部分 ——

# 单边开放的挑战与未来

我们所说的单边开放是自主的开放。在今天，即使是单边开放也面临巨大的挑战。地缘政治的急剧变化、经济民族主义和民粹主义的横行，使得战争乌云密布。但也正因为这样，我们必须加快、加大单边开放，这不仅是为了自身的可持续发展，也是我们作为世界第二大经济体的大国责任。

这部分由三章组成，先讨论我们所面临的真实的地缘政治甚至是战争的风险，再讨论在这样的情况下，我们如何继续通过单边开放推进全球化或者再全球化，最后提出一些具体的有关单边开放的政策建议。

# 第七章
# 单边开放面临的国际挑战

▼

先来看今天世界秩序面临怎样的严峻挑战。近年来，以民族主义、民粹主义和文化保护主义为代表的思潮在多国兴起，不同国家间治理模式和价值观的差异被进一步放大。这种趋势不仅导致全球范围内的信任赤字，还使得单边开放面临更大的外部压力。同时，大国间博弈加剧，国际组织的权威性和协调作用被逐步削弱，原本相对统一的全球秩序正在分裂为多个区域性或利益驱动的小圈子，使得单边开放的国家不得不面对更复杂的外交和经济环境。下面，让我们具体来看看这些挑战。

## 一、经济不平等导致极端意识形态的崛起

今天，要讨论如何通过国际经济金融政策协调来维护全球增长的平衡性与稳定性问题，我们需要回到经济学家凯恩斯所关切的两个均衡，即内部均衡与国际均衡。在凯恩斯那里，内部均衡主要表现在充分就业和价格稳定之间，而外部均衡主要指的是国家间贸易的平衡。凯恩斯的两个均衡深刻影响了世界

经济的发展，世界银行、国际货币基金组织和后来的世界贸易组织都深受凯恩斯思想的影响。

今天的世界经济与凯恩斯时代相比，发生了巨大的变化，因此，无论是内部均衡和外部均衡都具有全新的内容。尽管如此，凯恩斯的两个均衡对理解今天的世界经济依然具有理论意义。即使从两个均衡的角度来看，实际上国际经济形势也远比我们大多数人所分析的还要差。尽管凯恩斯是经济学家，但是他比较充分地考虑到了其他非经济因素对国内和国际经济的影响。而今天的经济学研究越来越微观，经济学家们已经把非经济要素完全排除在经济思考之外，甚至很难考虑不同经济要素之间的关联。

从经济分析的角度看，谁也不会否认今天国际经济的失衡。至少从2008年全球金融危机发生以来，国际经济失衡已经是各方的共识。各方也试图努力去实现世界经济的再平衡。但问题在于，这么多年过去了，世界经济不仅没有再平衡，反而越来越不平衡了。如果仅仅从经济要素来分析世界经济，那么就会导向比较乐观的结果。但如果考虑到地缘政治和意识形态等因素，那么人们就不会那么乐观了。今天，说世界分崩离析也并不为过。实际上，越来越多的人会认同这一看法。

就经贸来说，美国自特朗普执政以来盛行经济民族主义和贸易保护主义政策，使得全球范围内出现"去全球化"和"逆全球化"现象。美国等西方国家是上一波全球化的最大受益者。然而，由于全球化所创造的巨量财富分配不均，西方又开始搞贸易保护主义，这破坏着国际经济秩序。不仅如此，美国还使用排他性的方式重塑全球化，把很多国家排挤出自己的"小圈子"。这种行为正在导致全球贸易的碎片化。这个趋势如果不能扭转，那么现存全球贸易体系很快就会解体。实际上，越来越多的人相信，全球贸易体系已经解体。

在政治领域，世界面临意识形态两极化的风险。美苏冷战半个世纪，意识形态极化对世界秩序的冲击已经表现得淋漓尽致。今天，美国和其他一些西方国家继续践行意识形态两极化。上任美国总统拜登就一直把中美关系界定为"美国民主"与"中国专制"之间的关系。西方也一直在塑造所谓的"全球东方"的概念，提出所谓的"新轴心国"，把中国、俄罗斯、朝鲜和伊朗绑在一起。尽管普遍认为特朗普对意识形态不感兴趣，但没有人会认为，特朗普再次执政会促成中美之间意识形态的对立消失。特朗普即使不是意识形态的信仰者，也会是意识形态的使用者。

美国的最终目标是地缘政治两极化，把今天基于全球化之上的世界秩序转型成为美苏冷战时期那样的两极化秩序。美国在包括中美双边关系、中国周边环境和中国在国际秩序中的角色等各层面不遗余力地对中国进行全方位的围堵和遏制。这不仅冲击了中美两国关系，恶化着中国的周边环境，更破坏了现存的国际秩序。凯恩斯的两个失衡产生了两种经济不平等，由此导致了两种主义（意识形态）的崛起，使得整个世界面临内部革命和外部冲突乃至战争的风险。

无论是西方还是东方，无论是发达国家还是发展中国家，内部经济和国际经济都是失衡的。国际经济不是一个抽象的概念，国际经济由各主权经济体组成，各主权经济体的内部失衡才导致了国际经济的失衡。今天，内外部失衡已经产生了两种经济不平等，即内部经济不平等和外部经济不平等。内部不平等表现为社会各阶层之间的不平等，表现为收入和财富差异过大，社会过于分化。如果考虑到种族、民族、宗教等因素，社会分化趋势更为严峻。外部不平等表现为国家间的经济不平等，富国越富，穷国越穷。数十年的全球化几乎把所有国家都卷入全球经济进程之中，但国家间的贫富差异不仅没有减少，反而在增大。

这两种不平等已经导致了两种主义的崛起，即内部的民粹主义和外部的民族主义。内部不平等导致民粹主义崛起。经验地看，民粹主义总是和内部不平等联系在一起。尽管也有其他方面的不平等，但经济上的不平等是主体。同样，民族主义总是和外部不平等联系在一起。今天，发达国家与发展中国家、北方与南方的关系主要是经济意义上的，即经济发展的不平等。尽管西方国家也在用"民主"与"专制""全球东方"等概念来模糊国家间的不平等，但很难取代各主权国家在国际层面对发展权的追求。历史地看，由内部不平等所导致的民粹主义运动经常导向内部革命，而由外部不平等所导致的民族主义运动经常导向国际冲突甚至战争。一战和二战的历史都说明了这种关联。并且，一旦国际冲突开始，世界经济不平衡的问题就更难以解决了。实际上，当各种试图解决内外部平衡的方法都无效和失败之后，人们（往往是掌握权势的政治人物）便会开始诉诸暴力来解决问题：在内部，暴力往往表现为革命；在外部，暴力往往表现为冲突与战争。

## 二、世界秩序的"封建化"在加速

我倾向于把今天的世界局势形容为"封建化",就像中国的春秋战国时代——美国就像周天子,把控不住世界了,于是"群雄蜂起","群雄逐鹿"。国家不论大小(当然大国能力更强),都想在旧秩序摇摇欲坠的时刻,在旧秩序的废墟上找机会崛起。大家都在这么做。

为什么说封建化?旧秩序解体了,什么样的事情都会发生。韩国人恐怕也想不到会发生这样的闹剧——总统自己去发动政变。类似这样的事情都反映出不确定性。联合国、WTO还能发挥出真正的作用吗?很难。旧秩序解体了,群雄逐鹿,这是最大的风险。在国际关系中不要只盯着中美关系,只看中美关系就会犯大错误。现在国际态势变化这么快,大家都在低头"算账",盯着特朗普打自己的算盘。这种局面必须改变。

人们可能习惯于观察几个大国间的关系。大国的确重要,没有大国就不会有强有力的区域秩序和国际秩序。传统帝国时代是这样,现代主权国家时代也是这样。如果大国之间有共识,那还好说,国际体系还能存在,很多矛盾都会被压在体系下面隐而不发。一旦大国之间共识崩塌,大家都不认可当下的世界秩序,这时候就很危险。因为各方都觉得自己的机会来了。

当前以联合国为核心的国际秩序正在迅速解体。无论是俄乌冲突还是巴以冲突,联合国俨然只是一个"旁观者"。而在联合国五个常任理事国中,竟有四国已经卷入军事冲突甚至战争中，只是卷入的程度不同而已。特朗普的再次执政更是给二战以来的国际秩序以最后的一击。

俄乌冲突依然在进行，两国越陷越深。这场冲突从一开始便表现为美国和西方代理人战争的特征。美国领导的北约的持续扩张直接威胁到了俄罗斯的国家安全。不难理解，尽管这场军事冲突直接表现为俄罗斯和乌克兰之间的冲突，但间接地表现为俄罗斯和北约的较量。因此，美国领导的北约从一开始就自觉地卷入和参与。随着时间的推移，北约国家的卷入程度越来越深。

英国自称同时也被视为美国在欧洲最重要的盟友，从一开始就做了最简单的选择，即毫无保留地站在美国这一边。

法国一方面试图坚持比较独立自主的外交政策，但另一方面已经深度卷入。如果要说法国和美国的不同之处，那么只能在抽象层面来说了，即法国是为欧洲而战。法国看清楚了美国在这场军事冲突中的私利，相信欧洲不能依靠美国来保护自己，而是必须自己保护自己。

这场军事冲突的复杂性使得它既没有如俄罗斯所期望的那样很快结束，也没有如北约所期望的那样把俄罗斯彻底打垮。俄罗斯是大国，不容易被打垮；而美国不想把国家的全部精力放在这场军事冲突上，因为美国在进行这场"代理人战争"的同时也在准备另一场"战争"，即和中国的"战争"。结果便是今天的持续"战争"状态。在拜登总统任期的后两年，美国先是财政部部长耶伦访问中国，指责中国"产能过剩"，影响世界经济；紧接着，国务卿布林肯访问中国，指责中国帮助俄罗斯，要求中国停止可以帮助俄罗斯进行"战争"的贸易。很显然，美国试图把不能击垮俄罗斯的责任推到中国这一边，尽管美国本身及其盟友从来没有停止过和俄罗斯的生意来往。

美国的战略重点是亚太或者说印太，这一点不会变。特朗普再次回来，他会继续"退群"，会减少在中东、北约的投入，但是不会退出西太平洋。他也退不出来。"印太战略"就是他弄的，他也承认中国是主要竞争者。尽管相对来说，特朗普上台后我们面临的地缘政治压力会少一点，因为他不会像拜登那样在上面花大量精力，但像台湾问题、南海问题，特朗普照样会极限施压，再试图交易。近来特朗普就结束俄乌冲突主动开启了和俄罗斯的谈判，很多人就开始担心美国是否会形成一个美俄同盟，在结束这场冲突之后共同对付中国。这种担心也并非没有一点道理。

## 三、今天没有人可以低估世界大战的可能性了

应当再次强调的是，微观、中观和宏观这三个层面的因素是互相促进和强化的关系。今天，没有任何理由能让人们相信西方国家有能力改变微观（社会）层面和中观（国家）层面的局面，这两个层面的局面还在快速恶化。如果这样，那么根据欧洲军事战略家克劳塞维茨叙述的内政外交逻辑，宏观层面的局势会加速恶化。也就是说，当西方国家不能解决内部问题的时候，就会把冲突转移到国际层面。至少自近代主权国家产生以来，所有的战争都是这样发生的。

实际上，谈论"世界大战的可能性"可能已经低估了今天

的局势，因为在某种程度上，多国卷入尤其是大国卷入的局部战争早已经开始了。俄乌冲突几乎已经把世界上大多数主要大国卷入了，即俄罗斯、美国和欧洲国家。当然，如上文所讨论的，中国是"被"绑架而"卷入"的。中东战争尽管表现为以色列—哈马斯的冲突，但其他很多国家尤其是美国已经深度卷入。人们也可以认为，正是因为多国的卷入，才使得这些局部冲突具有了谁也没有预想到的持久性。

自从核武器产生以来，人们往往认为大国卷入的世界大战已经不可能了，因为两个核国家（或者核国家集团）之间的战争等于互相毁灭。但是，人们大大低估了以其他非核战形式出现的战争的可能性。实际上，核武器不仅从来就没有消除过战争，而且还导致了另外形式的战争，即核武器掩护下的常规战争。经验地看，核武器在以另一种方式"鼓励"拥核国家使用暴力和战争来实现自己的目标。因为相信其他拥核国家不会使用核武器来实现互相毁灭，拥核国家更容易倾向于使用暴力和战争。核武器产生以来，世界从来没有太平过，暴力和战争依然频繁发生。即使两个拥核国家没有发生过直接的战争，但代理人战争从来没有停止过。俄乌冲突爆发以来，双方阵营在互相进行核威慑的同时进行着一场持久的常规战争。

因此，当人们说世界大战的时候，需要考量的并非战争是否有可能，而是战争的形式问题。同样，今天人工智能的发展及其在其他领域（尤其是军事领域）的广泛应用并不会使得冲突和战争成为不可能，反而是扩展了战争的复杂性和多样性。忽视了不同形式的战争，就会犯重大的战略错误。战争是"永恒"的，因为战争是人性的一种"最终表现"；但战争的形式是变化的，因为人性是可以"文明化"的。

那么，余下的问题便是，世界大战的主战场会在哪里了，中东、欧洲还是亚太？中东的以哈冲突仍然进行，但无论从哪个角度来看，这一局部战争很难发展成为世界大战。美国支持的以色列在这个区域拥有绝对的经济和军事优势。尽管世界同情弱小的一方，但这种道义上的同情很难转化成为实际上的支持。一些欧洲国家承认了巴勒斯坦为国家，但这并不能解决问题。阿拉伯世界的不团结也决定了战争的有限性质。在世界范围内，反对以色列和支持巴勒斯坦的声音更多地出现在西方世界，而非中东世界。

如上所说，在一定程度上，俄乌冲突已经是一场多国卷入的"世界大战"了。随着美俄开始就结束这场冲突进行谈判，现在的问题是如何结束的问题，尽管这个问题的答案还是一个未知数。

实际上，欧洲的任何冲突要演变成美国、欧洲主要大国和俄罗斯直接交战的世界大战的可能性一直是不大的。两边阵营的核威慑从冲突爆发不久就开始了。即使在过去几年，人们也已经得出这样一个结论，即不管发生何种情况，双方使用核武器的概率都非常小。对美国主导的北约来说，这场战争的"艺术"在于北约对乌克兰的各种形式的支持足够大，但也仅维持在使俄罗斯找不到使用核武器的理由的水平。而对俄罗斯来说，它也可以通过其他常规手段来打一场持续的战争。

俄乌冲突持续多年，各方都早已经显出疲惫感，因此都在寻找"台阶",得到一个有利于己方的结局。2024年以来,围绕着俄乌冲突的三大事件表明事情正在发生变化。一是西方纪念二战关键战役"诺曼底登陆"80周年,二是七国集团峰会,三是专门针对俄乌冲突的瑞士和平峰会。尽管在这三个事件中,北约还是一如既往地对俄罗斯施压,并放出了很多"狠话",并且对俄罗斯出台了进一步的制裁举措,但很显然西方的目标并非扩大和升级冲突与战争。同时,俄罗斯也做出了反应,在继续进行军事行动的同时也提出了随时就乌克兰问题进行谈判,并且还开出了具体的谈判条件。总体上看,不管冲突以怎样的方式结束,西方利用俄乌冲突"拖垮"俄罗斯的目标在一定程度上已经实现,而俄罗斯也在一定程度上达到了自己的目标。当时,很多人也相信,特朗普的再次回来会加速推进结束俄乌冲突。而特朗普所开启的美俄谈判证实了人们的预测。今天,没有人怀疑各方对结束这场冲突与和平的诉求,分歧在于以什么方式来结束。

如果说俄乌冲突开始进入一个"下行"的过程,那么亚太地区的冲突则经历着一个"上行"的过程。实际上,从俄乌冲突爆发以来,美国从来没有把其关切点置于其上。无论是特朗普还是拜登,都把中国界定为美国的竞争者甚至敌人。因此,尽管美国通过北约支撑着俄乌冲突,但其战略重点始终在亚太。毋庸置疑,这些年美国的战略部署主要在亚太地区,在中国周边构筑了大量的"小三边"。

人们不难从2024年的香格里拉对话会中看到这一大趋势,即美国乃至整个西方的战略重点都在往亚太转移。香格里拉对话会本来是就本区域的安全问题进行对话，但2024年的趋势表明，无论是美国还是欧洲国家，都已俨然把此视为世界安全的对话会。这与前面所讨论的美国和其他一些西方国家努力把中国和俄罗斯绑架在一起有关。近来，美国等西方国家一直在进行这方面的认知战争，把俄罗斯的"不败"归结为所谓的"中国向俄罗斯出口军民两用的产品"。言下之意就是，正是因为中国的支持，俄罗斯才有能力进行一场持续战争。2024年香格里拉对话会的局面表明，在很大程度上，美国的认知战是有成效的，成功地把欧洲的战略注意力引向了亚太地区。

对美国的强硬派来说，亚太地区成为"火药桶"是美国胜出的终极手段。美国口口声声说自己是亚太地区和平的维护者，但经验地看，美国分裂亚洲、在亚洲制造冲突和战争的行径已经登峰造极。并且，美国现在的亚太或者"印太政策"的趋势是"一切为了对付中国"。如前所述，美国统治集团似乎陷入了一种对中国不可自拔的极端恐惧心理。无论从哪个角度来看，美国的对华政策早已经呈现为十足的法西斯主义，只不过在美国的精心包装之后，这种法西斯主义政策以非法西斯主义的形式表现出来。对美国来说，只要能击垮中国，自己仍是最后的"胜利者"，哪怕整个亚洲被战争毁灭也在所不惜。正如一些美国极端反华势力所公开言明的，在和中国的竞争中，美国只有胜利这一选项。

也就是说，对中国的最严峻的挑战就是如何有效地回应——美国在中国周边营造战争环境，把世界性战争引向亚太地区，最终实现其围堵和遏制中国的战略目标。

## 第八章

# 中国的单边开放与再全球化

从以往经验看,单边开放可以促进一个国家更快更有效地发展。就经济逻辑来说,只有在开放的状态下,才能实现生产要素自由流动,让市场配置资源。因此,单边开放有助于一个国家在国际层面吸引生产要素。就政治逻辑来说,在美国等西方国家践行意识形态和地缘政治两极化的情况下,国与国之间的协商和谈判变得越来越困难。在这样的情况下,单边开放是化解美国为首的西方势力推行两极化的有效方法。正因为是单边开放,开放国不需要和对象国进行协商和谈判。迄今为止,中国的单边开放政策所取得的成果已经表明,单边开放的经济逻辑和政治逻辑已经开始发挥作用。

### 一、单边开放是以中国文明破解美国"二元对立"棋局

美国所体现的是西方文明典型的"要不天使、要不魔鬼"的二元对立世界观。在这种世界观中,国家被分成"朋友"和

"敌人"两个阵营,"要么和我站在一起,要么就是反对我"。因此,即使没有"敌人",也必须制造一个"敌人"出来。美国的棋局设置是其二元对立文明思维的产物。"二元对立"表现在西方文明几乎所有的领域当中,宗教、种族、民族、党派、阶级等概念都包含对立的意涵,甚至直接表达为对立。美国学者近年来所提炼的"修昔底德陷阱"便是从古希腊的外交实践中来。近来,美国学界更是制造出一个"全球东方"的概念。作为最大的发展中国家,中国本来就是全球南方的一部分,但美国见不得中国在全球南方中的影响力,因此先动用其政治力量,把中国"开除"出发展中国家阵营,进而开启与中国在全球南方的竞争进程。但美国深知这一进程的难度,因此另起炉灶,构建了一个"全球东方"的概念。今天,很多美国学者认为今天和今后的世界由三个政治集团组成——"全球西方""全球东方""全球南方"。第一个由美国和欧洲领导,第二个由中国和俄罗斯领导,第三个是由印度、巴西等非西方发展中国家组成的无定形集团领导。如果考虑到美国一直在构造的"印太战略",美国的二元对立世界观不言而喻。二元对立不是一种共存思维,而是一种零和游戏思维。"和平共存"不是西方思维的一部分。西方只认可"互相威慑"下的共存,但这种共存只是暂时的,因为"互相威慑"的背后便是适者生存式的竞争,直到另一方失败。

至少在近代以来的国际关系中,西方的二元对立战略非常成功。"二元对立"通过制造恐惧,迫使各国"选边站"。一旦各国站队,设局者就开始了"赢"的过程。因为设局者是根据自己的优势而设局的，一旦对立的阵营形成，设局者就可以"分而治之"（二元对立思维的又一逻辑结果），直至把对手打败。经验地看，对美国而言，"二元对立"不仅适用于对苏联和中国那样的"竞争者"或者"敌人"，也适用于对其联盟内部如日本、德国和法国等盟国，一旦它们对美国构成竞争，美国同样进行打压。

中国要破解这一困境，就必须脱离美国设置的二元对立思维。如果被美国的二元对立思维牵着走，那么我们就会重蹈美苏冷战覆辙，甚至可能会再现苏联解体式的结局，中国变成苏联也正是美国冷战派所迫切希望的。而这样的结局却是我们不想看到的，也是世界所不想看到的。

正如美国思维来自西方文明，中国思维也要诉诸中国文明。中国文明体现为几个主要特性。第一，世俗性。我们对世界的理解是根据事物本身的面貌，而非根据人的主观意志。因此，我们的文明中并没有类似美国那样的"使命性"，即依靠人的主观意志来改变世界。第二，互相依赖性，或者说"嵌入性"（embeddedness）。阴阳是中国传统文化的核心概念之一，但阴与阳并非互相排斥对立，而是阴中有阳，阳中有阴，互相包含，和平共处。第三，开放包容性。这主要表现在中国人对水的崇拜。水向任何事物开放，也包容任何事物。第四，长期主义。数千年不中断的中国文明使得我们具有特殊的长期主义理念，我们不以一时一刻的得失来衡量成败，而是具有长远的战略考虑。当然，长期主义并非一些美国人所说的"马拉松主义"，即中国具有百年的计划最终打败美国；恰恰相反，中国追求的是

"和谐""和而不同",即和平共处。

根据这些特质,我们可以确立我们自己的博弈原则。实际上,在国际事务层面,我们一直在践行源自上述中国文明特征的外交政策,只不过是还没有形成源自中国实践的国际关系和外交理论罢了。至少如下的一些实践是显性的。

第一,不称霸。中国参与国际事务是要争取扮演更为重要的角色,而非与美国争霸,尽管美国和一些西方国家不这样认为。中国并非要取代美国成为霸权。在这一点上,历任中国领导人是具有高度共识的。毛泽东时代,中国外交的主要任务就是反霸权。邓小平时代,中国更是表明"永不称霸",或者"永不当头"。今天,中国争取的是自己的发展空间,而非和美国争霸。所谓"地球之大,容得下中美两国",就是表明中国要与其他大国和平共处。中国提倡国际权力多极化,并往这个方向努力,主旨是要各国承担维护国际和平发展格局的责任。中国的不称霸意识,不仅对当今的霸权(即美国)重要,对广大的发展中国家更为重要。对美国来说,中国的不称霸意识表明中国无意取代美国而成为另一个霸权国家,也不是站在美国的对立面。而对广大的发展中国家来说,他们在冷战期间经历了美苏争霸、在后冷战时期又经历了美国的"独霸天下",不管是苏联霸权还是美国霸权,他们都是霸权的受害者。他们并不希望中国成为另外一个苏联或者美国,他们希望中国是一个能够推动发展中国家发展的新型大国。

第二,开放。像中国和美国这样的大国,其本身的开放就可以成为一个有效的国际公共品。就国际公共品而言,大国需要负主要责任,而小国则倾向于"搭便车"。中国是在开放的条件下崛起的,开放促成了当代中国。开放也使得中国在过去数十年为全球经济的发展作出了较之其他大国更大的贡献。因此,中国对未来的开放比任何国家都坚定。在2022年中共二十大上,中国提出了一个新的概念——"制度型开放"。之前中国在谈到开放的时候,就会谈到开放的政策,但是现在强调的是"制度型开放",即高水平的开放。在2023年第三届"一带一路"国际合作高峰论坛上,国家主席习近平提出了"一带一路"倡议的八项新措施。就"一带一路"倡议来说,这些措施无疑是高质量、高水平开放的内容。

第三,全球化。中国努力在开放状态下继续推动全球化。在过去的40余年中,全球化给世界创造了巨大的财富。今天,当全球化遇到困难而美国和其他一些西方国家盛行经济民族主义和贸易保护主义之时,中国不仅没有关起门来,反而在加大力度推进全球化。"一带一路"倡议就是中国能够为世界提供的最好、最有效的国际公共品。

第四,良性竞争。美国和其他一些西方国家将与中国的关系界定为"竞争关系",中国并不这样认为,因为中国认为,当今世界的乱局更需要各国之间的合作。尽管如此,中国并不怕竞争,相反欢迎竞争,但中国提倡和践行的是良性竞争。例如,为了和中国的"一带一路"倡议竞争,美国提出了自己版本的"一带一路"倡议,G7集团也提出了自己的"一带一路"倡议。中国欢迎竞争,但相信竞争的目的是找出哪种方式更能推动当地国家的社会经济发展。中国的方式好不好,应由当地社会说了算，而不是美西方国家说了算。

第五，包容共赢。在中美竞争中，两国在推动不同形式、不同性质的多边主义。美国在推动的是排他性的多边主义，或者中国所说的"团团伙伙"，是针对第三国的；而中国在推动的是包容性多边主义，是针对成员国所面临的共同的问题的。前者是逆全球化和反全球化的，而后者和全球化相向而行，互相促进。在其他国际事务领域也是如此。

## 二、单边开放是重塑国际秩序的"新动力"

单边开放是中国能为国际社会提供的最好的国际公共品。众所周知，贸易投资会促进经济增长。过去的美国之所以强大，一是市场庞大，拥有庞大的以中产为主体的消费群体；二是市场向其他国家开放，其他国家通过和美国的贸易投资往来促进自身的经济发展。但是，自特朗普执政以来，美国盛行"美国优先"政策。拜登尽管表面上强调盟友政策，但他的"中产外交"的核心也是"美国优先"。尽管美国的贸易保护主义和经济民族主义主要针对对象是中国，但也影响到美国和包括其盟友在内的所有国家之间的经贸关系。例如，前些年美国为了针对中国，和一些国家搞了一个"印太经济框架"，但参与国发现，美国并不想向这些成员国开放市场。

今天的中国有很大不同，中国现在是世界第二大经济体、全球最大的单一市场。较之发达经济体，中国经济增长还有巨大的空间，中产阶层也在不断成长。中国多层次的消费群体对发达国家和发展中国家的企业有无限的吸引力。这一点我们已经在进博会中看到，我们不仅吸引了发达经济体的厂商，也吸引着发展中国家的厂商。中国的单边免签（证）政策正在扩展到更多的国家。尽管美国等一些发达国家对中国"脱钩断链"，但很多发展中国家希望通过引入中国的资本和技术来促进自身的经济发展。无论是上海进博会还是广交会，单边开放最终导向的都是双边甚至多边的贸易投资活动。

如果把中国的单边开放政策置于中国践行的包容性多边主义构架内，对世界秩序的影响就更显著。如上所述，尽管美国也宣称在践行多边主义，但那是一种排他性的多边主义，即我们所说的"团团伙伙"。因此，我们认为，美国表面上在重塑全球化，但这种排他性的多边主义与全球化背道而驰，正在摧毁现存贸易多边主义，使得全球范围内的贸易体系高度碎片化，甚至封建化。比较而言，中国签署的贸易投资协定都是包容性的。单边开放不仅体现在中国和一些经济体之间的自由贸易协定上，也反映在诸如RCEP、"一带一路"倡议、"金砖＋"和新开发银行等多边组织和倡议上。尽管这些多边组织开始时也呈现出区域性，但正是因为其包容性，它们和全球化相向而行，构成了全球化的新动力。因此，无论是国家之间的单边开放政策还是在多边主义框架下的单边开放政策，从短期看，都在赋予全球化新的动力，从而在很大程度上抵消了美西方国家的逆全球化力量。从长期看，单边开放政策正在重塑全球化，为全球经济发展创造新的条件。

同样重要的是，从短期来看，中国的单边开放政策和包容性多边主义，不仅可以促成美国"两极化"的努力演变成"自我孤立主义"；从长远来看，还可以为美国提供动机再次加入国际秩序。美国的逆全球化政策，尤其是特朗普版本的贸易保护主义政策不仅造成美国盟友的担忧，也造成了所有其他国家的担忧。对包括发达国家和美国盟友在内的大部分国家来说，他们既不想和美国脱钩，也不想和中国脱钩，因为和任何一方的脱钩都会导致巨大的损失。尽管今天美国的孤立主义有其理由，即所谓的重振美国，但这并不符合美国的长远利益。从经济规律来看，中国的单边开放政策力度越大，越能从国际层面吸引到更多的生产要素，也越会对美国构成孤立主义的压力。美国资本的本质是开放，资本从长远来看必然回归全球化。

概括地说，中国基于多边主义之上的单边开放政策越来越成为重塑国际秩序的重要动力。美国和其他一些西方国家一直在强调中国通过"一带一路"倡议等方式塑造以自己为中心的贸易秩序。历史地看，任何一种贸易秩序无论是由哪一国家倡导和开始，只要是开放的、包容性的，这种秩序便是参与国共赢的。过去的英国和美国也曾是这样的。无疑，一种新的世界秩序，已经逐渐浮现成形。

# 第九章

# 深化单边开放的政策建议

从战略全局加强谋划，围绕推进中国式现代化与高质量发展的中长期目标，以精准单边开放为重点，稳步扩大制度型开放。正如前面所论述过的，单边开放是自主的开放，是不受制于他国的自主选择，是根据自己的需要和能力的精准开放。从这个角度来看，我们至少可以作如下几个方面的政策选择。

## 一、打造开放的人才体系

人才是生产力。在继续单方面扩大免签政策范围的基础上，以技术移民制度和科教人才交流制度为重点，打造开放的人才体系，成为全球高技术人才流入的主要目的地。主要包括五方面的措施：

### 1. 以吸引高技术移民为重点强化全球引才

面对日益激烈的科技竞争与人才竞争，我国应加快人才制度与国际接轨的步伐，构建起符合自身发展需要的系统化的移民制度体系。为此建议：（1）研究制定涵盖人才领域、人才层次、移民身份、申请方式等基本内容的《技术移民法》，健全工作许可、工作类签证、工作居留许可、人才永久居留许可等制度体系；（2）针对我国科技创新"卡脖子"的重点领域，研究形成指导性的技术移民紧缺清单，实行更加灵活开放的签证政策以及工作许可、工作类签证、工作居留许可、人才永久居留许可等配套政策；（3）建立外国人技能评价机制。在不降低专业技能要求的前提下，放宽技术移民申请条件，推进技术移民申请流程便利化。

### 2. 用好单方面免签政策，创新人才签证制度

继续用好单方面免签政策，结合单边开放的重点国别对象，逐步扩大免签政策的范围。（1）重点研究面向RCEP、CPTPP、DEPA成员国以及欧盟国家的单方面免签政策；（2）借鉴美国H-1B签证的做法，对特定领域和部门的高技术人才不设配额，特殊人才签证可由个人申报，也可由单位申报；（3）探索以科研人员为重点的特定群体签证便利化政策，借鉴新加坡的电子入境卡做法；（4）在自贸港和自贸区，探索面向特定国家、特定行业领域的免签政策，探索工作许可证与工作签证合二为一的办法，免签入境后，由接收单位在规定时间内到公安部门注册登记并为其办理居停留证件。

### 3. 探索实行全球科技人才卡

制定系统性吸引紧缺高技术人才移民的战略，借鉴美国、英国高技术移民计划的有效做法，吸引来自全球知名科技企业的技术人才与管理人才来华创新创业。我们建议：（1）委托科研机构、智库等，针对美西方对华"卡脖子"技术人才，对全

球技术人才分布进行精准的画像分析；（2）设置专门的科技创新创业类签证，制定快速评估程序；（3）采取更加市场化的评估标准，如"卡脖子"技术领域全球100强科技企业、年收入等指标；（4）完善配套政策，如不需要提前获得工作邀请；在发放人才卡的同时，发放其配偶的就业和居停留许可。

### 4. 扩大科教领域人才的对外交流

面向全球科教领域强国，（1）除了放开对科教领域人员以旅游、商务为目的的旅行外，对科教人员以短期访学及交流访问为目的的来华旅行采取免签政策；（2）简化优化科教领域外国人才签证审批程序，对科教领域符合条件的外国人才提供办理人才签证、工作许可和长期居留许可的便利；（3）加大学历学位单边认可和相互认可的范围；（4）适当借鉴欧盟"高等教育区"的做法，从周边做起，推动与东盟国家等高等教育开放合作，打造规则衔接、标准对接的"学分互认体系"；（5）职业教育领域先行，推动与其他国家高等职业教育学分互认，逐步由普通职业教育扩展到高等职业教育领域；（6）借鉴日本在打造开放科研教育体系方面的有效做法，针对本土人才难以攻克的技术难题领域，实行"外籍特别研究员计划"；（7）放宽对科教领域事业单位编制内人员因私出境的管制，鼓励工农理医类科研院校专业人员走出去交流合作。

### 5. 打造世界一流的人才发展制度环境

以一流的人才发展环境吸引和留住顶尖人才。（1）发挥市场在人才资源配置中的决定性作用，破除阻碍人才流动、创业就业、居留、获得本地公共服务等方面的制度障碍，推动外籍人才居住证、工作许可、从业资格认定、社会保障等办理便利化，外籍人才享受与本地人才标准趋同的公共服务；（2）形成市场需求主导、政府规划引导的外国人才引进和管理机制，发挥企业等用人主体在外国人才需求、人才引进和使用、人力资本定价以及人才评价等方面的决定性作用，鼓励企业等用人单位"走出去"进行国际化引才；（3）形成与国际通行规则接轨的外籍人才制度体系，改变外国人才引进法律和规章分散的局面，为外国人才入境签证、工作管理、永久居留、人才评价、社会融入等提供一揽子政策保障；（4）推进外国人才管理机构改革，建立国家技术移民统筹机构，统筹分散在各部门的移民管理职责，适度下放外籍人才审批权限至省级管理机构。

## 二、打好单边开放与双边多边开放的"组合拳"

推进精准单边开放，不是不要双边多边开放，而是以单边促双边、以单边促多边，单边与双边多边有机结合。具体措施包括：（1）对东盟国家精准单边开放与推进中国—东盟共同市场建设相结合，以跨境电商、新能源车、职业教育等具体领域为突破口。（2）单方面、分步骤、分领域实行《中欧全面投资协定》中我方承诺的服务业市场准入、公平竞争规则、自然人流动、投资促进、可持续发展条款，同时在不违背"一个欧盟"的原则下，通过针对不同欧盟成员国的精准单边开放，继续推动中欧间双边多边自贸进程。（3）对标CPTPP、DEPA等高标准经贸规则，分领域、分步骤、分区域推进精准单边制度型开放，以服务贸易、投资、人才、数字等领域的精准单边开放措施，助力我国加入高标准双边多边经贸协定，像广东前海、南沙、横琴这三个地方应该在这方面扮演领头羊的角色。(4)把加入DEPA作为"十五五"推进双边多边开放的优先战略选项，通过推进国内数字流动领域的制度型开放，加快双边多边数字经济合作进程。(5)在可与美国合作的传统经贸、应对气候变化等领域继续双边开放。对美国的"小院高墙"策略，以开放应对封锁，做到"你越是封锁我，我就更开放"，尤其是替代生产的做法不宜战略化、全面化、长期化。同时，通过对东盟、欧盟的精准单边开放倒逼美国对我国开放。(6)持续推进与"一带一路"共建国家的双边多边自贸制度建设，持续加强软硬基础设施互联互通机制建设。

### 三、稳步推进资本跨境流动的制度型开放

以促进跨境贸易和投资便利化的投融资制度、外汇管理制度等改革为重点，与人民币国际化步伐相配合，稳步推动资本跨境的制度型开放，为资本高效有序流动提供制度保障。

**1. 适度放松跨境投融资管制**

从企业调研看，我国对资金跨境流动采取了较为严格的管制手段，导致其成为企业走出去面临的难点之一。在国家鼓励科技创新投资，但科创风险投资相较此前明显萎缩的背景下，建议：(1)对促进跨境贸易和跨境投融资便利化的国内制度的落实及有效性进行全面评估，采取监管机构评估与第三方评估相结合的方式；(2)在宏观审慎原则和防止资金大进大出引发系统性危机的前提下，清理和取消不合理的资金流动管制措

施；（3）实行白名单制度，放松对特定机构特定条件下的外汇管制，例如，在一定额度内放宽对专精特新企业资金跨境流动的管制。

## 2. 探索推行"单一通行证"制度，扩大金融领域精准单边开放

借鉴国际经验，实行"单一通行证"制度。建议：（1）对符合一定要求的境外金融机构来内地开展指定业务，只需报备本国（本地区）金融监管部门，然后由该国（该地区）金融监管部门与我国金融监管部门建立对接机制进行备案后，即可允许该金融机构来内地开展特定业务；加强与协约国金融监管协同。（2）采取正面清单管理模式，精准开放，先易后难，管控风险。根据资本跨境流动趋势与结构变化，对我国吸引FDI和企业走出去投资的主要国家和地区，先由特定种类的金融机构、个别品种的业务和产品入手，构建基本的机构准入标准和业务通行框架，再根据试点情况和市场需求，逐步拓宽范围。（3）以数字人民币跨境支付为突破口，逐步拓展旅游、消费、住宿、劳务等服务贸易领域的数字人民币跨境支付结算，再逐步推行至企业商贸、投融资等领域。（4）在粤港澳大湾区等重点开放区域先行先试、积累经验，成熟后推广至全国。

## 3. 加快建设具有国际竞争力与影响力的金融中心

把具有国际竞争力的金融中心作为资本跨境规则衔接机制对接的主要平台和载体。中国在被遏制、被脱钩的情况下，应尽快提升货币金融的国际竞争力，提高服务全球化与支持全球经济持续发展的能力，这也是维护自身金融安全的需要。建议：

（1）着力发展双金融中心：一种是为国内实体经济服务的金融中心，另一种是具有全球竞争力、能引领全球货币金融治理体系改革的金融中心。在发展两类金融中心上，内部应基于比较优势原则有所分工，例如，上海的金融中心可以主要发展成为第一类金融，以为实体经济服务、稳定国内金融市场为首要任务；粤港澳大湾区可以利用香港作为全球前三的国际金融中心、全球最大离岸人民币资金池以及全球最大离岸人民币清算中心的优势，发展第二类金融，打造能与华尔街竞争的世界金融货币中心。（2）继续推动资本市场开放。只有资本项下制度型开放，汇率和利率才能真正实现市场化，进而为资本市场开放创造条件。（3）在前两者基础上推进人民币国际化。加大人民币在双边贸易、区域贸易结算中的比重。加快推动数字人民币跨境交易，力争在新一代数字货币方面取得领先。同时，加强香港与世界银行、国际货币基金组织、国际清算银行、亚洲基础设施投资银行等全球性和区域性国际金融机构的合作，推动人民币国际化。

## 四、鼓励中国企业延伸供应链、产业链

尽快把中国的供应链、产业链延伸到"一带一路"共建国家，延伸到东盟国家。中国如何与东盟开展经济合作呢？这里，单边开放极为重要。简单地说，较之中国，大多数东盟成员国都是较小的经济体，中国应对它们实施单边开放政策。再深层次，单边开放不仅要考虑到经济利益，更要考虑到战略利益。

我们可以举中国老挝磨憨—磨丁经济合作区为例。我去那

边考察过，当时我站立的对面就是老挝，老挝又是东盟的一部分，而东盟现在所处的位置对中国的国际战略非常关键。美国在尽力争取东盟，中国也在争取，东盟实际上已经成为中美之间争取的最主要的对象之一。从这个角度看，磨憨—磨丁经济合作区的战略地位还需要提得更高，要从与东盟经济一体化的角度来进行。现实地说，东盟在一些领域对和中国的合作还是保持着谨慎态度的。出于地缘政治的考量，中国周边都是较小的国家，而中国本身是最大的国家。一旦中国的崛起使得这些较小国家感觉到不确定性，那么它们就会去邀请距离遥远的美国，让西方和美国来"平衡"中国。但是在经济上，东盟又是依赖中国的，并且随着中国经济的发展，这种依赖度越来越高。这些年来，一些东盟国家似乎总是帮中国说好话，但事实其实并非如此，这些国家只是为它们自身的利益说好话。一些东盟国家对中国的投资远远超过其对美国的投资。如果中美之间真的发生冲突，由于这些国家的安全体系是美国的一部分，它们就不得不选择美国；而一旦选择美国，它们在中国投资的经济利益就会受到巨大的影响。

因此，中国要在中国—东盟经济合作中有足够的自信。中国应该在磨憨—磨丁经济合作区实行单边开放。老挝的人口总量是700万—800万，约等于中国香港的人口数；14亿人口的中国，或者说几千万人口的云南，和老挝在所有议题领域进行对等谈判其实是没有必要的。有很多政策，中国方面可以先实行起来，而不是必须等待老挝去做出对等的反应。作为小国和东盟的一员，老挝的开放困难其实不少。在历史上，英国的单边开放比美国的对等开放要成功得多。

根据我自己去东盟各国的观察发现，这些国家对中国都存在一定的不满情绪。这些情绪是怎么来的呢？就经济而言，其中一个原因是中国和当地国家进行低端商品的竞争。中国商人去这些国家开餐馆、摆地摊出售中国商品，与当地民众在民生经济领域发生竞争，导致当地小商小贩失去竞争力。这种竞争其实是不明智的，我们要改变思路。与东盟国家相比，中国的产业化水平、工业化水平、技术水平远比东盟除新加坡外的九个国家发达。因此，中国的沿边开放形式，不应是通过廉价商品倾销和当地民众抢饭碗等小商人思维获取资源。这样的沿边开放既没有给当地创造就业，也没有给当地创造税收，当地的不满情绪自然会滋生。中国应当综合考虑国内和周边国家的比较优势，根据这些比较优势，在劳动分工的基础上进行有效的沿边开放。中国可以更多考虑将部分产业链、供应链延伸到东盟国家，通过修建工厂为当地创造就业，为政府创造税收，实现共赢经济。

就沿边开放而言，美国的沿边开放政策非常值得我们参考。美国北边的加拿大和南边的墨西哥，两国的经济重心都在靠近美国的边境。这三国很成功地把边境从经济边缘转变为经济中心。与中国接壤的国家有14个，如果我们能够把这些接壤的区域转型成为经济中心，那么周边的安全和发展就会完全改观。在这方面，磨憨—磨丁经济合作区应当成为一个典范。此外，当前磨憨—磨丁经济合作区所在的磨憨由昆明托管，这种飞地经济托管形式也参照了深圳深汕合作区的经验。在参照过程中，既要看到托管的长处，也要看到托管的短板。以深汕合作区为例，深圳市和汕头在发展水平上存在巨大差异，同样的政策往往无法在两地都适用。两者之间的关系模式更类似于"对口支持"模式。经验地看，要想发展，落后地区的思想要更加开放，也需要落实更为开放的政策。发达地区例如深圳和昆明，由于自身发展较早，已经形成了符合自身需要的规则和规制，如果把这套规则和规制直接应用到落后地区，不仅不会促进落后地区的发展，反而会限制这些地区的发展。因此，很难把昆明的政策直接搬到经济合作区用，而是要分析什么政策适合在经济合作区实行，什么政策不能实行。也就是说，磨憨—磨丁经济合作区需要比昆明更加开放的政策。

磨憨—磨丁经济合作区的发展还可以参照国内其他几个区域，例如长三角一体化示范区。我最近调研时发现，浙江、江苏、上海两省一市成立了一个长三角一体化示范区理事会，理事会下面又设立了执委会，都是政府层面的协调机构。但是区域一体化通过政府层面的协调远远不够，要让企业家、企业成为主体，才能稳步推进实现可持续发展。因此，他们又成立了以企业家为主体的开发者联盟。当然，这些对区域经济一体化还是远远不够。如果对比粤港澳大湾区和纽约湾区、旧金山湾区，就会发现后两者存在各种各样的协调机构，有政府协调机构、企业间的协调机构、行业间的协调机构、社会组织间的协调机构等等，而这些协调机构往往是自下而上的。

另一个可以参考的是新加坡—苏州工业园区。因为磨憨—磨丁经济合作区涉及两个国家，苏州工业园区也涉及中国和新加坡两个国家。大家现在都低估了苏州工业园区的作用。实际上，苏州工业园区是我国第一个较大的两国合作建成的工业园区，后来苏州工业园区的模式也被拓展到了全国各个地方。磨憨—磨丁经济合作区可以参考苏州工业园区早期中新两国合作协调的经验，两国之间设立一个顶层协调机构，再以企业为主体推动协调与合作。只以政府为主体的协调是很难推进的。一旦涉及主权和份额，很多问题很难在政府层面得到解决或者得到妥协，而企业间的协调是相对比较灵活的。中老之间可以考虑设立一个理事会作为协调机构，再让企业和民间机构作为发展的主体。总之，我们要从国家战略的高度来看中老之间的经济合作。中国与老挝的经济合作一旦做好了，就可以辐射到其他国家，比如说缅甸、越南。老挝目前与中国的关系良好，双方合作模式的探索可以作为中国与周边其他国家合作模式的突破点。中国可以通过单边开放政策，做出一些让步和让利，将沿边开放作为一个可复制、可推广的模式，这对云南、对国家、对整个区域都会带来益处。

同样重要的是，在这一过程中，我们还要培养自己的跨国企业。我们既欢迎外资、外国的技术进入，同时我们的技术也要走向国际。如何培养中国自己的跨国公司，是下一步中国内部发展的一个非常重要的条件。

### 五、警惕全面替代，深化出口导向

新型举国体制是更加开放的举国体制，而不是像以前的苏联模式"关起门来自己创新"。要警惕全面替代战略，这样很容易和国际经济体脱钩。在遭受美国"卡脖子"的时候，我们不得不做一点替代，但是不要主动做全面的替代战略。

吸取拉美失败的教训与东亚成功的经验，尽量避免"替代"方法的扩大化，更要防止全面替代战略，而要继续深化扩大出口导向战略。今天美国和其他一些西方国家在一些技术领域封杀中国，在这些被封杀的领域，中国不得不实施替代方法。国内的企业也很有动力来实施替代战略，因为替代意味着这部分的市场从外资转移到内资（无论是国资还是民资）。但是，必须明确的是，替代是防御性的，不能扩大化。如果因为西方的封杀而实行全面替代，那么就会导向开放程度的减低甚至最终走向封闭。二战以来，拉美经济体的替代战略的教训和东亚经济体的出口导向战略经验，是需要我们认真总结的。改革开放以来，中国走的是出口导向，而非替代战略，未来除了被封杀的领域需要实行替代战略外，就整个经济体而言，还是要坚持出口导向模式，坚持外向型经济发展模式。

在这方面，对外资需要做些战略性的思考。日本、韩国和新加坡等东亚发达经济体对外资就具有战略性思考，这些经济体往往有意识地"腾出"一些经济空间给外资。这样做至少有几个积极效果。第一，防止全面脱钩，及时了解西方发达经济体的技术发展水平。如果自己具备了能力，就把外资挤出国内市场，那么无疑会导致脱钩。这样就很难了解发达国家的技术发展水平，从长远看容易导致落后于发达国家。第二，实现"我中有你、你中有我"的局面，一旦对方实施打压，也会损害到其自身的利益，这至少会驱使对方的决策趋于理性。第三，就中国来说，这样做还可以有效防止美国把中国移出其主导的结算系统。东亚经济体成功的经验和苏联（及今日俄罗斯）的教训值得我们总结。

## 六、要全面开放，更要有效管理，不怕"蚊子飞进来"

可以学习新加坡和越南等开放经济体，在全面开放的背景下如何更好进行管理，而不是"有限开放、无限管理"。邓小平曾经形象地说过，打开窗户，新鲜空气进来了，苍蝇、蚊子肯定也会飞进来。关着窗户说没有蚊子，不算你的本事；但打开窗户以后，你又可以把蚊子管理好的话，我是觉得这算你的本事。

今天，在很多领域，一些部门因为担忧开放所造成的消极后果，不敢开放，或者开放得不够，这导致世界范围内诸多优质的生产要素无法流入中国。也就是说，过度监管，导致发展不足。在亚洲，新加坡和越南等经济体实现的是"全面开放，有效管理"，这方面需要我们学习。理论上说，监管就是对存在的事物进行监管，对不存在的事物进行监管是说不通的，或者说是假性的监管。在开放领域，我们的监管体系的改革和改善可以大有作为。

## 七、加快向发达国家实行自主的单边开放

针对国际环境恶化的新形势，中国要向西方和与中国有关联的"利益相关者"实行单边开放政策。经验地看，如果一个国家面临日益恶化的国际环境，那么国内民粹主义和民族主义

情绪就会变得不可避免,从而影响一个国家的开放政策。因此,我们不能让民粹主义和民族主义倾向主导自己的情绪。在特朗普的第一个任期和拜登执政期间,我们的政策有时显得不够沉着,过于迁就民间的民粹主义和民族主义情绪,使得双方长时间处于对立的状态。特朗普再次就任总统,美国如果再次用民粹主义或者民族主义的方式"妖魔化"中国,我们需要冷静应对,既不要让美国方面牵着鼻子走,也不要被自己的情绪牵着鼻子走。

因此,要加快开放和扩大开放的范畴,尤其是单边开放。我们的开放包括两个主要方面,即向美国的开放和向世界上其他国家的开放。要继续通过"一带一路""金砖+"和"全球南方"等方式向世界其他国家开放。今天,世界各国普遍认为,特朗普回归之后,"退群"将不可避免,美国必然再次减少甚至停止对国际社会的承诺,从而对现存国际秩序产生巨大的破坏力量。对中国来说,如果做得好,这会是一个机遇。在美国对非洲的影响力趋于减弱的同时,中国在非洲的影响力一直在上升。很多年里,东南亚国家遵循一个集体决策,即"不选边站"。拉美国家也在基于现实主义的原则和中国增进交往。即使是美国传统的盟友欧洲,也在深刻担忧特朗普对美欧关系的破坏,在推进全球化、气候问题与维持和平等方面,中国和欧洲产生了更多的共同利益。

在向美国开放方面,现在已经是非常困难了,而在特朗普第二任期内会变得更加困难。因此,需要把目前的单边开放政策扩展到美国更多的"利益相关者",包括美国的资本、农业州、科学界、民间和地方等。在这些领域，单边开放是可以释放积极的潜能的。只要在中国有足够的利可图，美国的资本是不会放弃中国市场的。政治要素是华尔街资本必须考虑的，但如果中国市场的利润足够丰厚，那么冒死也会前来（马克思所说的资本趋利的本性迄今没有改变）。农业州需要中国采购更多的美国农业产品。科学界已经开始抵制特朗普有可能再度启动的"中国计划"，因为这样做会使美国流失大量的中国科学家。美国已经有人发表文章说，如果特朗普再启动"中国计划"，说不定又搞出来一个"钱学森现象"。美国的民间和很多地方政府对中国并没有恶意，也乐意和中国交往。单边开放就是我们向这些力量释放善意，让美国人民和资本来决定是否选择和中国交往。一旦美国人民和资本这样做了，那么美国的"中国优先派"就会被孤立。或者说，中国的单边开放政策会促成美国的自我孤立。

## 八、考虑设立一些单边开放特区

单边开放已经成为国家政策。这些年签证的单边开放政策已经产生了超出预期的积极效果。在实践层面，单边开放政策已经处于扩散状态，例如制造业准入限制已经被逐步取消，信息产业等也在不断扩大开放领域，已经允许外资在北京、上海、广州和深圳等主要城市设立外资医院。

接下来，我们还可以更进一步。就可行性来说，在我们条块分割的体制内，"块块"的开放要优于"条条"的开放，因为后者会牵一发动全身，影响面过广，又可能失控，而"块块"

的开放可以避免这种情况。在"块块"开放这方面，我们已经积累了非常丰富的经验。改革开放初期的经济特区体系就是"块块"开放的典范。在一些中心城市设立外资医院也可以说是"块块"开放。因此，可以选择在有条件的地方进行"块块"的单边开放。

"块块"开放可以在长三角和大湾区等沿海地区进行。珠海的横琴、深圳的前海和河套、广州的南沙都可以成为"块块"开放的特区。海南岛甚至可以成为全面综合"块块"开放的选择，因为在封岛运作的情况下，所有风险几乎都是可控的。

这些地方的开放可以大有作为，主动全面引入先进的国际规制、规则。可以在如下几个方面努力。一是《中欧全面投资协定》中的规制、规则。《中欧全面投资协定》谈判自2021年以来陷入"冻结"状态，由于当前形势变化，重启谈判迎来契机。二是CPTPP中的规制、规则。中国已经申请加入CPTPP，但这将会是一个很长的过程。三是DEPA中的规制、规则。中国正在申请加入DEPA，也会是一个很长的过程。这些地区可以根据自己的需要，系统地研究这些协议和协定中哪些规制和规则可以率先引入。

附 录——

# 关于单边开放的
# 部分文章和媒体采访

# 中国要更开放，单边开放也可以

(2020-12-11)

面对百年未有之大变局，中国要单边开放，即使美国或者西方向中国封锁，中国也应当向他们开放，不应当把自己封闭起来。历史上看，哪个国家最开放，哪个国家最获利；哪个国家封闭，再强大也会衰落下去。我们现在提"双循环"，以国内循环为主，是指中国的内部消费对中国经济增长的贡献越来越大，并不是说外循环不重要。

我一直主张长三角、珠三角还是要以外循环为主。这些沿海经济区都是在改革开放和全球化的背景下成长起来的，脱离不了国际市场，它本身就是国际市场的一部分。当下的外循环关涉的并不仅是资本的问题，现在主要是技术的问题，而技术进步的本质就是开放。一个国家如果封闭了，技术肯定会衰落。我们必须承认这样一个现实，从近代以来，大部分的原创性的技术来自西方，这是一个事实。开放就是为了保证技术。所以，我觉得我们的思想一定要进入国际大循环。我现在担心的是，我们一些人的世界观里面越来越没有世界，很多人认为我就是世界，这种观念肯定会导致衰弱。

那么我们自身的优势是什么呢？一个是开放潜力大，另一个是市场规模大。中国很多地方开放得不够，开放的深度不够，广度也不够。这两年我们实行金融开放，尽管有中美贸易冲突，但根据美国一家智库的估计，过去两年有6000亿美元流入中国金融市场，今年英国《经济学人》(The Economist)估计前十个月有2000亿美元流入中国市场。这表明，中国的开放，开一个口、开一块新地方，就可以改变全球资本流向与配置格局。

为什么会这样呢？就是因为中国的市场大。我们以中产阶层的规模来衡量中国市场。目前中国中产阶层的比例虽比美国小，美国的中产人数占总人口的50%，中国是30%，但我们有4亿中产，这个数量相当于美国的人口总数，美国只有2亿多中产。中国4亿中产的消费能力不比美国的2亿低，所以我跟美国驻中国内地的商会、美国驻香港的商会沟通，他们没有多少企业乐意离开中国。

讲未来，我们就要讲怎么开放的问题。最近中国加入了《区域全面经济伙伴关系协定》(RCEP)，我们对《跨太平洋伙伴关系协定》(TPP)也是持开放的态度。但RCEP跟TPP是两码事，RCEP主要围绕传统关税的减免，TPP则是侧重于标准。我们需要考虑中国如何通过开放在国际市场上影响国际标准，这是非常关键的。如果之前的开放是传统的贸易投资领域的开放，那下一步的开放一定要思考贸易投资中国际规则的制定问题。如何制定规则？我觉得我们要有世界观、国际观，不能太自私，我们是世界第二大经济体，是一个大国，所以要考虑到其他。

在贸易依存度方面，总体上来说因为中国现在市场大、经济体量大，所以其他国家依赖中国多。但是要依赖多少才合适？像这次医疗物资，根据美方的估计，85%以上的美国医疗物资靠中国供应，美国97%的抗生素靠中国供应，这对美国来说会很难接受。所以，我觉得中美之间，或者中国跟西方国家之间有些领域的贸易依存度下降一点，对各方都有好处。我们不能太民族主义地看问题，如果太民族主义地看问题，就会看不清这个世界是怎么运作的，看不清我们以后怎么在世界上扮演一个领导角色。

现在中美关系的局势，我想十年、二十年、三十年都不会有根本性改变。中美之间的问题不应是谁打败谁的问题，现在很多人整天想如何打败美国，美国也想如何打败中国，这完全是错误的。这两个大国，不会互相打败，这两个大国间的问题是如何和平共存的问题。我们需要在这个时代，学会如何跟美国打交道。我们不能太骄傲，还是要谦虚谦虚再谦虚，开放开放再开放。

| | |
|---|---|
| 原标题 | 郑永年：中国要更开放，单边开放也可以 |
| 来　源 | 新华社 |
| 日　期 | 2020-12-11 |
| 链　接 | https://www.xinhuanet.com/sikepro/20210310/C9335F4B6AD00001A5D4EF404B603D30/c.html |

# 时局震荡，
# 中国人当下必须放弃两个幻想

(2021-08-22)

许多人曾以为，拜登这个看起来履历光鲜的美国新总统上台后，应该不会像特朗普一样疯狂，宁愿"伤敌一千自损八百"也要对付中国。然而现实却颠覆了很多人的认知，拜登刚上任，"美国历史上最大胆、最全面的反中立法"《2021年美国创新和竞争法案》就出台了。

许多人还以为，疫苗一出，疫情压力就会大大减轻，世界经济还会再次振兴。然而，病毒的变异跟局势的动荡一样诡谲。

复杂变幻的环境中，中国该如何顶住内外部的压力，继续前行？以下是香港中文大学全球与当代中国高等研究院院长郑永年的分析。

## 一、立刻放弃幻想

时局依旧在震荡，避免误判的一个很重要的前提是放弃幻想。对于中国来说，当下必须放弃两个幻想！

第一，不要对美国换总统心存幻想。直到现在，还有人在问：特朗普下台了，拜登上台是不是对中国就好了？我的观点很明确，有的领域可能会改善一点，但有些领域的危机反而会加深。

最明显的一点，拜登政府在科技领域对中国的打压与特朗普政府相比有过之而无不及，而美国海外投资委员会（CFIUS）在相关操作中扮演着重要的角色。该委员会的国家安全专项小组正在对美国的初创公司进行严密的监控和审查，以寻找它们与中国有关投资方的任何可能关系，尤其是涉及敏感技术的。

同时，拜登是一个传统的美国民主精英，人权高于主权的理念就是民主党的克林顿政府提出来的，相应地，拜登对战争的兴趣也大于特朗普。因此，拜登入主白宫，会继续在南海、中国台湾等问题上借机挑事，甚至有过之而无不及，而且还会重打民主党先前惯用的牌，在新疆、西藏等领域挑战中国，前段时间的新疆棉事件已经印证了这一点。

当初特朗普刚上台时强调的是"美国优先"，但因为内政存在太多的制约，特朗普在内政领域出不了政绩，所以他将重点转向外交，尤其是中美关系。可以说中美关系恶化实际上是美国内政不振的一个牺牲品。

事实上，美国总统在内政上往往是做不了什么事情的，拜登又是一个非常弱势的总统，所以他入主白宫后，中国还是要持续关注中美危机。随着美国对中国崛起的担忧越来越甚，它会千方百计地打压中国。不管美国谁当政，中国在这方面都不应当有任何幻想。

第二，不要对世界经济抱有幻想。一方面，中美之间的新冷战早已不是可能发生与否的问题，而是已经进入一个从不明朗走向明朗、从局部走向全面的过程。

此前美国的对华政策表现为"只有你想不到的，没有美国做不到的"。中美关系因此陷入了一种"自由落体"状态，且仍然不见底。这属于特朗普政府的"遗产"之一，他们致力于中美全方位的脱钩，已经对中国和世界经济产生了巨大的负面影响。现在拜登入主白宫，也很难快速改变中美关系恶化的这种大趋势。不仅如此，在民主、人权、意识形态等方面，还有继续恶化的可能。

另一方面，从当前世界经济形势看，目前全球新冠肺炎疫情形势仍然严峻复杂，对世界各国造成的经济下行压力持续加大，很多国家还在"自保"。在这样的情况下，我们不能对世界经济还抱有幻想。

认清这两个形势后，中国应该怎么做？两点：开放，以及做大内需。

## 二、管你开不开放，我都开放

各种迹象表明，中国正在进入第三次开放。从开放的性质来看，鸦片战争之后的第一次开放为被迫开放，20世纪80年代开始的开放是主动开放，而现在的第三次开放不仅是一场中国主动的开放，而且是诸多领域的单边开放。

什么是单边开放？就是不管你开不开放，我都开放。中国历史上，朝贡体系其实就是一种"单边开放"体制，从整体看，它维持了东亚世界上千年的稳定，堪称国际关系中的一个奇迹。

回到当下，中国为什么要进行单边开放？主要有以下三个方面的战略意义：

一是中国向美国单边开放是分化美国内部力量最有效的武器。目前来看，美国虽然对中国施加了不小的压力，但他们内部存在诸多的矛盾。换言之，美国不是铁板一块。美国社会自内战以来，从来没有像今天这样分化，这也是特朗普的"遗产"之一。眼下的美国从方方面面来看，阶级的分化、种族的分化、地域的分化等，都是史无前例的。

但"特朗普主义"不是从天上掉下来的，而是美国的社会与经济结构变化导致的。所以，这不是任何人能解决的，也不是拜登能解决的，美国要花好几代人的时间才可能解决这个问题。这也决定了在相当长一段时间内，美国内部都存在着几股不同的力量，相互制衡，影响着中美关系的走向。

一个简单的例子是，美国建制派和军方倾向于跟中国脱钩，但华尔街不想。华尔街之所以支持对中国施压，是希望中国更大程度地开放，让他们赚钱。我和美国驻华商会交流，他们没有一个企业想离开或自愿离开中国。从历史上看，往往是白宫听华尔街的，而不是华尔街听白宫的。所以，只要美国还是一个资本主义国家，只要中国保持开放，在中国即将成为全球最大的消费市场、中产人群还在迅速扩大的前提下，美国资本是不会放弃中国市场的。反之，如果中国选择封闭，那么美国所有的既得利益群体才会真正团结起来对付中国。此外，技术作为中美竞争的一个关键阵地，其进步的本质就是开放，不开放，技术就会落后。从历史上看，哪一个国家更开放，哪一个国家进步得就更快。国家封闭起来，即使本来最强大，也会衰落。

所以，尽管绝对脱钩不可能，中美的相对脱钩却难以避免。

尤其在技术领域，中美之间的依存度会减弱，但这并非坏事。过去很多中国人幻想能一直依靠美国的技术，没有危机感，现在相对脱钩一点，反而会激发自主研发的意识，做出真正属于中国人自己的东西来。

二是中国单边开放可以分化美国和其他西方国家间的关系。除了自身对中国施压，美国现在还试图组建"世界队"，拉着其他国家一起跟中国脱钩。面对这样的行动，我们还是要明白一个关键点：美国没有任何一个领导人，能改变资本的本性。他们或许可以限制资本的流动和流向，但要实现真正有效的封闭政策却很难。

中国现在是一个拥有4亿中产市场的经济体，2021年1月24日，联合国贸易和发展会议发布的一份报告显示，中国取代美国数十年来第一的位置，成为2020年全球最大的外国直接投资（FDI）流入国，吸引了1630亿美元的资金流入。在疫情带来的全球经济震荡和不确定性下，中国市场成为全球经济的"压舱石"，也是诸多跨国企业2020年业绩增长的主要市场。

试想一下，如果中国坚定开放，日本会跟着美国跑吗？欧洲那么多国家会跟着美国跑吗？不会，因为利益太大。

三是中国单边开放可以团结广大发展中国家，发展统一战线。很多人说，实行单边开放，中国受得了吗？就能力来说，中国其实已经强大到可以实行单边开放的时候了。经过40多年的磨炼，中国积累了足够的物质财富和经验来应对全球化所带来的负面影响和美国（西方）所施加的外部压力。此外，中国对很多发展中国家其实不是单边开放，而是互相开放。非洲向中国开放，中国也向非洲开放，其他亚洲国家也是一样。

当下，中国坚持开放以团结广大发展中国家，不是为了建立以自己为中心的世界或区域秩序，因为一直以来中国所提倡的和努力的都是对现有世界秩序的改革和补充，无意引入颠覆性因素。中国提倡改革，是因为世界体系需要改革。现存体系为西方所确立和把持，新兴国家崛起之后，他们的利益和代表权并没有反映出来，造成世界体系运作不良。"一带一路"倡议、金砖国家新开发银行、亚洲基础设施投资银行等，都显示中国发展到今天，已具备对国际秩序和区域秩序进行制度性补充的能力。

过去，西方把自己制定的规则强加给其他国家。现在，中国在制定规则时更加重视国际合作，特别是与非西方发达国家的合作。这是因为中国要避免美国过去使用世界经济领导权时所犯的错误，着眼于长远的利益。在这方面，中国完全可以向世界发出令人信服的宣言，因为中国过去就是美国（西方）单边规则的受害者。今天中国的开放，其中一个应有之义便是构建更加开放的规则体系，展现出更多的包容性和多元性，欢迎更广大的发展中国家一起加入进来。

总的来看，单边开放的主要目的就是要在中国面临恶性国际竞争和围堵的情况下，通过开放来分化其内部并非铁板一块的西方世界。在操作层面，有两条开放的路径可供参考：

第一，促进地方层面的开放和交流。目前，中美友好省州、友城已分别达50对和231对。美国俄勒冈州中国理事会主席蓝进在接受新华社采访时表示："地方和民间交往主体多元，具有资源广、接地气的特点，特别有助于筑牢友好互信的民意基础"。比如，在特朗普政府加强对中国的贸易战、推动在各领域与中国脱钩的时候，包括加州在内的地方政府其实在不断加大与中国的合作。中国许多发达的地市级单位，在对外开放上拥有移民的亲缘优势、产业的对接优势，特别是闽浙粤沿海地区的城市，它们的开放需求更为迫切，也更具地方特色，可以鼓励这些地方开展更接地气、更贴近民众的开放和交流。

第二，促进社会层面的开放和交流。随着中国经济体量的进一步增长，社会利益多元性的进一步增加，不同社会群体、不同社会阶层对于开放的需求也更加多样化。与此同时，各个社会群体在利益诉求上抱团开展对外交流和往来的力量也在增强。由社会层面开展的对外开放，要远比政府层面的需求更为精准，效果更加显著，可以构建更丰富的开放网络，形成更多的开放节点。同样，正如上文所述，西方大企业和华尔街的资本家，并没有放弃中国市场；相反，他们看好中国庞大的市场和稳定的商业环境，正大举加仓中国资产。麦肯锡全球研究院最新编制的中国—世界经济依存度指数显示，在贸易、科技和资本三个重点维度上，中国对世界经济的依存度相对有所降低而世界对中国经济的依存度却相对有所上升。这些也表明中国接下来社会层面的开放和交流是具备基础和条件的。

在坚持开放，顶住国际形势上的压力的同时，基于对世界经济的理性判断，中国下一步的建设将更多转向内部建设。从长远来看，中国的经济增长必须来自内需，内需市场必须进一步扩大。

## 三、内需潜力巨大，是时候让它迸发出来了

我们一开始就提到了，需要放弃的第二个幻想就是不要再对世界经济抱有幻想，除了受疫情影响带来的经济下行，还有很重要的一点是当今世界正在经历着一个超级民族主义崛起的过程，这与上一个阶段是完全不同的。

上一阶段指的是从20世纪80年代到2008年全球危机这段时间，其间世界经历了一波超级全球化。超级全球化带动资本、技术和人才在世界范围内流动，从而为各国带来了强劲的国际经济大循环动力。

如今，贸易保护主义、经济民族主义、反移民思潮层出不穷，这些现象都昭示着超级民族主义的抬头。尽管已经不存在美苏冷战时代那样的一个整体的"西方"，中国也有能力通过单边开放化解美国把世界"两极化"的努力，但经济上国际大循环的动力明显减弱，已经远不如超级全球化时代了。

在这种背景下，我们要看到，中国国内大循环动能正在日益增强，具体表现为下面几点：（1）中国具有全球最完整、规模最大的工业体系，以及强大的生产能力与完善的配套能力；（2）中国拥有1亿多市场主体（即企业）、1.7亿多受过高等教育或拥有各类专业技能的人才，以及包括4亿多中等收入群体在内的14亿人口所形成的超大规模内需市场；（3）中国正处于新型工业化、信息化、城镇化、农业现代化的快速发展阶段。

所有这些都显示着国内需求潜力巨大，中国要做的，就是

把所有这些要素的作用都充分发挥出来，把潜力转化成实际的经济增长和发展动力。如何入手？在我看来，关键还是要让更多低收入人群接近或达到中等收入水平。把这个问题解决了，中国的消费潜力才会完全释放出来。

前面提到，中国拥有1亿多市场主体和1.7亿多受过高等教育或拥有各类专业技能的人才，还有包括4亿多中等收入群体在内的14亿人口所形成的超大规模内需市场。目前这样的市场规模能否支撑消费，拉动经济呢？

对于14亿人口而言，4亿多中等收入人群在数量上相当于美国人口的全部，但占中国总人口比例只有30%。我们可以观察日本和亚洲"四小龙"经济起飞以后，不到30年时间，中等收入人群比例达到60%甚至70%。所以，在当前这样的世界形势下，中国提出"提振内需"，就要建立消费社会，这需要比例更高的中等收入人群。

要怎么做到？一是脱贫攻坚，让更多人脱离贫困；二是发力"软基建"。改革开放以来，中国实现了让近8亿人口摆脱绝对贫困的目标，这在世界历史上前所未有，成绩斐然，是真正下了大功夫的。接下来，在帮助低收入人群避免返贫的同时，应将更多的注意力投向软基建。

什么是软基建？我们可以结合硬基建来理解。公路、桥梁、体育馆等为硬基建，是比较容易规划的；社会建设，也就是社会保障、医疗、教育、公共住房等是软基建，相对更难。

中国许多地区的硬基建甚至比西方国家还要先进，在这些地方，其实已经没必要重复之前大规模的基建了。接下来需要发力的，是用软基建来培育、壮大和巩固中国的中产阶层，毕竟目前来看，中国的中产阶层的脆弱是难以否认的。中国的独生子女一代已经逐渐成长为社会的中坚力量，但住房、教育、医疗等问题不解决，当前的消费主体就还很脆弱，潜力也得不到充分释放。

相比于美欧发达国家，不少亚洲国家和地区在这方面的经验更值得学习。它们吸取了美欧国家近代以来的教训，主动推进医疗、教育、公共住房等方面的建设，培养有益于社会稳定的中产阶层，从而避免重蹈欧洲经历长期社会暴力和战争的覆辙。比如日本的"国民收入倍增计划"，新加坡的"居者有其屋"公共住房政策，都用适合自己的方式扩大了中产阶层。20世纪六七十年代，日本启动了"国民收入倍增计划"。到该计划完成时，日本已相继超越法、德等欧洲国家，成为资本主义世界第二大经济体。该计划不是没有副作用，但是它的确改善了日本的经济结构，实现了比较充分的就业，最重要的是打造了一个强大的中产阶层，有利于日本社会长期平稳。

同时，"软基建"的另一重意义是激励创新。中国经济在发展，但创新不够。中国的创新主要体现在管理、应用等商业模式上，技术上的原创还远远不够。没有原创，就只能进行依附型增长。华为是中国领先的IT企业，但美国一断供，还是面临这么大的困境。因此，中国要从应用大国更快成为原创大国。

中央提出建设创新型国家，而创新离不开庞大的中产阶层。日本成为科技强国和创新大国的过程，几乎同步伴随着中产阶层的崛起。地狭人多的新加坡能实现经济和科技起飞，与合理解决住房问题不无关系。

创新需要冒险，也需要制度性保障。对于缺少冒险文化的国家来说，更需要社会有一套比较完善的福利保障体系，让人们为生计耗费的心力投入创新创业中。然而，公共福利不是资本发展本身的逻辑，而是社会改革的产物。要强调的是，经济转型中尤其要注意保护农民的合法权益。中国经济腾飞至今，农民贡献巨大。在经济进入新常态阶段，要通过"软基建"更好地回馈农民，让他们也能更多地进入中产阶层。

### 四、世界越乱，中国越要稳

不管是对外单边开放还是对内扩大内需，在当下动荡的时局中，需要中国做的事情确实很多，但越是在这样的情况下，有一个字越是要好好强调——稳。

20世纪80年代以来，经济全球化和技术进步为人类创造了巨量财富，作为全球化引领者和技术创新中心的西方经历了普遍繁荣。但随之而来的，是西方社会出现了难以解决的问题：全球化和技术进步所创造的财富落入了极少数人的口袋，收入差异越来越大，社会分化越来越明显，失去了一个健康社会赖以生存的基本公平，这样一系列的内部问题导致了民粹主义的崛起。当政治人物决意把内部危机外部化时，内部强硬派纷纷抬头，国家间的冲突不再局限于单纯的贸易领域，而向其他领域扩展。

中国等发展中国家继续崛起，成为世界局势的稳定力量。在中国崛起的过程中，有一个词语反复被提起——"金德尔伯格陷阱"。这个理论最初由美国著名世界经济史学家查尔斯·P.金德尔伯格提出，指的是20世纪30年代的灾难，起源于美国尽管取代英国成为世界最大经济体，却未能接替英国扮演的角色，承担起提供全球公共产品的责任，结果导致全球经济体系陷入衰退、种族灭绝和世界大战。

2017年1月，美国政治学家约瑟夫·奈在欧洲新闻网发表的文章里又一次提出了"金德尔伯格陷阱理论"，引起学术界和媒体的关注。他在文章中以此告诫美国人：中国崛起以后的动向可能不是"示强"，而是"示弱"，即不愿承担美国无力负责的重要国际公共产品的供给，从而使世界陷入领导力空缺、危机四起的险境。

而今天，中国作为世界第二大经济体，已然在提供着当今国际秩序所必需的国际公共产品，足以体现中国自觉担当，尽力避免"金德尔伯格陷阱"。值得一提的是，中国这样做，既非"另起炉灶"，也非像从前和现存其他大国那样，构建针对他国的"团团伙伙"。中国无意在现存世界秩序中引入颠覆性因素。

新中国是在反抗帝国主义、反对霸权主义的历程中建立起来的。中国领导人在追求国家崛起和民族复兴的同时坚称"永不称霸"，不相信"国强必霸"的逻辑。中国倡导的构建人类命运共同体理念，既是对全球化现实的反映，更体现了人类命运休戚与共的价值观。

然而，美国等西方国家把内部矛盾外部化的表现之一，就是凭借其国际话语权优势"妖魔化"新兴国家，特别是中国。好在世界体系运作的实践逻辑不会因此而改变，内部矛盾外部化解决不了西方的内部问题，一个崛起了的中国更不会被美国和西方随意摆布。

目前，世界最大的担忧恐怕就是"修昔底德陷阱"，即一个新崛起的大国必然要挑战现存大国，而现存大国也必然会回应这种威胁，这样战争会变得不可避免。但从现实来说，中国和美国（西方）之间仍然存在巨大的共同利益，没有一个国家会放弃中国市场。不与自己的利益作对，这是西方过去的信仰，也是今天的信仰。

纵然气氛看起来剑拔弩张，中国践行人类命运共同体价值的立场没有变过，在避免"修昔底德陷阱"这件事上，中国一直在稳扎稳打。疫情尚未结束、时局仍然震荡、改革还在继续……

世界越乱，中国越要稳。因为，一个稳定的中国是这个充满不确定性的世界的最大稳定源。今天如此，今后很长历史时间里，依然如此。

---

| | |
|---|---|
| **原标题** | 郑永年：时局震荡，中国人当下必须放弃两个幻想 |
| **来　源** | 正和岛 |
| **日　期** | 2021-08-22 |
| **链　接** | https://www.eet-china.com/mp/a71646.html |

# 切莫让愤怒与仇恨中断了
# 国家的现代化

(2021-09-10)

中国现代化仍然"正在进行"中。如果引用孙中山先生当年的话说，就是"革命尚未成功，同志仍需努力"。并且就历史的开放性而言，现代化是一个永无止境的过程。但人们不能把"现代化"和一般意义上的"历史"这两个概念混同起来。"现代化"无疑是总体历史进程的一部分，也是人类迄今为止历史的"特殊"部分。

我们今天所说的"现代化"（Modernization）开始于近代，这是因为近代以来，人类历史开始以加速度的方式发展。正如英国定量宏观经济学史学家麦迪森（Angus Maddison）所告诉我们的，在近代之前漫长的农业社会里，历史发展缓慢，几乎没有革命性的变化。在世界范围内，尽管也有些地区在一些阶段发生过"奇迹"，例如中国的宋朝和明朝郑和下西洋的时期，但类似的变化没有普遍性，更没有可持续性。促成革命性变化的是近代工业革命，因此近代之后出现了"大分流"，一些社会因为工业化和技术进步获得了飞速的发展，而更多的国家则停留在农业社会。当德国哲学家黑格尔（Georg Wilhelm Hegel）说中国"没有历史"时，他是在比较当时的中国和欧洲，因为当时欧洲的工业革命已经在经济、社会和政治各方面引发了巨大的变化，而中国则依然躺在不变的历史之中。

## 一、"理性"与人类现代化的关系

近代"大分岔"引出了人们对现代化的思考，促使人们界定和分析各种导致现代化的要素。几乎没有人会否认，现代化是人类理性精神的胜利，即人类运用自己的理性来促成方方面面的变化。如果说科学和技术是推动现代化的最主要因素，那么科学和技术的本质在于理性。这种理性最先发生在经济领域，然后扩散到政治和社会制度的设计等几乎所有领域。

简单地说，历史的加速度变化和发展是因为人类把自己的理性引入了历史。理性推动历史的变迁，这在今天的信息社会表现得更加清楚。但"理性"并不意味着人类所做的一切都是正确的。如果用"主观能动性"这个概念可能会更恰当一些。主观能动性既包含理性，也包含情绪。尽管人是理性的动物，但人也是情绪的动物。从人类行为来看，理性可以促成人类取得伟大的成就，但情绪却很容易引诱人类犯颠覆性的错误。那些因为被情绪所诱导而进行的"伟大社会工程"往往沦为乌托邦，不仅没有促成人类的进步，反而给人类造成巨大的灾难。讨论以上这些是因为我们相信理性，相信中国的现代化需要我们基于理性的力量。正当我们需要保持理性的时候，却有迹象显示，情绪开始主导我们的行为。如何掌控我们的情绪并弘扬我们的理性至为关键，因为决定中国现代化的可持续发展的是理性，而有可能中断中国现代化的则是情绪。

## 二、被"情绪"主导的中国和世界

在今天的世界,各国都被情绪所主导。如果英国左派史学家霍布斯鲍姆(Eric John Hobsbawn)——他写过一系列以"年代"为书名的著作——还活着的话,说不定会把当今这个时代称为"愤怒的年代"。英、美等发达国家因为收入财富分配不均和社会高度分化在愤怒,不发达国家因为持续的贫困在愤怒。

内部民粹主义和外部民族主义的崛起是我们这个时代的最重要特征。在上一个世纪,这两种主义的崛起和极端化最终导致了世界大战,不是一次,而是连续两次,给世界和人类文明造成了灾难。今天各国不断高涨的愤怒,无论是内部的愤怒还是外部的愤怒,是否会再次导向人类的大冲突甚至战争呢?

在这个过程之中,中国至为关键。自中国改革开放以来,无论就经济发展而言还是就反贫困而言,在所有经济体中,中国为世界作出了最大份额的贡献。但未来呢?在未来,中国是否可以继续扮演这个角色,或者一个越来越重要的角色?这个问题的答案不仅决定了中国本身的现代化能否持续,更决定了世界的和平和发展能否持续。

世界有愤怒,中国社会也有自己愤怒的地方,既有对内部不公的愤怒,更有对外部不平的愤怒。全球化和其他一些原因也造成了内部的不公平。因此,政府要调整经济结构、整顿市场、规范企业行为,为国家长远的可持续发展奠定制度基础。而一些社会成员发现了机会,借此发泄愤怒。如果对社会现实的抱怨有正当理由,把愤怒变为理性的批评和建议,那么这可以成为促成社会变化的动力。但不当的发泄愤怒不是辨别问题和解决问题的有效方法。

不过，一些人的愤怒是以"理性"为基础的，因为愤怒的背后隐藏着利益。以流量为王的社交媒体是始作俑者，是推手，也是利益获得者。人们可以称之为"商业民粹主义"。社交媒体充斥着类似"XX放下屠刀，立地成佛""不要让XX父女跑了"等毫无底线的民粹主义情绪，人身攻击、妖魔化、诅咒、谩骂……只要能够带来流量，带来利益，什么都可以做。尽管这些和国家的政策没有实质性的关联，但对毒化社会风气、加深社会不确定性、制造社会分裂方面有着其他方法所不能达到的有效性。

外部更为糟糕，"商业民族主义情绪"泛滥，一些人毫无节制地发泄情绪，哪管得上国家利益。更为糟糕的是，一些人自以为是在表达爱国主义，但实际上处处被自己所仇恨的人牵着走，处处被人所利用，反过来损害国家利益。

人们有一万个理由对美国表示愤怒甚至仇恨——几乎在所有问题上，自特朗普以来，美国和中国作对，妖魔化中国，围堵中国。更为荒唐的是，美国把所有的责任，即使是国内治理问题（例如新冠疫情失控）的责任都推给中国。特朗普是这样，现在的拜登也是这样。在对付中国方面，拜登政府界定了"四个领域"和"三个抓手"。"四个领域"即合作、竞争、对抗和冲突；"三个抓手"即内部建设、同盟关系和中美双边关系。但即使是"内部建设"（例如基础设施建设、再工业化、技术升级等）也都拿中国来论证其合理性。对此，美国政界和知识界的一些人也持批评态度。民主党总统候选人桑德斯（Bernie Sanders）就认为，美国不思自己的过错而把责任完全推给中国是完全不对的。也有前官员认为，美国的问题在于内部（"特朗普式"）的法西斯主义的崛起。法西斯主义是否会在美国崛起？这是人们可以争论的，持有不同意识形态的人对此看法各异，但历史上大众民主与法西斯主义并不是没有关联，例如德国希特勒的法西斯主义崛起。

## 三、如何应对中美关系的变化？

针对美国，我们应当如何反应？是不是"以牙还牙"、互相对骂和妖魔化就是爱国主义，而其他方式统统都是"汉奸"和"卖国贼"？社交媒体上所发泄的愤怒和仇恨是否就是爱国主义？显然不是。一些敏感的国际观察家已经察觉到，中国"以牙还牙"式的反应，正是美国对华法西斯主义力量所需要的。

如果诉诸理性，中国可以有更有效的方式，既对自己有利，也对世界有利。从特朗普到拜登，美国对华政策越来越清晰，那就是先和中国脱钩，再来围堵中国。但无论是"脱钩"还是"围堵"，只要中国自己不犯再次走向封闭老路这个颠覆性错误，美国的企图就没有一点成功的可能性。

也就是说，中国需要继续深化开放政策。开放是中国回击美国的最有效手段，因为开放可以分化美国不同的既得利益群体，开放可以分化美国和其盟友的"统一战线"。美国的资本、军工系统、反华力量等势力的利益是不同的，美国和其盟友的利益也各不相同，这种利益差异决定了美国内部对华不会只有一种声音（利益）、美国和盟友之间对华也不会只有一种声音（利益）。只有中国的开放才能分化这些利益。

中国的比较优势在哪里？在于开放和市场规模。这是两个互相强化的要素——越开放，市场规模就越大；市场规模越大，开放能力就越强。在学术界看来，一个国家的中产规模在很大程度上就决定了其市场规模。中产阶级社会和消费社会简直就是同义词。因为在任何社会，都存在着一个消费过度的上层社会，而基层社会往往消费不足，只有中产阶级具有可持续的消费能力。

中国目前已经有约 4 亿中产人口。尽管从人口比例上说只有30%左右，但已经相当于美国的全部人口。并且，中国的中产阶级还在增加。近年来中国推出的一系列重大举措，包括设立浙江高质量发展建设共同富裕示范区、深圳中国特色社会主义先行示范区、上海浦东新区高水平改革开放打造社会主义现代化建设引领区、旨在服务科技型中小企业的北京证券交易所等，都是为了做大做强中产阶层，构建"两头小、中间大"的橄榄型社会结构。简单地说，中国已经是世界上最大的单一市场。没有一个国家的资本，无论是西方国家还是非西方国家，会愿意放弃中国市场。

## 四、中国深化单边开放政策的重要性

如果明白了这个道理，就能理解中国深化开放政策的重要性。在美国（以及一些西方盟友）围堵中国的情况下，对等开放会变得越来越困难。即便这样，中国也要对美国和西方实行单边开放。有些人对单边开放不理解，认为这是向美国（和西方）示弱、投降，甚至出卖国家利益。可以说这些人既不理解单边开放，更不了解自改革开放以来，中国的开放政策在很大程度上就具有单边性。

"对等"（Reciprocity）比较好理解。两国之间如果互相驱逐对等数量的记者，互相驱逐对等数量的外交官，互相挟持对等数量的人质，这就叫对等。在经济交往中，如果两国互相开放，这也叫对等。从正面说，如果两国之间达成协议，我采购你的商品A，你采购我的商品B，这就是对等开放，因为你的比较优势是商品A，我的比较优势是商品B。但如果我在一个领域，比如C领域没有比较优势，而你有，且我们之间找不到能够交易的商品，在这样的情况下，我仍然采购你的商品C，那么就是我在单边开放。如果你禁止向我出售商品C，但向其他国家出售商品C，那么这是你单边的不开放。

应当指出的是，经验地看，因为各国的自然禀赋、地理条件和制度等要素的不同，并不存在完全意义上的"对等开放"。各国在不同的历史阶段，都会根据自己的需要实行单边开放政策。但总体上说，历史上，英国在大多数领域实行的是单边开放政策，"即使你不向我开放，我也向你开放"；而美国则是实行对等开放的，"只有你向我开放了，我才向你开放"。不过，需要特别强调的是，尽管美国强调的是"对等"原则，但在实践上，美国在很多方面甚至比英国更加单边开放。美国所具有的独特优势使得其有巨大的能力实践单边开放，尤其是在人才方面。美国本来就是一个移民国家，二战以后凭借其发展优势

139

向全世界的人才敞开大门。

现在中国所处的国际环境，在很大程度上要求我们在一些领域实行单边开放政策。这不是说我们要放弃对等开放政策，转向单边开放，而是说在一些我们需要的领域实行单边开放政策。很多经贸协定，包括中国和东盟国家已经签署的《区域全面经济伙伴关系协定》（RCEP）以及暂时搁浅的《中欧全面投资协定》，都不是单边的，而是对等的。实际上，我们必须意识到，改革开放以来，在很大程度上，中国是从单边开放中发展起来的。在20世纪80年代，我们实行"引进来"政策，主动邀请外国资本进来。90年代，为了加入世界贸易组织，我们实行"接轨"政策，主动修改了国内的法律、法规和政策体系，与国际规则对接。90年代中国和东盟自由贸易区协议的许多方面也是单边开放的，例如"早期收获"。自特朗普政府以来，美国政府通过各种方式为中国在美企业制造困难，甚至驱逐中国企业，但中国没有对等反击，没有像美国那样驱逐美国在华企业，这也是单边开放。

说到底，单边开放是有很强的目的性的，即为了实现我们自身的可持续发展，同时也有利于世界经济的整体发展。

在百年未有之大变局的今天，中国的国际环境正在发生急剧的变化。在国际社会层面，越来越多的人对未来世界局势感到深刻的担忧。而全面实现现代化是我们下一步的目标。西方一些人说我们现在是"马基雅维利时刻"，意思是说，中国为了达到主导世界体系这一目标，什么手段都会采用。这自然是对中国的污蔑和妖魔化，因为中国从来就没有想要主导世界，中国不是美国或苏联。

马基雅维利主义的内核就是目标证明手段正确,因此它一直被视为是不道德的。但人们忘记了,马基雅维利主义背后是一种地地道道的现实主义,对人和事物没有任何幻想。要在日益恶劣的国际环境下实现国家的全面现代化,我们需要这种地地道道的现实主义。那些过度民粹或者民族主义的愤怒与仇恨发泄,至多是一种"理性"的道德或者价值表演。如果控制不好,过度的民粹主义和民族主义情绪会与恶化的国际环境相互强化,最终中断中国的现代化。

| | |
|---|---|
| 原标题 | [政经洞见]郑永年:切莫让愤怒与仇恨中断了国家的现代化 |
| 来　源 | 上海交通大学政治经济研究院 |
| 日　期 | 2021-09-10 |
| 链　接 | http://www.ipe.sjtu.edu.cn/Web/Show/143 |

# 大国就是要更开放

(2021-11-28)

蔓延全球的新冠疫情让世人意识到，流行病的步伐比全球化快多了。疫情重塑世界格局，全球化受到抑制，东北限电、全球集装箱大堵塞、英国油荒等，都是其中的一个缩影。香港中文大学（深圳）校长讲座教授郑永年认为，疫情促使欧美和日本等发达国家及地区更强调自身的"经济主权"，全球化方向已然从之前的"超级全球化"变为"有限全球化"。

在百年未有之大变局下，中国站在新的历史关口，巨大的不确定性和新的机遇并存。在新书《大变局中的机遇》里，郑永年教授提出，中国正进入第三次开放，这时应主动开放，包括在诸多领域实现单边开放。他同时强调，中国应通过竞争国际规则制定权，走近世界舞台中央，从而解决"挨骂"问题。

如何科学地理解双循环？有限全球化下缘何坚持对外开放？中国又该如何通过竞争国际规则制定权，掌握国际话语权？在百年未有之大变局下，中国如何在风浪之中捕捉机会？

南风窗记者就上述话题，与郑永年教授展开对话。

## 一、精准开放

**南风窗：**您在疫情之后对国际形势作出过一些精彩判断，比如有限全球化——中国面临更低限度的全球化，更高程度的科技封锁。在这样的形势下,双循环下的国际循环,中国布局的重点会在哪里?

**郑永年:** 有限全球化不只是我的预测,而是已经成为一个确切的现实了。实际上,有限全球化已经深刻影响了人们日常生活。例如,英国最近发生油荒。以前欧盟可以说是区域超级全球化的代表,因此英国开油车的司机都来自罗马尼亚、波兰等东欧国家。现在英国脱欧,外国司机很难进入,油供马上受到影响。中国一些地方前段时间出现的"停电限产",也是有限全球化的表现——煤的进口影响了发电。

一方面,有限全球化让中国的外循环受到很大的影响。美国要与中国脱钩,从某些方面来说是大趋势,很难逆转。过去大家都认为,比起特朗普,拜登的对华政策稍微缓和一点,但实际情况更差。特朗普针对中国,搞的是全面封杀,现在拜登采取精准封杀,后者影响了中国的各个方面,如中美科学界的科技交流、中国留学生赴美学习等。尽管近来中美贸易似乎趋于"缓和",但这是暂时的,只是美国根据其物资供应不足的微调。

但另一方面,中国的经济很有韧性。(中美)脱钩的影响不仅仅是对中国,也是对美国。从特朗普开始,美国想把他们的生产线返回到本国,一直没实现,也不可能实现。从长远来看,双循环的战略是非常正确的,即我们对内搞活,对外开放。

对内搞活即提高内需。现在为什么要强调共同富裕?中国现在的目标是做大做强中产社会。任何一个社会,都是富裕阶层消费过度,穷人消费不足,真正能消费的是中产。但中国的中产阶层还不够大，共 4 亿，占总人口的 30％。共同富裕就是要做大做强中产，提高内需。

但也不要忘了，外循环很重要。中国尤其是长三角、珠三角这两个最重要的经济带，是在外循环过程中发展起来的，即在开放条件下得到发展的。这些地方必须通过深化开放来实现可持续发展。

对于任何国家来说，发展是硬道理。所有的问题都是发展中的问题。没有发展了，所有问题就会变成真问题了。

**南风窗**：我想接着问开放。您最近提及，中国要学习以前的英国，不仅要开放，还要单边开放。单边开放的程度在哪里？可以具体再阐释一下单边开放吗？

**郑永年**：我提出"单边开放"以后，在国内引发了很多争议。我们需要辩证地看单边开放，它并非等于毫无条件地开放。英国以前是单边开放，但也不是所有领域都单边开放；美国虽然讲对等开放，但它们在很多方面也实行单边开放。

目前，中国在很多领域都在讲对等开放。中国跟东盟等国家签署 RCEP，跟新西兰以及其他国家签的自由贸易协定，都在讲对等。但是为什么要讲单边开放？用另外一个词形容，叫"精准开放"，即我们需要的领域，哪怕被美国或者其他一些西方国家封杀，我们也是要向他们开放。

我举个例子，美国尽管原则上讲对等开放，但在很多领域它是非常单边开放的。再加上美国市场大，美国对日本、对亚洲"四小龙"的开放，都不能说是对等的。就是因为很多领域实行单边开放，美国才吸引了那么多的外资和优秀人才。

再看看中国。从上世纪80年代开始，很多方面取得的成就就是单边开放的结果。80年代，我们很穷，要发展经济就主动开放，请外资进来——当时我们完全没有资本出去。90年代，为了加入WTO，我们的口号是"接轨"。接轨就是改变中国自己的法律法规、政策体系，适应国际规范，这也是一种单边开放。如果从一开始中国就跟西方要对等开放，那到现在为止极有可能还未开放。

还有一个作用是分化美国。美国从内部分化中国，从外部围堵中国，我们要用开放去分化美国。在开放的条件下，美国资本不会放弃中国市场，因为中国是全球最大的单一市场，有4亿中产阶层。开放以后，我们还可以跟得上他们的技术，不会被孤立起来。

我个人一直在研究国家的发展，尤其是早期发展阶段。得出的结论是，能否持续发展，要看国家的开放程度，而不是像西方所说的民主程度。

所以，我们不要机械地一看到"单边开放"这几个字，极端情绪就来了。单边开放的目的是要强化国家利益，实现可持续发展。况且，对世界经济来说，大国的开放本身就是国际公共品，大国就是要更加开放。现在中国在履行一个大国的角色，一个负责任的大国，就要比其他国家更加开放。

**南风窗**：您刚刚和我们梳理了，中国在过去很长一段时间是单边开放的受益者。那么，可否总结一下中国当下的开放与以前的区别？

**郑永年**：从80年代、90年代到特朗普发动中美贸易战，以前可以说是超级全球化，各国互相开放，现在中国面临有限全球化，开放面临着来自国外与国内的阻力。

国外的阻力即西方的经济民族主义。从特朗普开始，美国政府把与中国的贸易"武器化"，技术"国家安全化"，什么都跟美国的国家安全挂起钩来，借此推动与中国的经贸脱钩。在军事上，美国等西方国家围绕台湾、南海等问题的一些动作，同样会影响贸易。在美国内部，现在很多民族主义、民粹主义情绪强烈，开放也面临阻力。

在这样的情况下，党中央强调新型举国体制。新型举国体制跟老的体制有什么关系？后者即改革开放以前的体制——关起门来自己创新。新型举国体制强调在开放状态下的创新——我们要继续向其他国家学习，向其他国家开放。而且，如果什么东西都关起门来创新，时间上也等不了，开放可以大大缩短技术发展的时间。

中国需要原创性技术突破，但是我们还是要继续向发达国家学习，并且发达国家也有这个需要。美国有一些人这几年一直在污蔑我们，说中国偷了美国技术，这是妖魔化中国。实际上，中国与美国的技术市场非常互补，过去的几十年，中国是美国最大的技术应用市场，也是回报最大的市场。

**南风窗**：其实还是一个互利的过程。

**郑永年**：对，大家要意识到为什么要强调经济开放是互利的。即使开始的目标是竞争，但在竞争过程中各国会产生合作，每一个国家无论是在劳动力还是土地等方面，都有各自的比较优势。

## 二、统一国内规则

**南风窗**：像您说的，我们如果实行单边开放，在国外尤其是西方国家可能会有非常多的阻碍，包括意识形态、国家利益层面。如果要找突破点的话，是否有关键的举措？

**郑永年**：第一，资本主义到现在为止是趋利的。只要有利可图，资本基本会进来，所以发展经济是基础。

第二，中国在规则方面要继续和国际接轨。我们首先要对国际规则有客观的看法。早期制定规则，由西方的公司、西方国家占主导，但是这些国际规则一旦产生，便不只是符合单一国家的利益。当时的条件可能符合美国、英国的利益，但几十年以后反而符合中国的利益了。特朗普领导的美国要退出自己主导建立的国际组织体系，也是这个原因。

第三，在规则方面做"加法"。这与第二点并不矛盾，接受世界现有的好规则。比如中国加入WTO后，才可以去改革WTO。加入这些国际组织是第一步，你不加入，只能在门口骂，谁也不理你。

我一直在提一个观点，像长三角、珠三角的开放，一定要把国内的规则统一起来。当前现状是：珠三角、长三角、京津冀等大的经济区域规则不统一，珠三角内部九个城市规则不统一，更不用说将内地与香港、澳门的规则统一起来。中国的消费市场很大，但是这些庞大的消费量还没转变成规则。我们市场很大，但都是分割的市场，是大而不强。

举个例子，中国是世界最大的汽车消费国，也是生产国，但我们没有制定出任何汽车行业的规则，采用的都是欧美的、日本的规则。中国有很多大的互联网公司，欧盟很少，但互联网有欧盟规则。中国那么多互联网公司有规则吗？没有。为何如此？美国互联网公司之间互相开放，而中国的互联网大公司就像一个个孤立的"大土豆"，"土豆"之间不仅缺乏关联，甚至互相排斥。所以，我认为内循环的第一要务是把中国内部规则统一起来，形成一个巨大无比的国内市场。在此基础之上，我们可以让中国的规则走向世界。

**南风窗：** 您也强调了规则的重要性。但国家的运行很多时候会有路径依赖。我想请问，在国内建立起一套统一的规则，难度会很大吗？

**郑永年：** 不大。举个欧洲的例子。近代以来，欧洲先形成统一民族国家，把一切封建、分散的地方经济统一了，形成一个统一的民族国家经济规则，即在法律面前人人平等。第二步是形成欧盟，在欧洲多个主权国家间统一规则。现在，我们有强大的统一领导，各地区的规则也应该能统一。因此，我们还是要解放思想。比如，粤港澳大湾区可以尝试接受香港的国际化规则，并将其延伸到整个大湾区。大湾区的规则能不能最终统一起来呢？完全可以，珠海横琴就是一个典范，马上与澳门在规则上实现了相对统一。

一个现象是，我们会称呼自己为"市民"，这是真实的。在很多方面，我们还没有拥有"省民"的地位，因为我们很多公共服务都是市统筹的。不同市之间土地的税收、环保标准、公共服务等均不统一。大家经常会说地方差异，但再想想，如果让省来统筹，这些能不能统一呢？省统筹能解决很多的问题。举个例子，同一个省份，有的城市房价很贵，有的城市就便宜很多，为什么？就是行政阻隔的原因。从长远来看，规则不统一起来，我们国家就很难强大。

### 三、话语权竞争最核心的是规则竞争

**南风窗**：您很强调规则，那么规则竞争与我们现在常说的话语权竞争，有何不同？

**郑永年**：话语权竞争最核心的就是规则竞争。过去，英国、美国都依靠规则来主导世界和统治内部。用孔子说过的话来说，就是用"礼"，礼就是规则。靠规则治理是最聪明、成本最低的。联合国不是国家，联合国是一套规则；世界银行不是一个银行，而是一套规则；国际组织的背后就是规则。

我认为，英国比美国成功。英国没有航空母舰，但成就了大英帝国，完全靠的是一套规则。放在中国当下的现实中也一样。这几年西方国家攻击我们，我们也要注意他们在骂什么。美国说的是，中国不遵守WTO的规则，不遵守海上航行自由的规则等。他们怕的正是中国不服从它的规则，而是开始有自己的规则了。最近，杜塞尔多夫出版的《商报》发表了一篇背景分析文章，指出欧盟和美国正在协同抵制中国的一项经济战略——在全球推行自己的工业技术标准。文章也认为，像互联网协议这样的工业标准和规范，对于中国、欧洲和美国之间的经济战，属于战略资源。

美国、欧洲所指向的规则，正是中国当下要着手的、真正

能跟美国竞争的东西。现在欧盟等都强调气候，我国也一直强调碳中和，原因在于针对气候问题，马上要制定欧盟规则、美国规则了。如果产品不符合这些规则，就根本进不了国际市场。美国为什么害怕华为？大家可能没意识到，美国不是担心华为的高科技——华为的5G只是在建立基站等方面先进，美国真正害怕的是华为主导电信市场，进而影响全球的规则。所有事物，最重要的东西是它的规则。再延伸一下，规则是一套制度体系。拜登为何会把中美那么多的竞争歪曲为所谓的"美国民主"与"中国专制"之争？实际上这也是两套规则的竞争。

**南风窗**：围绕最近中概股赴美上市发生的波折，可不可以看作另一个层面上的规则竞争的体现？

**郑永年**：中美都在互相竞争，底下就是规则竞争，只是利用不同的话语体系表达出来，比如国家安全。国家安全也是规则本身，所以实际是两个国家的规则在较量。而中美的竞争不可避免，你要回避也回避不了，只能直面。但要认识到，核心是规则，不是产量、出口量的问题。规则、标准是赚钱的。例如，中国生产的服装，贴上一个欧洲标签，价格几十倍上去了，这就是规则。用规则赚钱，用规则立国、富国方面，最聪明的是欧洲人。人们说中国人勤劳而不富裕，而欧洲人懒惰却富裕，原因也就是在这。我们太勤劳了，老是用我们的双手双脚，结果忘记了规则，劳累了半天还没有人家富裕。

**南风窗**：一部分声音认为，中西意识形态的冲突，对中国建立规则会是很大阻碍。您怎么看待？

**郑永年**：这涉及两方面。第一，任何一个国家的规则，在国际化的道路上都会碰到阻碍。欧盟也是一点点从欧洲煤钢联营开始的，美国推行规则也花了很长时间。中国规则很难一下子成为世界规则，但是我们有很多的优势：首先，改革开放以来，中国经济迅猛增长，中国是在开放状态下通过与世界接轨成长起来的，我们这套规则也是世界规则的一部分。我国一直积极加入国际组织，比如申请加入CPTPP，就是为了实现规则对接。我们没有说要把自己的规则强加给别人。

第二，在规则方面，有些领域还可以做一些"加法"。我认为，意识形态其实是一个如何解读规则的问题。在这个方面，中国跟西方的方法刚好相反。规则建立在利益之上，规则是在互动过程中形成的，大家做贸易就要互动，靠规则来降低交易成本。虽然我们实际上也是如此，但是外界却不这么感觉。为什么西方对中国的反弹那么严重？一方面是西方一些人在妖魔化中国，但另一方面，我们也要反思，如何才能把自己的东西做得让别人愿意接受。总体来说，从规则建立到走向世界，还需要一些时间，我们现在必须有意识地去做。

**南风窗**：您总结过中国的体制为"制内市场"。在世界大变局的时代，中国这一套体制是否有比较优势？是否也有其问题？

**郑永年**：英、美是一个极端，我将其称为"场内国家"——政府也要服从市场，政府也可以倒闭。中国我称之为"制内市场"，市场服务于国家利益。而像德国、北欧等一些国家和地区则居中，他们可称为"社会市场"（social market）。实际上，中国经过改革开放以后，拥有三层资本、三层市场：顶端是国有资本，底下是庞大的民营资本，中间则是互动的资本。

历次金融危机的经验告诉我们，太过于资本主导的英美体制在危机面前很难对付。而中国的三层资本结构越来越靠近德国的社会市场，邓小平把它称为"社会主义市场经济"。好的经济体都是政府跟市场"两条腿"走路，两者都能发挥作用。所以十八届三中全会提得最好——让市场在资源配置中发挥决定性作用，同时更好地发挥政府作用。从过去四十年到现在，中国三层市场、三层资本的混合经济体制都在发挥着优势。

有一点我特别要强调，这些年国有企业很多都在说要向新加坡学习淡马锡模式，这让我感到非常担忧。向淡马锡学习商业精神、企业精神可以，但是我们把这套做法应用到国有企业上，从长远来看会产生不好的结果。要明确哪些行业和领域国有企业应该占主导地位，国有企业是要有边界的。但现在，部分国有企业资本成立主权基金，哪里有钱就去哪里赚钱。如果国有资本乱窜，会造成孔子所说的"与民争利"的局面，从长远来说对中国发展民营企业非常不利。

| | |
|---|---|
| **原标题** | 专访郑永年：大国就是要更开放 |
| **来　源** | 南风窗 |
| **日　期** | 2021-11-28 |
| **链　接** | https://finance.sina.cn/china/gncj/2021-11-28/detail-ikyakumx0749466.d.html |

# 中国步入第三次开放，强国关键是规则制定权

(2021-12-21)

"前一百年，中国主要解决革命和建设的问题，接下来要解决强起来的问题。"日前，香港中文大学（深圳）全球与当代中国高等研究院院长郑永年教授接受澎湃新闻采访时说。

郑永年表示，扶贫阶段完成后，共同富裕将成为中国经济发展的强大推动力。从历史进程来看，中国已经迈入"第三次开放"，不仅是主动开放，也是诸多领域的单边开放。中国要继续保持开放，才能化解美国两极分化世界的企图，同时要争取国际话语权和掌握规则制定权，变被动为主动，让中国真正与国际社会和市场接轨，这是中国成为强国的关键。

## 一、第二个百年：解决强国问题

**澎湃新闻**：当前世界进入百年未有之大变局，中国共产党将如何应变，领导中国人民实现第二个百年目标？

**郑永年**：就像习近平总书记所说的，"百年未有之大变局"。这个大变局实际上是由国内国际环境引起的，对国内来说，前面一百年主要是革命和建设。毛泽东先生解决了我们"站起来"的问题，邓小平先生解决了我们"富起来"的问题，接下来要解决"强起来"的问题。在下一步的发展过程中，我国需要把

政治、经济、社会这三个主体间的关系处理得更好，其中，中国共产党是政治主体，企业资本是市场主体，老百姓是社会主体。

作为政治主体的中国共产党，要协调好社会跟经济这两个主体间的利益关系，既不能被民意牵着走，演变成民粹主义而阻碍经济的可持续发展，也不能被资本牵着走而导致社会经济的失衡。要做到这一点，共产党自身的体制能力、变革能力、协调能力就显得非常重要。

中国共产党是一个社会主义政党。一百年来，中国共产党始终没有停止过对社会主义的探索。现在我们到了下一步，就提出了共产党第二个百年的社会主义如何定义、实践的问题。

十九大提出中国未来"三步走"，到2020年实现全面建成小康社会，到2035年基本实现社会主义现代化，到2050年全面建成社会主义现代化强国。"共同富裕"是一个核心内容，将其提到议事日程，就是在这个新时代重新界定社会主义。共同富裕是中国共产党未来的执政基础。扶贫阶段完成之后，共同富裕将成为中国经济发展非常强大的推动力。

**澎湃新闻**：党的十九届六中全会决议提出了"十个坚持"的经验概括，最后一条是"坚持自我革命"。如何理解这条经验的重要意义？

**郑永年**：十八大以来，中国共产党就已经开展了全国范围、全党范围的改革。反腐败斗争也是一种自我革命，包括在党的章程当中，我们都可以看到它在不断地改变自己。中国共产党是中国文明现代化的体现，也是中国历史和文化现代化的体现。

我认为政党的发展只有体现出文明的特色，才可实现自身的可持续发展，否则只能是昙花一现。纵观人类历史，既实现可持续经济发展，又保持可持续的社会稳定，是并不多见的。中国能实现稳定与发展的动态平衡，得益于中国共产党在政治上提供了可持续的制度支撑与领导主体，这是中国特色社会主义制度优越性的体现。

站在新的历史起点上，中国仍需与时俱进，深化改革，创造新制度优势，释放新治理效能，继续为国家发展提供可持续的制度支撑，这样才能更有效地提升领导经济社会发展的能力。

## 二、"第三次开放"：掌握规则制定权

**澎湃新闻**：您提到，中国已经形成"第三次开放"，包括提出了"双循环"和"制度型开放"等概念，以及面向国内国际的一系列实践。跟前两次开放相比，"第三次开放"有什么不同？

**郑永年**：尽管官方没有"第三次开放"的说法，但我觉得从大的历史来看，中国从近代以来已经走过了两次开放，现在进入了"第三次开放"。"第一次开放"是鸦片战争以后的被迫开放，西方列强用坚船利炮打开了中国的国门。"第二次开放"是党的十一届三中全会后实行的改革开放，是主动开放，成果非常巨大。短短40多年，我国从一个贫穷落后的国家发展成为世界第二大经济体。而现在的"第三次开放"不仅是一场中国主动的开放，而且是诸多领域的单边开放。什么叫单边开放？就是不管你开不开放，我都开放。从内部来看，我们已经提出

了一些新的概念，如"双循环""制度型开放"。在实践中，粤港澳大湾区、长江经济带、海南自由贸易港都在快速发展。从国际层面来看，我们的动作更多了，和东盟国家签署了《区域全面经济伙伴关系协定》（RCEP），RCEP明年1月1日就实施了。我们也已经正式申请加入《全面与进步跨太平洋伙伴关系协定》（CPTPP）。

"第三次开放"具有深刻的国际和国内时代背景。在国际层面，我们正经历着百年未有之大变局；在国内层面，我们已经走完了简单的数量扩张型的经济增长阶段，要进入高质量的经济增长阶段。那么，"第三次开放"的目标是什么？我想不仅仅是传统上投资贸易的数量和质量问题、技术升级和创新问题，更重要的是方方面面的话语权和规则制定权问题。

**澎湃新闻**：您也反复强调过，中国应该以更加开放的姿态来化解美国两极分化世界的企图，中美竞争的核心是规则制定。中国具体应该怎么做？

**郑永年**：现在美国想搞一个世界、两个体系、两个市场，一个体系和市场是以美国为中心的，一个体系和市场是以中国为中心的，也就是世界的两极化，类似于以前美苏冷战的格局，那是一个非常丑陋的世界。我个人觉得两极化对中国是最不利的，我们一定要有信心化解美国两极化世界的企图，我们还是要承认一个世界、一个体系。开放非常重要，而且开放对技术的发展也极为重要。领导人一直强调新型举国体制，也就是在开放状态下的自主创新。我们还是要欢迎美国资本、欧洲资本进来，这是很重要的一环。大家要以大国心态来看大国关系，才能把握住发展机遇。最重要的是，对规则制定权的竞争是今天国际竞争的核心，更是未来中美竞争的核心。

所以我们下一步要改革行政体制。从"双循环"战略来看，内循环的核心是统一国内的规则，外循环则是中国规则的国际化。我们可以通过内循环把各个地方的规则统一起来，例如先统一粤港澳大湾区的规则，其他经济区再去对接。规则统一起来以后，我们制定标准走出去，通过国际大循环，在世界规则上做补充和衔接。中国能不能成为一个大国，取决于如何强起来，也就是能否掌握规则制定权。

### 三、共同富裕：鼓励致富，做大中产

**澎湃新闻：** 很多人误解共同富裕是搞平均分配。您也曾解释过，共同富裕其实是推进中国下一步的经济高质量发展。您可否进一步阐释我国追求共同富裕的必要性是什么？

**郑永年：** 中国共产党是一个使命型政党，在中国每一个发展阶段都有其使命，而"履行使命"简单地说就是兑现执政党向人民所作的承诺。从历史上看，传统大同社会的理想历经数千年直至今天依然存在，富起来和强起来是每一个中国人的"中国梦"。因此，共同富裕也就成为中国共产党一直以来的追求所在。

在改革开放以来的40多年间，中国已经从贫困社会上升成为世界第二大经济体，促成了8亿多人口脱离绝对贫困。尽管这已是世界经济史上的奇迹，但中国还需保持清醒的认知。中国的中产阶层比例还不到30%，很多人刚刚脱离绝对贫困阶段，

还存在着返贫的可能性。尽管我们从全球化中获益，但全球化也导致了我们的收入分化状况的加剧。如果不能实现共同富裕，尤其是包容和开放式发展，就会影响到社会的稳定，反过来也会影响经济的可持续发展。

**澎湃新闻**：您认为我国实现共同富裕面临哪些挑战？

**郑永年**：共同富裕不仅仅是中国面临的问题，也是全世界要破解的一个难题。中国的共同富裕面临着内外双重挑战。从外部环境看，中美关系全面恶化，对中国经济发展产生了深刻的影响；美国和西方构建着各种排挤中国的经济集团，涉及芯片、贸易、投资等各个领域；中欧关系复杂化，《中欧全面投资协定》被搁置；中国企业的海外营商环境迅速被"政治化"。从内部环境看，中国短板问题也很多：第一，技术被"卡脖子"，虽然我国技术发展迅速，但大多是应用性技术，原创性技术少而又少；第二，制造业工艺仍然处于低端水平，比如芯片，华为可以设计却不能制造；第三，规则被"卡脖子"，国内市场表现为大而不强、规则不统一，市场规模转化不成规则，结果就是国内市场被西方企业和标准所分割；此外，在实现共同富裕的过程中，还要警惕陷入中等收入陷阱。

尽管面临重重挑战，我对中国实现共同富裕的前景还是比较乐观。首先，中国具有制度优势。中国由三层资本、三层市场构成的混合经济，以及多元市场主体的作用，使得不同资本之间可以分工合作；而且，国家动员能力强，新型举国体制也是中国的优势，扶贫方面就是这样取得成绩的；和西方国家比较，中国政治是稳定的。其次，中国已经积累了相当的财富,在实现全面小康的基础上,诸多方面还有继续增长的空间。

**澎湃新闻**:"第三次分配"是目前国内学界和社会公众广泛关注的热门话题。应该如何发挥三次分配对促进共同富裕的积极作用?

**郑永年**:努力实现公平社会与共同富裕,需要正确理解三次分配——上不封顶,鼓励致富;下要保底,做好社会保障、医疗、教育、公共住房等;还要解决城乡问题,如城乡双向流动、社会资本下乡等。更重要的是要做大中产阶层。这一块浙江的实践值得借鉴:国有企业和民营企业的平衡,分工合作;外资和内资的平衡;区域分工合作与平衡发展;逐步把统筹提高到省一级。而且,要进行体制改革与完善,要坚持包容式、开放式发展,政策要协调好各方的利益。

| 原标题 | 中国再出发｜专访郑永年:中国步入第三次开放,强国关键是规则制定权 |
|---|---|
| 来　源 | 澎湃新闻 |
| 日　期 | 2021-12-21 |
| 链　接 | https://www.thepaper.cn/newsDetail_forward_15936463?commTag=true |

# 中国需要第二次入世

(2021-12-29)

## 一、开放带来强大

今年是中国加入WTO 20周年。今天的中国更需要进一步推进国际化、全球化，而不是相反。中国加入世贸组织20周年的成绩是可以肯定的。1981年我上北大的时候，中国还很穷，那时中国的人均GDP还不到300美元，现在中国已经是世界第二大经济体了，人均GDP去年也达到了11000美元。实际上，我在北大上学的时候第一次听到"中产社会"这个概念，当时我还不知道"中产"是什么样子，但现在我们已经有了4亿的中产。更重要的是，过去40年我们帮助8亿多人口脱离绝对贫困，仅仅是十八大以来中国就有1亿多人口脱贫。8亿人口的脱贫、4亿的中产群体、世界第二大经济体、全球最大的货物贸易国……这么短时间就创造了这样的成绩，这些都是世界经济史上的奇迹。

更为重要的是，入世以后我们找到了中国现代化的模式。十九大把中国现代化模式总结成为既实现了发展又保持了独立，中国的这一现代化模式为发展中国家提供了一个新的选择。为什么这么提？在全球化时代，任何一个国家如果不能加入全球化浪潮的话，那么国家很难会获得发展。今天的世界，那些落后的国家都是封闭不开放的国家。

但全球化并不是"免费的午餐",很多国家加入全球化以后国家经济主权越来越弱,甚至消失了。较小经济体对大的经济体依附性越来越强。有些国家即使因为全球化获得了发展,但它们的独立性却成为问题。中国是少数几个既获得发展又能保持独立的经济体。更重要的是,为了加入WTO,我们从20世纪90年代开始修改完善了法律、法规、政策体系,与世界经济接轨。

中国影响了世界,世界也影响了中国。我们经历了1997—1998年的亚洲经济危机,经历了2007—2008年的世界经济危机,这几年又经历了新冠疫情,但我们没有在这三波危机中倒下,反而变得更加强大。开放带来强大,这也是我们需要思考的问题。

## 二、中国是否存在与国际脱钩?

今天,我们不能光强调加入WTO所取得的成就,更要强调我们需要变得更加开放,继续推进全球化。那么,面对当前逆全球化进程,中国是不是变得更全球化了,或者更国际化了?

新冠疫情对各个国家的全球化都产生了影响,中国受到的影响也是很大的。一方面,有人认为,中国的国际影响越来越大,走向和靠近了世界舞台的中心;但另一方面,也有人在提问,中国是不是在有些方面和国际脱钩了?是不是在更多的方面和世界脱钩了?

不同的人有不同观点,但是有些数据显示出的现象是值得我们加以注意的。刚刚退休的美国上海商会主席吉彼思（Ker Gibbs）发现，驻上海的外国人在过去10年里从20.8万下降到16.3万，下降了20%。北京的情况更糟糕一些，从以前的10万下降到6万，下降了40%。的确，我们平常人也能体会到这一现象。中国的大城市有多少外国的专业人士常驻？在广州走半个小时也碰不到一个外国人。我以前在新加坡生活，新加坡国立大学近一半的老师都是外国人。香港、首尔、东京也到处可见外国人。日本的移民政策在亚洲算是非常保守的，但仍然吸引了很多外国专业人士。

吉彼思先生认为，随着明年中国新税制的推出，可能会有更多的外国常驻商务人士离开中国。他认为有几个因素。一是中国的生活成本在提高；二是中国的新冠疫情防控政策非常严厉；三是外国人对目前的营商环境感到不适应。

不过，除了这些之外，我们还要反思一些更深层次的原因。

第一，加入世贸组织后，中国的产品越来越国际化，但一些人的思想还没有国际化，还不能从国际的视角来思考问题。高层一直在强调和呼吁更加开放，但到了底层情况就很不一样了。

第二，中国的高速发展让很多人感觉到骄傲，产生一种自发的民族主义情绪。这种民族主义情绪本身是正能量的，但也有一些商业民族主义随之而来，他们试图从国人的民族主义情绪中获取经济利益。社交媒体上往往充斥着民粹情绪，无论是针对中国企业家，还是针对外国资本。正常的批评是可以的，但无端的攻击甚至是人身攻击给本国的企业家和外国资本造成了极其负面的影响。很讽刺，一些人批评资本主义，但他们自己选择过着资本主义式的生活；他们攻击美国，却拼命要移民美国。可以说，这些人要么是"低级红"，要么就是"高级黑"。

从特朗普时代到拜登时代，美国一直在与中国搞系统性脱钩。我们千万不要低估脱钩的大趋势。大量的外国专业人才离开中国，就是人才的脱钩。

我们需要冷静地认识美国。大家都在说美国不行了、衰落了，甚至有人说美国要垮掉了。但实际情况是否如此呢？美国确实正在经历民主危机，尤其是治理危机，但美国在很多方面都没有多大的危机。美国所经历的是政治和治理上的危机，但美国的经济体制、科技创新都没有危机，因为美国的经济、技术创新和政治是分离的，政治方面的危机不会直接影响到经济面。

尽管受到疫情和中美关系紧张的影响，但根据美方的统计，今年中国依然有8.5万人拿到了美国留学签证，全世界的人才还是往美国跑。那么，美国到中国来学习的人有多少呢？美国的体制特点是经济和政治分离，不管发生多大的政治危机，经济和科技还是会进步。从经验来看，每一次危机似乎都促成了美国的进步，一战、二战、越战、冷战等都没有阻止美国经济和技术的进步。为什么会这样？这需要我们认真研究。

### 三、中国需要第二次入世

我们在庆祝入世20周年的同时也要反思，我们哪些方面还做得不够，或者可以做得更好呢？我想谈三点。

第一，规则对接。WTO实际上不仅仅是一个贸易组织，更是一整套规则，成员国需要并愿意接受和服从规则。WTO是一个仲裁机构。中国入世，意味着我们跟外部世界接轨了。这是邓小平先生的功劳。为了入世与世界接轨，我们改革了自己的法律、法规和政策体系。

但是，到今天，我们内部的规则还没有统一起来。20世纪90年代初，世界银行的一份报告说，中国各个省间的贸易量要远远少于每一个省与外国的贸易量，就是外贸多于内贸。中国的企业也是这样，中国民营企业更喜欢跟外国的企业做生意。这里面就涉及规则问题，中国企业之间的生意不受规则约束，甚至没有规则，交易成本就很高。华为早期就是因为国内市场竞争太激烈，太没有规则，才选择"走出去"的，这也间接成就了华为。到今天为止，这个现象依然存在。即使是两家国企之间也没有共同的规则。两家国企到了海外同样打架，恶性竞争。中国南车和北车的合并就是一个例子。没有统一的规则意味着没有统一的市场，这导致了中国的市场大而不强。

第二，重视技术。我们入世以后，实现了经济学家们一直在说的我们的"劳动力红利"，即我们发展出了很多劳动密集型产业。但是，我们并没有逐步地将其升级为资本密集型和技术密集型产业。

在毛泽东时代，我们经历了第一波工业化，那一波工业化中，农民做出了很大贡献，农业对工业有很大的贡献。改革开放后的第二波工业化，我们的贡献主体还是农民。经济学家一直说中国的"劳动力红利"就是这样发展出来的。很多外国经济学家认为，这一波全球化就是西方的资本与中国的农民工推动的。加入WTO之后的很多年里，光是珠江三角洲每年就吸收了3000万农民工，长江三角洲也差不多。最近几十年，美国的技术在进步，资本在扩展，但是美国的就业并没有增加。那么，美国的工人阶级在哪里呢？我们珠江三角洲的农民工某种意义上就是美国的工人阶级。劳动密集型意味着我们过度依赖劳动力来实现经济增长，而不是依靠技术。现在随着劳动力成本的提高，我们很多企业就面临很大的困难。

  第三，重视研发。加入WTO以后我们过度依赖国际市场，忽视了原创性技术。中国加入WTO以后，中国成为美国最大的技术应用市场，美国在中国市场上获得了巨大的利益。美国在中国赚的钱回到美国国内，推动了美国自身的技术升级。但美国并没有把尖端技术放到中国。同时，国际市场的存在也导致我们的企业产生了一种盲目乐观的情绪。然而，人们所说的"中国制造"实际上是"中国组装"，中国大部分的经济增长来自技术的应用，原创性的技术少而又少。有一段时间，我们的一些经济学家甚至认为中国的粮食也可以在国际市场上采购，因此18亿亩耕地红线都不重要了。因为世界上粮食多得是，我们完全可以通过进口来满足需要。这种心态不仅表现在粮食上，更表现在技术上。华为有足够能力做技术提升，但过去一直依赖外国的芯片制造。从历史上看，国际市场的存在是运气好，国际市场的不存在实际上才是常态。今天，尽管我们是世界第二大经济体，体量很大，但我们并不强大，方方面面很容易被人家"卡脖子"，很容易被人家脱钩。

我们现在讨论"第二次入世",我更想把它称为"第三次开放"。美国自特朗普总统以来,搞中美贸易战,试图与中国脱钩,但中国领导人一直在强调中国要把大门打开,打得更开,要深度地融入世界。我们提出了很多新的概念,例如"双循环"。更重要的一个概念是"制度型开放"。很多人还没有认识到制度型开放的重要性。为什么要提"制度型开放"?我的理解是,政策因人而异,因时代而变,但制度型开放是永久的。也就是说,我们要通过制度性的开放来保证我们的永久开放。

在这方面,我们也有很多实践,比如粤港澳大湾区、海南自由贸易港、长三角经济带。这些地区都是在国际大循环、在开放状态下成长和发展起来的,未来也是以开放为主,而且要更进一步和更全面地开放。在这方面,粤港澳大湾区将扮演着一个更为重要的角色。横琴和前海的开放,让珠海和澳门直接对接、深圳与香港直接对接。国际层面,我们和东盟国家携手签署的RCEP马上就会生效。我们也和欧盟结束了《中欧投资协定》谈判,虽然因为政治原因暂时搁浅,但它的生效只是时间问题。欧盟搁置协定主要是出于政治和意识形态因素,而非经济因素,但意识形态是解决不了问题的。

更重要的是,中国正式提出加入CPTPP。CPTPP比WTO重要,也比RCEP重要。RCEP在很大程度上是传统贸易的延伸,或者说是传统贸易的2.0版,但是CPTPP体现更高程度的开放、更高程度的规则。它的前身TPP是美国主导的,美国当时搞TPP就是针对中国的。现在既然中国已经正式申请加入CPTPP,我们有决心做比较深入的改革,也就是制度性的改革和制度性的开放。从这个角度看，CPTPP就是中国二次入世的抓手。中国加入CPTPP会是一个漫长甚至是困难的过程，但我们还是可以做好自己的功课。哪怕最终我们没有加入CPTPP，我们也要更加开放。

### 四、推动中国规则"走出去"

二次入世，有几个方面是需要我们考虑的。

第一，在一些领域，我们要实行单边开放。单边开放就是说，"即使你不向我开放，我也向你开放"。与"单边开放"相对应的是"对等开放"，对等开放就是"只有你向我开放，我才向你开放"。原则上说，大英帝国是实行单边开放的，而美国是实行对等开放的。这一点大英帝国要比美国做得好得多，大英帝国的可持续性也比美国要长久。

经过40年的改革开放，中国已经有能力实行单边开放。美国和它的盟友要和中国系统性脱钩，我们在有些领域要单边开放。虽然原则上美国非常强调对等开放，但在很多方面，美国永远是单边开放的，比如说人才政策——美国的人才政策始终单边开放。这就是为什么世界上那么多人才跑到美国去了。同样，中国能取得今天的成绩，很多方面也是单边开放的结果。20世纪80年代我们刚刚改革开放，没有资本，就实行单边开放、打开国门"请进来"，先请海外华侨资本进来，再请国际资本进来。90年代，为了加入WTO实行接轨政策，也是单边开放的体现。

今天我们面临百年未有之大变局，很多领域需要我们单边开放。美国不允许中国资本进入美国市场，我们仍然允许美国资本进入我们市场，这是不是单边开放？我们应该明确提出来我们要实行诸多领域的单边开放，尤其是对高科技人才。我们所做的一切都是为了我们的发展，而不要仅仅为了表达一下情绪；最终促成国家利益最大化的那些事情才是我们要做的，而不是以牙还牙。

第二，我们要通过内循环来实现内部规则的统一。我们是世界第二大经济体，但是大而不强。很重要的原因是我们内部规则不统一。粤港澳大湾区11个城市，内地9个城市与香港、澳门的规则当然不一样，但我们内地9个城市的规则也没有统一，土地、税收、劳动等很多方面的规则都没有统一起来。内部的规则对接起来，形成国家统一规则，我们就会大而强。举例说，中国现在是世界最大的汽车生产国和汽车消费国，但是我们在汽车行业制定了多少国际标准和规则？很少。互联网领域的大公司分布在美国和中国，美国有互联网的规则，并且是国际性的规则，中国则没有。中国有很多家大型的互联网公司，欧盟没有大的互联网公司，但欧盟制定了互联网规则。为什么我们没有互联网规则？如果考察一下西方公司之间的关系，就会知道为什么。西方公司特别强调规则和规则的统一，而中国公司各自为政，没有统一的规则。没有国家统一的规则，就没有国家统一市场。

第三，我们要通过外循环继续促进中国与世界规则的对接，在这个基础之上使得中国的规则"走出去"。中美竞争不可避免，中美竞争的核心不仅仅是技术问题，更是规则问题。美国和欧盟最近在讨论如何用新的规则来制约中国，如果我们自己不强调规则，一旦"走出去"，还是会继续受到别人规则的制约，他们的规则符合他们的利益，却不符合我们的利益。

再过10年或者15年，我们内部规则统一了，并且通过外循环"走出去"了，那么中国必然会是世界上最强大的国家。一句话，只有通过继续开放，才能使得国家更加强大起来。

［本文整理自郑永年在"入世20周年企业家高峰对话暨南方致敬2021年度盛典"（2021年12月16日）上的主旨演讲］

**原标题** 郑永年：中国需要第二次入世
**来　源** 澎湃新闻
**日　期** 2021-12-29
**链　接** https://www.thepaper.cn/newsDetail_forward_16062282

# 有限全球化对中国是挑战也是机遇

(2022-04-23)

受到疫情持续和地缘局势风险等因素的影响，2022年全球各国经济的复苏仍面临巨大的挑战。

据国际货币基金组织（IMF）在4月19日发布的最新一期《世界经济展望报告》预测，2022年全球经济将增长3.6%，较1月份预测值下调0.8个百分点。IMF认为，燃料和粮食价格迅速上涨，对低收入国家弱势群体的打击最大。为应对通胀高企，全球多个经济体加息，导致投资者降低风险偏好、全球金融条件收紧。此外，低收入国家新冠疫苗短缺可能导致新一轮疫情暴发。

4月20日，博鳌亚洲论坛2022年年会开幕。其间，香港中文大学（深圳）校长讲座教授、前海国际事务研究院院长、华南理工大学公共政策研究院学术委员会主席郑永年接受了《21世纪经济报道》（以下简称《21世纪》）记者的采访。他在评价《区域全面经济伙伴关系协定》（RCEP）实施落地效果的同时，也谈及当前中国身处"有限全球化的时代"所面临的机遇和挑战。

**一、RCEP更具包容性**

**21世纪：** 当前疫情仍在持续蔓延，您认为RCEP在促进亚太区域经贸格局方面起到了怎样的作用？作为区域性合作框架，RCEP在构建多边贸易和促进自由贸易方面承担着怎样的角色？

**郑永年：**我们知道，现在世界上各个国家都在做不同形式和性质的自由贸易区，尤其是新冠疫情、俄乌冲突发生以后，全球自由贸易面临更为严峻的挑战。美国从特朗普时期就开始搞"去全球化"和逆全球化，经济民族主义、贸易保护主义盛行；现在的拜登总统又在推所谓的基于价值之上的集团（Value-based Bloc）。其实，这种贸易形态就像是回到以前的冷战时期。当时世界处于两极化，美苏两个集团之间的贸易几乎是不存在的，所谓的"自由贸易"只存在于两个集团的内部。

在过去四十年里，苏联和华约解体后，全球化出现一体化，形成了哈佛大学教授丹尼·罗德里克所说的"超级全球化"。经济发展因"超级全球化"而生。但"超级全球化"在为我们创造大量财富的同时，也导致了社会财富的分化和中产阶级的萎缩，结果是美国和英国的民粹主义崛起，而这也是英国脱欧和特朗普主义崛起的原因。为了应付国内问题，美国开始推行"去全球化"和逆全球化。

与之不同的是，亚洲国家之间虽然也有竞争，但我们从未有过建立在意识形态上的自由贸易。例如，东盟分别与中国、日本、韩国签署了"10＋1"自贸协定，竞争不可避免，但这不是建立在意识形态上的。我认为这种竞争是良性的，同时也是双赢的。我们如今所建立的《区域全面经济伙伴关系协定》

（RCEP）也是同理。RCEP与美国所提倡的TPP不同，TPP是排他性的多边主义，相比之下，RCEP更具包容性。所以，我们一直在说，中国所做的是包容性的多边主义，跟西方排他性的多边主义不同。推行包容性的多边主义是为了促进共同发展，用中国的话来说就是"共同富裕"。因此，RCEP很重要。尽管从规则和原则上来看，这好像是比较传统的经贸投资，包括关税、投资贸易服务便利化等，但这确实是必要的。从贸易方面来说，亚洲国家之间的贸易量并不比欧盟、北美地区低，但我们在规则、法制上的规定并不多，所以RCEP的生效实际上表明签署这个协定的亚洲国家之间的贸易制度化，日后将向着法治化推进。

RCEP在今年年初生效，已起到了极为重要的作用。疫情影响了世界各国的经济，例如在供应链方面，欧美与不少亚洲国家之间的供应链都出现了各种各样的问题。但截至目前，亚洲国家之间的供应链运作算是比较顺畅的。因此，我们不能因为疫情而放缓推进RCEP，而是要尽快推进。RCEP所起到的作用是经贸导向的。当前推进RCEP的实施，就相当于推动各个国家的经济发展。

**21世纪**：在全球经济不确定性上升的背景下，RCEP在多国逐步生效实施。您如何评价RCEP的落地实施效果？

**郑永年**：到目前为止，我认为RCEP的落地还是比较顺畅的。当前的俄乌冲突、能源危机、粮食危机和供应链危机等，使全球经济的前景不乐观。因此，从区域角度来说，RCEP是一个区域经济的亮点。因为各个国家都想抓住机遇，想找到一个

"抓手"来提振当地经济的发展。

当然，RCEP还有很多的发展空间。RCEP侧重于传统的投资贸易，促进自由贸易和经济一体化。在这个基础上还有下一步。去年，中国正式申请加入CPTPP。我认为从RCEP到CPTPP是一个必然的过程。当我们做好传统的投资贸易基础后，再逐步提高贸易标准。中国是世界第二大经济体。若CPTPP缺少了中国，它的体量将会小很多，也发挥不了多大的作用。只有大家一同加入，才能共享发展。因为在区域经济中，若只有一个国家富裕起来，发展也是不稳定的。

在过去四十年里，亚洲地区国家之所以发展得好，成为最和平、发展最稳定的区域，是因为各国都在一步步扩散、开放地发展。因此，RCEP的实施有一个很重要的意义——为中国日后加入CPTPP奠定坚实的基础。

## 二、"有限全球化"对中国是挑战也是机遇

**21世纪**：您曾表示我们将长期处于"有限全球化的时代"。您认为，中国将如何参与国际秩序的改革？

**郑永年**："有限全球化的时代"标志着从1980年到2008年金融危机之前的"超级全球化的时代"的结束。在"超级全球化的时代"，资本、技术、人才和劳动力都在全球范围内高度流动，促使资本扩张，各个国家政府的角色被弱化。当前世界进入"有限全球化的时代"，可能会回到像二战结束后，从1945年到20世纪80年代的全球化，当时政府、资本等都起到更大的作用。

很多年来，因为"新自由主义经济学"的崛起，凯恩斯主义被否定。但我认为，凯恩斯主义有它的合理性。我们将再次回到一个国家至少拥有部分经济主权的全球化时代。在我看来，全球化进程是不会停止的。以美国为首的西方资本主义国家没有力量阻挡资本、技术和人才的流动，政治力量只能设置一些阻碍，全球化还是会进行下去。所以，在"有限全球化的时代"，中国的角色更为重要。当以美国为首的西方国家开始推行贸易保护主义时，中国要逆向而行。因此，我提出了"中国要步入第三次开放"、"中国需要第二次入世"的概念。从历史的角度来看，更开放的国家往往会成为最后的赢家。

**21世纪**：“有限全球化的时代”将会怎样影响全球的供应链和产业链格局？

**郑永年**：经过四十多年在开放状态下的成长，中国占据了全球中下端的供应链。在这个基础上进行开放，首先要巩固中下端的供应链，然后去竞争更高端的供应链。中美关系既有竞争，也有合作。当面对美国在高科技芯片等领域的封锁时，中国也不得不竞争。若不往高端供应链领域发展，我们很有可能会频繁面临被"卡脖子"的窘境。所以我认为，我们要继续深化开放，来巩固中下端的供应链，并通过向科研和研发的有效投入，往高端的供应链发展。同时需要注意的是，一定要避免像美国那样把供应链武器化，不然会对整个国际经济体系造成破坏。我们要成为保持开放的经济体，在自身实现可持续发展的同时，也能造福人类，建立人类命运共同体。

**21世纪**：中国该如何逐步往质量型经济方向发展？

**郑永年：** 首先，要保持经济发展。去年的中央经济工作会议再次提出，坚持以经济建设为中心。

其次，要加大技术投入，我们要做更多的研发，需要往供应链上端走。科技是生产力，所以可以看到现在很多企业，无论是国有企业还是民营企业，都加大了科研方面的投入。但要注意的是，我们不能关起门来做创新，而要在开放状态下进行创新。另外，规则就是生产力，要符合中央提出的"建设全国统一大市场"的要求，包括政策、规则等的统一。

最后，人才就是生产力，因为知识经济背后就是人才。我们要在人才培养的机制上做出改革，不仅要培养自己的国际人才，还要吸引更多国际人才到中国发展。另外，还要为人口发展创造有利环境，建立"宜育"社会。

未来，在中国的高质量发展中，"科技""规则""开放""人才"都将是关键词。

---

原标题　专访郑永年：RCEP是包容性的多边主义　中国应把握"有限全球化时代"的机遇继续深化开放

来　源　21世纪经济报道

日　期　2022-04-23

链　接　https://www.21jingji.com/article/20220423/da9b749bde3f78fa1f5e61b0cf767d61.html

# 建设"三大世界级平台" 打造可持续发展"南沙样本"

(2022-06-28)

近日,国务院印发《广州南沙深化面向世界的粤港澳全面合作总体方案》(以下简称《南沙方案》),支持南沙打造成为立足湾区、协同港澳、面向世界的重大战略性平台。

为此,记者独家视频连线广州粤港澳大湾区研究院理事长、华南理工大学公共政策研究院学术委员会主席、香港中文大学(深圳)前海国际事务研究院院长郑永年。郑永年畅谈他对《南沙方案》,对广州南沙发展未来的期待与看法,并对南沙将如何打造成为"立足湾区、协同港澳、面向世界的重大战略性平台"提出了自己的见解。

在郑永年看来,《南沙方案》最大的亮点就是,这是一个综合性的方案,强调"城市"的整体概念,而非仅仅是一个"功能区"的概念。他认为,南沙要打造世界级金融平台、世界级科创—制造产业平台和世界级科教平台,同时也要实现教育、医疗等配套政策的国际化,从而吸引高端国际化人才的聚集,打造可持续发展的"南沙样本"。

## 一、谈南沙新定位——南沙要秉承改革开放精神"杀出一条血路来"

**记者：**在横琴粤澳深度合作区、前海深港现代服务业合作区的基础上，国家出台《南沙方案》，为何要支持南沙打造这一重大战略性平台，其在大湾区建设中扮演着怎样的新角色？三大粤港澳合作发展重大平台如何实现1+1+1＞3？

**郑永年：**《南沙方案》不仅仅是广州的利好，更是粤港澳大湾区发展中非常重要的一步。我认为，《南沙方案》的三个关键词，分别是"湾区""港澳"和"世界"。要理解这三个词，必须将它们放到我们整个国家发展的大背景中去。不久前，国家提出要"建立全国统一大市场"，这其实是畅通国内大循环、促进国内国际双循环的重要基础。所以，无论是横琴、前海，还是南沙，都是从全局和战略高度来考虑的，而不仅仅是一个地方发展项目，不仅仅是广东的项目、广州的项目、大湾区的项目，而是国家的项目。根据国家部署，横琴主要对接澳门，前海主要对接香港，南沙既对接香港也对接澳门，所以南沙要打造成大湾区建设的标杆，这与横琴、前海所承担的功能有所不同。

此外，"面向世界"这个关键词，正是强调了南沙的"国际性"。改革开放以来，粤港澳大湾区本身就是在外循环过程中发展起来的，形成了以出口为导向的开放经济体。当前，面临世界地缘政治大变局，这样的外向型经济体能否实现可持续发展非常重要，全世界也都很关注。因此，南沙可以建设成为国内国际双循环的"链接点"。

我认为，南沙、横琴、前海的建设应该是"一体化"考虑的，以点带面，扩散到整个粤港澳大湾区，助力实现粤港澳大湾区的真正融合。这不仅仅是数量上1+1+1＞3的概念，而要有更高的站位、更大的格局，体现的是国家在新发展阶段深化改革、扩大开放的决心。从国际规则的角度看，我认为也可以称之为以制度型开放为核心的"第三次开放"。

**记者：** 在南沙深化面向世界的粤港澳全面合作，打造成为立足湾区、协同港澳、面向世界的重大战略性平台过程中，广州南沙的优势是什么？

**郑永年：** 在新一轮的改革开放中，广州南沙的腹地大是一个优势，开发是要有规模效应的，这与空间有关。中国的改革开放有"先行先试""以点带面"的特点，在"点"上试验成功，再进行扩散。我想南沙也是这样，所以，具有足够的空间是非常重要的。当然，南沙的优势不仅在于地理空间，横琴、前海、南沙这三个平台，最终的目标是融合，是实现规则衔接、机制对接，营造市场化、法治化、国际化营商环境。这样看来，南沙要把港澳规则与内地规则相衔接融合，这比空间更重要。我们一定要意识到，南沙的任务非常重大，要在重点领域和关键环节先行探索、积累经验，以点带面，引领带动粤港澳全面深化合作。南沙一定要以改革开放的精神"杀出一条血路来"。

## 二、谈南沙新亮点——打造世界级金融平台、世界级科创—制造产业平台、世界级科教平台

**记者**：税收政策是很多人非常关注的，在不少人看来这是《南沙方案》中的一个亮点，您怎么看？在您看来，《南沙方案》的最大亮点是什么？

**郑永年**：在我看来，税收政策是个可见的亮点，是我们高水平对外开放的重要抓手，也是我们面向世界、全面合作的切入点，但我并不认为这是整个方案的最大亮点。最大的亮点在于南沙方案的综合性、全方位，它强调"城市"的整体概念，而非仅仅是一个"功能区"的概念。这会吸引高端国际化人才聚集到南沙，打造经济社会可持续发展的"南沙样本"。

这些年来，我们一直在推进粤港澳大湾区的融合发展。如今，从理念、思想，到政策以及具体落实，可以说已经基本成型，让融合发展有了可见的落地实现。我认为，应该以南沙为抓手，在大湾区打造世界级金融平台、世界级科创—制造产业平台和世界级科教平台。

一是打造世界级金融平台。香港是国际金融中心，深圳在大力发展金融，广州则是华南地区金融监管机构的所在地，新落户广州南沙的广州期货交易所是我国首家混合所有制的交易所，虽然已经有了较好的基础，然而粤港澳大湾区仍未真正实现世界级的金融平台。我们在调研中发现，大量的钱还是躺在银行里，而没有转化为"资本"。要把"钱"变成"资本"，就要依靠金融。所以，我认为可以以南沙等平台为牵引，推动香

港、深圳、广州三地合作，共同打造世界级的金融平台。

二是打造世界级科创—制造产业平台。打造这样的平台至少需要三个条件：首先是要有科技创新、有技术，其次是要有风险投资，再次是要有把技术转化为产业的企业。从大湾区的视角看，广州有基础研究，有强大的制造业基础，也在大力发展科创产业，但还是缺少真正的风险投资。在这方面，粤港澳大湾区与香港是非常互补的，应共同打造世界级的科创与制造业大平台，畅通国际风投资本的进入渠道，服务并壮大湾区的科创与制造产业。

三是打造世界级科教平台。基础教育与大学教育都非常重要。纵观粤港澳大湾区，广州深圳教育资源丰富；香港目前有6所世界排名位列前500的大学，其中4所大学跻身全球百大。在我看来，单论大学的教育及科研水平，湾区内地城市短时间内仍无法超越香港，但广深制造业发达，培育了科研成果转化的土壤。对于香港来说，香港大学的基础研究能力有目共睹，但是它缺乏科研成果转化的空间和企业。因此，粤港澳大湾区应该整合资源，打造世界级的科教平台。

如果从建设这三大平台的角度来看，其实我们能够更好地理解《南沙方案》。该方案既包含经济发展的部分，也有配套的教育、医疗等政策，不仅旨在实现经济的可持续发展，更是为了实现整个社会的可持续发展。

**记者：**您谈到的"城市"概念如何理解？南沙是广州的城市副中心，在南沙的城市规划建设方面，将如何协同港澳，建设得既要让港澳人士熟悉，也要有广州特色，同时又具备国际一流的国际化城市空间环境？

**郑永年**：《南沙方案》之所以是一个综合性方案，正是因为它特别强调"城市"的概念，而不仅仅是一个"功能区"的概念。一些欧美国家在危机过后，为何技术还能升级？在我看来，这是因为在这些地方已经形成"地域嵌入型世界级经济平台"，优质的生产要素在这些平台得到很好的发展，能吸引大量资本、技术和人才。因此，在南沙打造"三大平台"，其实就是要建设这样的"地域嵌入型世界级经济平台"。当实现了产业升级、经济发展之后，要看到，我们应该实现城市的整体升级。在一座城市里，产业、教育、人才等各方面其实是一个共同体。所以我认为，南沙要走自己的发展道路，以人的需求出发，实现真正的均衡发展、可持续发展，打造一个新型的世界级平台。南沙要实现这样的大开放大发展，就必须走自己的路，要"撸起袖子加油干"，把南沙的开放发展写在我们祖国的大地上！

## 三、谈南沙新任务——"全面合作"是"面向世界"的前提，湾区城市要形成合力走向世界

**记者**：《南沙方案》强调，南沙要深化面向世界的粤港澳全面合作，关键词分别是"面向世界"和"全面合作"，您如何理解？

**郑永年**："面向世界"和"全面合作"，这两者是相辅相成的。"全面合作"是"面向世界"的前提。具体来看，全面合作也是分层次的。

首先，湾区内的各个城市要合作，内地九座城市要与港澳

合作。在这个基础上形成合力，才能走向世界。其次，在全面合作中，我们非常强调规则对接，要实现全方位的规则对接，因此《南沙方案》涉及包括科技创新产业合作、青年创业就业、宜居宜业宜游等方面。改革开放的成功秘诀，很重要的一点就是与国际接轨，通过开放倒逼改革，通过自我改革实现与世界接轨。过去的开放中，我们的货物、商品"走出去"了。我们走到现在，要"面向世界"，是时候实现规则的"走出去"了。分析具体条文看，《南沙方案》中提到的企业所得税的问题、个人所得税的问题，都是与世界对接的体现，也给企业与人才带来真正的"获得感"，这样才能让南沙真正实现与港澳的"全面合作"，为南沙"面向世界"提供足够的国际竞争力。此外，当前的国际竞争已经成为人才的竞争。如果只是资本来了、技术来了，但人才不来，可能就只是为了"套利"，利用这里廉价的劳动力和土地。只有人才来了，才是真的来了。

所以，我们谈"面向世界""全面合作"，必须有具体的、可见的、有获得感的政策支撑，才能真正地吸引资本、技术与人才，从而提升整体的竞争力。

**记者**：关于"面向世界"，您曾撰文建议，要加快设立粤港澳大湾区制度型开放试验区，引领中国"第三次开放"。《南沙方案》中提出，要对标CPTPP、DEPA等自贸协定加大压力测试力度。在这一领域，南沙可以如何发力，打造国际经济合作前沿地？

**郑永年**：改革开放时，广东为改革开放"杀出一条血路来"，这不是一句轻巧的话，当时我们从计划经济转向市场经济，要顶住国内国际的巨大压力，摸着石头过河。如今，环境变化了，同样处于世纪疫情与百年变局交织的压力之下，我们的开放更应该是主动开放，甚至是单边开放。

当前，中国同时申请加入CPTPP和DEPA，并为此进行了积极准备。过去，我们为了加入WTO，系统性地修改了我国的法律法规、政策体系，与国际接轨。CPTPP和DEPA实际上比WTO规则更开放，从这个角度看，我们可以从南沙做起。这绝不仅仅是一个姿态，而是为了我们自身的可持续发展，以及在国际上履行一个大国的责任与担当。因此，南沙、横琴、前海的开放，正是中国"第三次开放"的重要抓手。所以，我希望南沙成为中国这一轮开放的一个亮点。

**记者：** 从合作模式来看，要如何实现面向世界的粤港澳全面合作，您曾提出要将港澳规则应用到整个粤港澳大湾区，"香港+"是推进粤港澳大湾区规则一体化的现实策略，能否具体谈谈？

**郑永年：** 在创新合作模式方面，无论是采取法定机构或聘任制的方式，还是建立由政府、行业协会商会、智库机构、专家学者等代表共同参与的发展咨询委员会，都需要南沙的进一步探索。尤其是南沙已经建立了广州南沙粤港合作咨询委员会这样的交流合作机制，将不同的利益相关方聚集在一起，其实也是建设市场化、法治化、国际化营商环境的具体体现，也更符合国际上通行的规则——政府要搭台，但企业才是主体。

**记者：**《南沙方案》明确提出，要建设科技创新产业合作基地，明确推进粤港澳产业合作不断深化，区域创新与产业转化体系初步构建。您认为南沙将如何依托原有的产业基础，立足湾区、携手港澳，实现新突破？

**郑永年：**在科技创新产业合作方面，我认为同样首先要遵循"全面合作"的原则。例如，欧盟的强大是建立在劳动分工之上，而非恶性竞争。从我们国内来说，长三角地区已建立了很好的劳动分工协作体系。这些都是值得我们粤港澳大湾区借鉴的。再延伸一点谈，不仅是科技创新产业，其他产业也是如此，劳动分工的目标就是大家"把饼做大"，因此不能简单重复，而要科学分工。以南沙具有优势的港口物流经济来看，现在我们有了广州港、深圳港，湾区的港口越来越多，这是分工合作推动整体经济发展的结果。所以，行业不要形成恶性竞争，应该形成合力提供优质服务。

其次，科技创新产业合作最需要的是国际化人才。而对于科技产业来说，人才不仅仅是"人才"的概念，更是"思想"的概念。物体的融合，也许只是做大一点的"物理反应"，而不同背景的人才带着不同的思想、理念相互碰撞，则会产生"化学反应"。这正是《南沙方案》中"面向世界"的重要表现。

再次，无论是产业还是人才，前提都是规则的对接。所以我提出，将港澳规则应用到整个粤港澳大湾区，通过"香港+"推进粤港澳大湾区规则一体化。这是因为港澳的规则其实已经是国际上所接受的，如消费者权益保护、知识产权保护、医疗教育体系和国际自由贸易港等。

南沙的任务非常重大，要在重点领域和关键环节先行探索、积累经验，以点带面，引领带动粤港澳全面深化合作。南沙一定要以改革开放的精神"杀出一条血路来"。《南沙方案》不仅是广州的利好，更是粤港澳大湾区发展中非常重要的一步。南沙、横琴、前海的建设应"一体化"考虑，以点带面，扩散到整个粤港澳大湾区，助力实现粤港澳大湾区的真正融合。

当实现了产业升级、经济发展之后，我们应该实现城市的整体升级。在一座城市里，产业、教育、人才等各方面其实是一个共同体。所以我认为，南沙要走自己的发展道路，要从人的需求出发，实现真正的均衡发展、可持续发展，打造一个新型的世界级平台。

《南沙方案》中提到的企业所得税、个人所得税的问题，都是与世界对接的体现，也给企业与人才带来真正的"获得感"，这样才能让南沙真正实现与港澳的"全面合作"，为南沙"面向世界"提供足够的国际竞争力。

| 原标题 | 广州粤港澳大湾区研究院理事长郑永年接受专访：建设"三大世界级平台" 打造可持续发展"南沙样本" |
|---|---|
| 来　源 | 广州日报 |
| 日　期 | 2022-06-28 |
| 链　接 | https://www.gz.gov.cn/zt/nsygahzfa/gdft/content/post_8374323.html |

# 中国践行的多边主义是国际公共产品，不像美国以自我为中心

(2022-12-04)

郑永年1日在北京香山论坛专家视频会上表示，中国提出的全球发展倡议和全球安全倡议两大倡议不仅是为中国提出的，也是为区域和世界提出的，与美国排他性的以自我为中心的"多边主义"不同，中国一直在践行的是包容、开放性的多边主义，并且不针对第三方。

12月1日，2022年北京香山论坛专家视频会以"战争形态的变与不变""大国自身利益谋求与全球安全责任担当"等四个议题展开交流研讨。郑永年在会上的发言中表示，国际秩序之所以存在危机，在于我们没有提供充足的公共产品，同时却有太多的国际问题需要应对。这其中，美国扮演着重要的角色。二战之后美国曾非常积极地提供国际公共产品，比如推行贸易自由化等。但当前，由于美国及其他西方国家的衰退，它们没有提供足够的国际公共产品。从结果上来说，相比大国，一些中小国家及发展中国家所遭受的冲击和伤害更为巨大，比如在应对气候危机而出现的极端情况时。

郑永年表示，不仅如此，当前美国实施的是排他性的、以自我为中心的多边主义，并且是针对第三方的，"一旦是针对第三方或者某个假想敌，就会出现不好的后果"。他认为，美国当

前的行为是逆全球化的，是一种倒退行为，必须采取行动去扭转该趋势。相较而言，中国提出的全球发展倡议和全球安全倡议两大倡议不仅是为中国提出的，也是为区域和世界提出的，中国一直在践行包容、开放的多边主义，并且不针对第三方。他说，"通俗讲，这种多边主义是'有事大家商量'，不是某一个国家做最终的决定，我们相信这种多边主义才是最佳的多边主义。"

在谈及中美关系时，郑永年认为，美国将中美关系定义为"民主"和"专制"的竞争，认为对华政策该合作的时候合作，该竞争的时候竞争，必须对抗的时候对抗。中美关系当前面临一些挑战，双方对彼此有一些怀疑和猜测，但在中美两国元首印尼会晤之后，外界有更多的预期，希望中美之间有更多交流、合作，并重返谈判的轨道。

在专家视频会议结束后，《环球时报》就中美关系以及中美如何进行危机管控等热点话题专访郑永年。以下是专访实录。

**环球时报**：您上午在发言中提到，国际秩序的危机在于我们没有充足的公共产品，但却有太多的国际问题，若中美合作一起为世界提供公共产品会是世界的福音。但美国又强调以其为中心的排他性的"多边主义"，在这种现状下，中美两个大国将会分别扮演怎样的角色？

**郑永年**：中美双方若能合作是最好的局面，可以减少和解决很多国际问题。但美国的"多边主义"是排他性的，无法产生更多好的公共产品，而坏的公共产品又太多，这就造成了世界秩序危机。这种危机最大的受害国并不是中国和美国，而是广大的发展中国家，比如在面临气候问题和公共卫生问题的时候，这些发展中国家没有能力来抵御。

中国践行的是开放、包容、不针对他国的多边主义，这本身就是一种国际公共产品。事实上，世界上只有少数国家愿意跟随美国，更多的国家，尤其是中国周边国家，包括东盟国家，并不愿意选边站。从当下来看，东盟国家基本上都有自身的判断力，比如印尼防长普拉博沃在2021年香格里拉对话会上表示，印尼主张以"亚洲方式"解决国与国之间的分歧，国与国之间互相尊重对方的国家安全利益。又比如印度，虽然与美国在很多领域开展合作，但在更多问题上有独立自主的立场。不仅亚洲国家如此，欧洲国家也一样，一直在寻找自己与中国政策的定位，而不是简单地跟随美国做出选择。因此，这表明中国所定义的真正的多边主义胜于美国的这种排他性的、呈现"团团伙伙"特点的"多边主义"。

**环球时报**：11月14日，中美元首在巴厘岛首次面对面会晤。外界普遍认为此次会晤为中美双边关系止跌回升提供了机会。您认为此次机会之门能开多大，双方可能会在哪些领域展开实质性的合作？

**郑永年**：对于中美关系，中国始终持开放态度并希望改善两国关系，中美合作可以办成大事，反之，不合作则可能一事无成。中国愿意和美国加强合作，推动良性竞争而不是恶性竞争。中美两国一旦发生冲突，涉及的不仅是两国之间的关系，还会牵涉整个亚太甚至印太地区。因此中美元首会晤达成了一系列共识，包括中美之间要管控冲突。

具体到中美在哪些领域展开合作，这取决于美国的内部政策。美国前总统特朗普打响了中美贸易战，迄今已经持续数年，但实际上美国并没有从中获得好处。美国发动贸易战前，中国每年都向美国出口大量物美价廉的产品，有效地帮助美国控制了通胀，然而时至今日，美国通胀却居高不下。另外，美国希望把中国的高新技术企业一棍子打死，但中国高新技术企业不仅表现出足够的韧性，还激发了一波高科技投资的浪潮。拜登政府及美国精英层意识到中国不再是以前的中国，美国无法通过打压中国来获得好处，因此愿意与中国缓和紧张局势。但现在的问题是，美国国内的政治危机比较突出，尽管中期选举对民主党而言没有出现最坏的状况，但两党分化依旧非常严重。

因此，一方面我们要尽力推动中美关系向好的方向发展，另一方面我们也不要抱过多理想化的期望，要做好两手准备。上文中我也提到，一方面我们要致力于推进中美关系，另一方面我们要坚信已经持续多年的包容性多边主义，与更多的国家发展关系，既包括发展中国家，也包括欧洲的发达国家。

**环球时报：**中国军事实力近些年取得了飞速发展，十年间已拥有了三艘航母，美国视此为中国"步步紧逼的挑战"。美防长奥斯汀也表示，中国是目前存在的唯一既有重塑国际秩序意图且越来越有实力这样做的竞争者。您也表示，台湾问题是中国的核心利益，没有任何谈判的余地，但随着美国在台海领域开展密集军事行动，以及在中国核心利益上的"切香肠"策略，双方发生意外冲突的可能性依旧存在。对此，您怎么看？

**郑永年：**我个人对此持乐观态度。在美国看来，中国人民解放军的自我发展不仅仅是为了解决台湾问题，而且是要把美国从西太平洋赶出去，打败美国。这是美国不了解中国，对中国战略文化有误解，并把美国逻辑强加在中国身上。

台湾问题是中国的主权问题，是国家统一的问题，不是和美国争霸的问题，台湾问题解决后，美国依旧可以在西太平洋海域存在。中国建造航母不是为了瞄准美国，也不是要战胜美国，而美国也无法打败中国；随着中国军事现代化，中国军力增长，中国才更有可能和平解决台湾问题。

我并不认为中美之间会因为台湾问题而直接开战，两个有核国家从没有直接发生过战争，即便是当下的俄乌冲突，也只是代理人战争，无论是美国还是北约其他国家，都没有和俄罗斯直接开战。

**环球时报：** 您对南海局势如何看，当下是否面临很严峻的局面？

**郑永年：** 我对南海局势态度更乐观一些。近些年南海问题管控得不错，中国和东盟国家继续推进"南海行为准则"磋商。此外，南海仲裁案之后，中美在南海已经形成互动模式，美国要维护其所谓的"海上航行自由"，但实际上海上航行自由也是中国的利益，中国贸易有80%多的量从南海经过，因此在南海的航行自由也是中国最大的利益。

中美对南海的认识分歧在于，对于中国来说，南海既是主权问题，也是历史问题，而美国及其他西方国家简单地认为这是一个法律问题。中国解决南海问题，也并不是把美国赶出西太平洋。中国已经表示，将在南海岛礁设立国际公共产品的供给点，可以给过往的全世界商船服务。中国愿意维护南海和平稳定；对于美国来说，美国介入南海事务的成本太高，如果要在南海发动战争，美国无法承受这种代价。双方在南海问题上是有共识的，也有共同利益，只是当前双方没有足够的政治信任。随着中美政治信任的逐步建立，中美可以在南海管控好分歧。

同样，俄乌冲突的爆发也让南海相关国家学到很多，美国策划的是一场代理人战争，自身躲在幕后并没有直接参与战争，这一点南海相关国家看得清清楚楚，没有哪个国家愿意成为另一个乌克兰。

**环球时报**：您之前表示，"越想躲避战争，就越可能发生战争，准备得越充分，反而越能避免战争"。对于中国而言，您认为需要在哪些方面做好准备？

**郑永年**：这是中国古老传统的军事战略，中国国防现代化越快，质量越高，越能实现和平。和平不是靠乞讨得来的，只有具备追求和平、维持和平的能力，才能实现和平。

在这一点上中国有深刻的历史教训。两次鸦片战争的爆发，使整个近代史沦为一段遭受西方帝国主义侵略的耻辱之路。中国追求强大是为了和平，而不是为了效仿西方国家的"国强必霸"。

**环球时报**：解放军除了注重硬实力的建设，也一直在发展软实力。外界也一直将香山论坛和新加坡的香格里拉对话会相提并论，认为这是中国在打造自己的发声平台。您也多次参加在新加坡举办的香格里拉对话会和香山论坛专家视频会议。对于解放军如何更好地在国际舞台上发声，您有哪些建议？

**郑永年：** 近些年，香山论坛的国际影响力也越来越大，变化也很明显。论坛初期，议题过于聚焦中国。中国作为世界第二大经济体，有大国的责任，不仅要研究自身面临的问题，也要探讨区域性、世界性问题，努力超越香格里拉对话会。香格里拉对话会主要是为了应对中国的崛起，其每年的议题都聚焦于中美的针锋相对。香山论坛不应局限于讨论中美问题，还要关注全球问题。今年设置的议题都很不错。未来我们还可以讨论包括欧洲、非洲在内的更广泛的议题，吸引世界更多的注意力。

| | |
|---|---|
| 原标题 | 郑永年：中国践行的多边主义是国际公共产品，不像美国以自我为中心 |
| 来　源 | 环球网 |
| 日　期 | 2022-12-04 |
| 链　接 | https://world.huanqiu.com/article/4Ajndlwm7UJ |

# 中国如何实现"高水平开放"

(2023-03-21)

"读懂中国"创办以来，我每年都参加这个重要的论坛，也想着为这个论坛做些什么。这次，很高兴这本《开放中国：新时代新格局》能够被纳入"读懂中国"系列丛书当中。不久前，中国共产党召开了第二十次全国代表大会，希望这本书能够为海内外关心中国未来发展的读者提供一个"读懂中国"的窗口。

当今世界正面临"百年未有之大变局"。在国际层面上，起始于20世纪80年代的"超级全球化"正在被一种"有限全球化"所取代。西方世界在跨国资本主导的全球化力量推动下，出现了中产阶级塌陷、贫富差距扩大、经济虚拟化等各类社会经济问题，进而导致逆全球化和民粹主义思潮快速崛起。在经济民族主义的推动下，西方世界将经济和产业问题泛安全化，在经贸、科技和关键供应链领域鼓动与中国脱钩。这导致中国改革开放以来的外循环环境发生了前所未有的改变。

在这种压力下，有些人发出了担心的声音：中国是否会迫于外部的环境压力，停止对外开放的步伐？本书给出的答案是：绝对不会。

中国不仅不会走上封闭国门的道路，反而会在原有的开放模式基础上进一步提升，打造一种系统性的"升级"版的开放，即高水平对外开放。中国扩大高水平开放的决心不会变，中国开放的大门只会越开越大。

中国近代以来的开放，先后经历了两次鸦片战争后的"被迫开放"和20世纪70年代末以来的"主动开放"两个阶段，无论是哪次开放，都有其特定的时代背景和所需要面对的现实问题。今天的高水平对外开放也是如此。我们可以从国际国内两个方面来理解今天中国的"高水平开放"。

第一，从国内来看，经济发展的概念从传统上强调经济增速迈向"高质量发展"，从"单一指标的发展"转向"全面综合的发展"。改革开放以来，中国通过不断引进外资、技术，加快与国际规则接轨，实现了经济高速增长，成为世界第二大经济体。然而，过于偏重经济增长速度的发展模式也带来了区域、群体之间的发展不均衡，社会领域过度市场化而缺乏足够的社会保护，环境和生态破坏加剧等系列问题。与此同时，经济领域的改革进入"深水区"，产业链供应链升级加速，技术领域的核心环节遭遇"卡脖子"等问题也日益凸显。这些由原有的开放带来的外部性问题，无法通过原有的开放模式来解决，而是需要对开放模式进行调整和升级，将开放的重点转移到当前中国发展最关切的领域上。

第二，从国际来看，中国规则话语权实力与经济实力不匹配的现象，阻碍了中国企业"走出去"的步伐，也制约着中国国际形象和"软实力"的提升。中国业已形成了门类齐全的工业体系、完整的供应链体系，同时还有全世界最大的消费市场和丰富的商业实践。但是这种优势并没有相应转化为中国在国际体系中的规则优势。在核心技术领域、市场商贸领域，许多标准和规则的制定权和解释权依然掌握在西方国家的手中。西方现在对中国的许多指责，也都集中在这个领域。这也是中国在解决了"挨打""挨饿"问题后，要着重通过新的高水平开放来解决"挨骂"问题的重要原因。

为此，要实现高水平对外开放，就必须同时着眼于国内和国外两个维度来开展。一方面，要将国内的市场规则统一起来，形成国内统一大市场。在这方面，《中共中央、国务院关于加快建设全国统一大市场的意见》已经针对性地提出了系统的方案，这也是双循环发展格局中内循环的应有之义。另一方面，在统一国内市场的基础上，高水平对外开放应当致力于使中国的规则"走出去"，对现有的国际规则进行改革、补充乃至创设。同时，在外部环境变化的压力下，中国更应当坚持单边开放的政策，以分化瓦解针对中国的打压力量，团结一切可以团结的力量，更好地为中国的发展争取新的有利环境。在实现规则统一和规则国际化的过程中，中国需要建立自己的地域嵌入型世界级经济平台或者经济高地。

在这方面，粤港澳大湾区有能力成为这样的平台。这一地区在上一轮开放中，就是外循环的重要产物。大湾区城市产业链完善、外向型经济发达、文化亲缘相近、国际化程度高，拥有比较完善的国际营商环境及规则体系。粤港澳大湾区可以在此基础上，通过进一步融合实现共同发展，打造金融、科创—制造业、科教三大世界级经济平台。可以说，粤港澳大湾区的建设，就是中国高水平对外开放的重要抓手。

高水平对外开放也根植于中国共产党革命、改革的历史基因当中。中国共产党的故事本身是"地方性"和"世界性"共同结合的产物，中国共产党也把自己的实践置于"世界性"之中。历史地看，在事实层面，离开了"世界性"，就无法理解近代以来的中国，更不能理解中国共产党。同样，离开了"世界性"，就无法理解近代以来的中国实践，尤其是中国共产党的实践对于世界的意义。这也是中国共产党提出"人类命运共同体"的重要原因。从这个角度来说，高水平对外开放不仅仅是中国国内治理的问题，也不仅仅是中国走向世界的问题，还是中国与世界互动的问题。

在高水平对外开放的过程中，中国要实现的目标还包括提升全球治理水平，为世界提供确定性、稳定性和正能量。与高水平开放相适应的，是中国式现代化的方案，且这一方案也将具有全球意义。

| | |
|---|---|
| **原标题** | 郑永年谈开放　中国如何实现"高水平开放" |
| **来　源** | 外文出版社 |
| **日　期** | 2023-03-21 |
| **链　接** | http://read.china.com.cn/2023-03-21/content_42301713.htm |

# 开放与发展

(2023-04-24)

我们这次论坛聚焦中国式现代化和高水平对外开放。我们的意图很明确，那就是我们下一阶段要通过高水平对外开放来实现中国式现代化。

去年10月召开的中国共产党第二十次全国代表大会提出，实现中国式现代化的总体战略安排分两步走：第一步是到2035年基本实现社会主义现代化；第二步是到本世纪中叶把我国建成富强、民主、文明、和谐、美丽的社会主义现代化强国。高质量发展应当是实现这一宏伟目标的关键。邓小平时代，中国提出"发展才是硬道理"。今天，我们讲"发展是第一要务"，两者的意思是相同的。只有高质量发展才能通往中国式现代化的未来。

那么，问题在于如何实现通向未来的高质量发展。在中国革命时期，中国共产党找到了"三大法宝"，那就是统一战线、武装斗争和党的建设，并依靠这三大法宝夺取了中国革命的胜利。我们认为，今天，中国式现代化需要新的"三大法宝"，那就是中国共产党领导下的改革、开放、创新。而在这"三大法宝"中，开放是最重要的，开放是改革和创新的基础或者前提条件。中国过去的几十年都是以开放促改革。改革的动力往往来自开放，更大的开放才能倒逼改革。同样，创新更需要开放，没有开放就没有真正意义上的创新。所以，今天，我想利用几分钟的时间就开放和发展的关系谈些我自己的看法。

## 一、内部开放也很重要

开放和发展的关系首先可以从哲学层面得到解释。在理解"开放"时，人们一般指向"对外开放"，即不同国家之间的开放，但实际上，开放具有更广泛和更深刻的意义。一个社会的内部开放也很重要，甚至更为重要。在很大程度上，一个社会的内部开放性决定了其外部开放性。社会内部的开放可以从人的层面和组织层面来讨论。

在人的层面，人类本身的演进就说明了开放的重要性。人类从漫长的原始部落发展到近代以来的民族国家、再发展到超主权国家的区域甚至国际组织，都是开放的结果。从基因的角度来看，近亲结婚导致人种的衰退，而不同种族的通婚使得人变得更加聪明，更加漂亮英俊。但人的层面的开放并不容易。人类社会大部分时间里流行近亲结婚，或者部落内部的通婚。这种婚姻形式仍保留在一些传统社会里。在西方，近代流行的种族优越论更是为人类社会带来大灾难。尽管从近代到今天人们经历了几波大规模的现代化，造就了地球村，或者我们所说的"人类命运共同体"，但越来越兴盛的"认同政治"（identity politics）则越来越呈现出反全球化。

在组织层面，开放的核心价值也几乎是不言自明的。任何一个社会的组织方法其实很简单，那就是我们常说的"物以类聚、人以群分"。因此，每一个社会都是由不同的物质层面的既得利益和意识层面的思想群体所组成的。"开放社会"因此变得重要。如果不开放，那么少数既得利益集团就会主宰社会，就不能形成思想市场，不能形成竞争，最终导致衰落。从这个角度看，中国传统的贤能政治就是开放的。士农工商四个阶层，尽管士是统治阶层，但这个阶层是开放的，吸纳来自社会各个阶层的优秀人才来治理国家。美国强大更来自其开放性。简单地说，美国社会有三大开放系统，包括开放的教育和人才系统、开放的企业系统和开放的金融系统。这三大系统互相关联、互相促进和强化。此外，美国社会的开放性也形成了社会群体之间的互相制约、互相监督。美国的医生不敢犯错，原因不是美国医生具有高尚的道德，而在于有一大群律师等着医生犯错。

在国家层面，开放的价值就比较好理解。就开放来说，近代以来，国际关系就是两股相反力量之间的较量，即主权国家和超越主权国家的力量。主权国家强调的是国家的封闭性，而全球化强调的是国家的开放性，代表着超越主权国家的力量。结果是显而易见的。尽管各个国家都需要实现两者之间的平衡，但那些偏向于开放的国家优于那些倾向于封闭的国家。20世纪80年代，我们总结了历史经验，得出"封闭必然落后，落后就要挨打"的结论。实际上，这个结论不仅仅是针对中国的，而是具有普遍性，是普遍真理。在这方面有非常丰富的经验教训。历史地看，没有一个国家在封闭状态下得到了发展，尤其是可持续的发展。

## 二、封闭必然落后　落后就要挨打

向世界开放促成了美国的强大。上面提到的美国三大开放系统不仅仅是就国内而言的，更是就全球而言的。也就是说，美国是向全球开放的。就市场经济而言，只有开放，才能形成市场，才能吸引到全球最优的劳动要素。我们这里只举人才的例子。在开放政策方面，美国奉行"对等开放"原则，即互相开放。但在很多重要领域，"对等开放"原则往往掩盖了美国"单边开放"的实际。在人才领域，尤其如此。美国本来就是移民国家。二战前后，美国从欧洲国家吸引了大量的人才。二战前，无论是基础科研和应用技术都在美国，但二战后随着《布什报告》的出台，美国开始强调基础科研和应用技术，很快吸引了全世界的人才，使得几乎所有科技领域领先其他所有国家。在冷战期间，美国用全世界的人才，包括从苏联和东欧国家跑到美国的人才，与苏联竞争，最终打败苏联。今天，美国用同样的方法和中国竞争，即美国用全世界的人才，包括从中国到美国的中国人才，与中国竞争。实际上，今天，中美之间的人才竞争已经白热化。

美国为什么能够吸引全世界的人才？近年来，我们提出一个概念，即"地域嵌入型世界级经济平台"。美国拥有多个这样的平台，且它们并不只属于美国，而是属于世界人才，包括旧金山湾区、纽约湾区和波士顿湾区。在这些地方，不管美国国内的政治社会怎么变化，世界上优质资本、高端技术和人才都拼命往此聚集——来了不想离开，也离开不了，因为这些平台为人才提供了发挥其潜能的优越条件。这些汇聚全球科技创新人才的平台，其作用从来没有缺失过。简单地说，这些"地域嵌入型世界级经济平台"，是美国吸引国际人才的重要抓手。

不过，我们也要看到，美国社会今天趋于封闭。美国是上一波全球化的主要推动者，全球化为美国带来了巨量的财富。但是，因为政府分配功能失效，社会内部收入差异拉大，极少数人掌控了绝大部分社会财富，社会高度分化，导致了民粹主义的崛起。因此，自特朗普时代开始，美国盛行经济民族主义和贸易保护主义。

一个相反的案例就是苏联。俄罗斯是一个了不起的民族。俄罗斯近代以来一直想和西方融合，变成西方发达国家。俄罗斯科学院在1724年就建立了，近代以来俄罗斯也出现了许多伟大的科学家，但为什么苏联没有像美国那样成为发达经济体呢？尽管这里有很多原因，但不当的封闭政策，无论是主动的还是被动的，无疑是一个重要原因。十月革命之后，苏联就和西方脱离开来，一直没有能够融入西方主导的世界体系；二战结束之后又开始了长达半个世纪的冷战，苏联和西方在科技上没有实质性的关联。苏联在近代以来是典型的"举国体制"，就是在不开放状态进行自己的创新。

苏联的不开放带来了两个非常负面的影响。第一，没有思想市场。科技创新需要一个有效的思想市场，不同科技思想的交流甚至冲突会导向新思想。没有思想市场，久而久之，科技思想就枯竭了，创新就难以为继。第二，没有科技市场。科研需要大量的投入，投入最终要从市场获得回报，这样才能实现可持续发展。但苏联的市场仅仅限于华约，尽管苏联和一些发展中国家也有贸易关系，但大多限于军事装备的交易。最终，苏联的国民经济难以支撑科研，而在与美国的竞争中败下阵来。

我们自己的历史更能说明开放的重要性。中国在秦汉成为统一国家，唐宋因开放而成为当时世界上最强大的国家。李约瑟先生在其主编的多卷本《中国科技史》中认为，近代之前，中国对世界文明的贡献远超所有其他国家。英国近代思想家培根就认为，"印刷术、火药和指南针这三大发明在世界范围内把事物的全部面貌和状态都改变了"。马克思也认同这一观点。实际上，经验地看，我们可以认为这三大发明改变了西方的历史，是西方近代史的开端。这三大发明都是中国文明对世界的贡献。在唐宋时期，中国的科技处于世界领先的地位。"郑和下西洋"早于欧洲葡萄牙、西班牙的大航海。郑和的船队，用今天一些美国学者的话来说，相当于今天美国的航母群。但到了明朝，中国开始闭关锁国，最终封闭造成了科技的落后。一个例子便是火药。火药是中国发明的，传入欧洲之后，演变成为火药学，对欧洲的化学发展起到了很大的推动作用，但在中国却一直停留在初级应用阶段。

这表明，一旦封闭，即使原本先进的技术也会变得落后。2011年9月1日，时任国家副主席习近平在中央党校2011年秋季学期开学典礼上的讲话中总结了中国的历史经验，并强调指出："明朝末年，中国开始落后于西方国家的发展，近代更是陷入了列强欺凌、被动挨打的境地。其中一个重要原因，就是封建社会统治者闭关自守、夜郎自大，看不到文艺复兴以来特别是工业革命以后世界发生的巨大变化，拒绝学习国外先进的科学技术和其他先进的东西。封闭必然落后，落后就要挨打，教训是深刻的。"

### 三、中国要进行"第三次开放"

近代以来中国已经经历了两次开放。第一次开放发生在鸦片战争之后，这是一次被迫的开放。一个貌似强大的清帝国被一个远道而来的西欧国家——英国所打败，而英国所使用的便是中国自己首先发明的技术。

第二次是1978年以来的改革开放，我们主动打开国门引进国际先进资本、技术和管理方法，改革体制机制使之与西方发达国家主导的世界通行规则"接轨"，并通过加入WTO、"一带一路"倡议等实施"走出去"战略，紧紧抓住了20世纪80年代以来全球化所带来的宝贵发展机遇，创造了诸多世界经济奇迹。

中国现在的开放是"第三次开放"。"第三次开放"与第二次开放是不同的，中国需要新的改革、新的开放、新的创新。我们要深刻认识到，规则的制定权已成为中美竞争的核心，中国最有效的应对方法就是实施"第三次开放"，不仅要聚焦投资贸易的数量和质量、技术升级创新等传统问题，更要注重话语权和规则问题，强化规则就是生产力的意识。因为去年的二十大报告强调规则、规制、管理和标准的制度型开放。只有在市场型开放的基础上实现制度型开放，才能走出一条以开放、创新驱动的高质量发展之路。

无论个人、组织和国家，如果不能在开放过程中与时俱进，那么就会被淘汰；但如果在这个过程中失去了自我，那么就会"被消失"。从这个意义上说，我认为，二十大对中国式现代化的定义是科学的，是符合经验现实的。二十大把中国式现代化界定为既有其他国家现代化的普遍性，又有自身特色的现代化。

我们这两天要聚焦讨论的中国式现代化和高水平对外开放，就是想基于中国实践经验总结概括出一些具有普遍意义的政治经济学理论。在内部，我们因为开放而变得富裕，我们也要继续通过开放而变得强大。在外部，我们因为开放而崛起成为一个大国。今天，作为世界第二大经济体，中国本身的开放就是中国为世界提供的最好的国际公共品。在作为第一大经济体的美国盛行经济民族主义和贸易保护主义，大搞经贸和技术系统脱钩的时候，世界迫切需要中国提供"开放"这一当今世界最需要的国际公共品。

通过这两天的交流和集思广益，我们既在追求开放的价值，也把自己融合进国家的持续开放过程之中。海纳百川，有容乃大，这是开放的核心价值。

| | |
|---|---|
| 原标题 | 百川论坛｜郑永年：开放与发展 |
| 来　源 | 大湾区评论 |
| 日　期 | 2023-04-24 |
| 链　接 | https://www.qiia.org/zh-hans/node/912 |

# 制度型开放与中国式现代化

(2023-05-15)

## 一、对中国式现代化内涵的理解

中国式现代化可以从三个层面、三个维度来看。

第一个层面是物质现代化。世界各个文明国家对物质现代化是有一定共识的。物质现代化是可以看得到的，比如高楼大厦、公路桥梁以及各种高科技。物质现代化的衡量标准也是基本统一的，尤其是技术的先进与落后。比如我制造一台车时速100千米，你制造一台车时速200千米，大家都会说你的车比我的更现代化。

第二个层面是人的现代化。现代化的终极目的是人的进步。没有人，我们探讨的现代化就是不全面的。尤其在中国的文化背景里，人的现代化显得特别重要，因为我们具有几千年的人本文化传统。

第三个层面是制度的现代化，它是介于物质层面和人层面的现代化中间非常重要的变量，或者说最重要的变量。物质层面的现代化一方面是看哪一种制度更能推进物质的现代化，哪一种制度更能推进人的现代化，还有更重要的是，看哪一种制度能推进物质现代化与人的现代化的协调发展。物质现代化和人的现代化里面，有相向而行的方面，但也有矛盾的方面。我们看到很多西方国家、中东国家、亚洲国家随着物质现代化的推进，对社会造成很大的冲击，对人产生很大的影响。所以要靠制度来协调物质的现代化和人的现代化。二十大报告提出"五位一体"的中国式现代化定义非常重要，是具有世界性意义的。

中国式现代化为什么要强调共同富裕，是因为我们接受了西方的深刻教训。资本主义释放出了劳动生产力，但在帮助人类社会实现物质现代化的同时，却使人本身异化了，使社会变得越来越不公平，越来越不稳定。因此，我们提倡的是全体人民共同富裕的现代化。

我们也提倡人与自然和谐共生的现代化。我在英国待了三年，他们的科学家还在恢复在维多利亚时代遭到破坏的生态，他们是先破坏后整治，但是成本太高代价太大。所以，现在我们提倡人与自然要和谐共生。

走和平发展道路的现代化也是非常重要的。西方在现代化的过程中，先实行殖民地主义，后实行帝国主义，牺牲了其他国家的利益，牺牲了很多人。但是我们不能学西方，我们必须走和平发展的道路，我们也确实是在和平发展。

我们选择走中国式现代化的道路，也源于我们自己的经验教训。从1840年第一次鸦片战争开始到1949年，我们花了100多年，终于找到社会主义这个制度形式。中国的成功是非常少见的成果，因为我们既跟西方接轨，融入世界经济体了，又是独立的。可以说，中国的现代化模式为那些既要追求发展，又要保持独立的发展中国家提供了除西方现代化之外的另外一个选择。

经验地看，凡是符合本国文明、文化和国情的现代化就会是成功的，不符合本国文明文化和国情的现代化就会是失败的。中国式现代化既是中国实践经验、世界实践经验的总结，也是"永远在路上"的目标。

## 二、中国式现代化实现路径探析

如何实现中国式现代化？在我看来，旧的发展模式依赖的"三驾马车"——投资、贸易和消费，现在面临非常大的挑战。

首先，投资很难再像以前那样拉动增长。东部地区的基础设施建设已基本完成，尽管以后还可以改善，西部正在建设基础设施，但是西部经济总量不大，经济活动也不多。所以，我们现在需要的是有助于国民财富增长的GDP增长，而不是单纯的GDP增长。我们不要为了GDP而只追求GDP，那样不是高质量的发展。

消费的挑战也很大。从学术上说，消费社会就是中产社会。如果一个经济体的中产阶层占比跨过了50%的门槛，到60%、70%时，才能成为消费社会。我们国家中产的比例还不到30%，也就是说我们的消费能力还是有限的。所以，如果要建设消费型社会，还是要继续把"饼"做大，努力"扩中"。

贸易方面，前几年，西方国家新冠疫情的管控不力，刺激了我们的增长。但现在，由于美国等西方国家跟我们搞贸易摩擦，加上世界经济形势总体不好，我们的对外贸易受到很大影响。

当然，旧的"三驾马车"也还是有很多空间的。比如城市更新就需要投资。我们提出一个"软基建"的概念，基础房屋、建筑、公路、桥梁、5G技术都是硬基建，社会保障、医疗、教育、公共住房则是软基建。

当旧的"三驾马车"动力不足时，要实现高质量发展，就要更加重视科创的力量，我称之为"新的三驾马车"：

一是具有基础科研能力的大学、研究所。实现高质量发展，迫切需要我们加强基础研究，从源头和底层解决关键技术问题。但我国尚未完全区分基础科研和应用技术，国内不少所谓的基础科研，其实是应用技术。恐怕我们还要改革教育体制、科研系统甚至是两院，尤其是中国科学院。

二是一大批能够把基础科研转化成应用技术的企业或者机构。改革开放以来，我们的企业有很强的技术转化能力，但我国的工业实验室大部分是国有的，应当考虑如何让国家工业实验室与民营企业实现"国民"融合。

三是支撑基础科研和技术转化的金融系统。中国能不能真正成为经济大国，不仅取决于制造业的崛起，更取决于金融业的崛起。我们没有像美国华尔街那样的金融体系，那我们能不能搞一个双金融中心？以上海或者北京为中心的，用来支持实体经济发展；以香港为中心的，用来构建一个能和华尔街竞争的金融体系。

我们可以把近代以来的科技比作一座山，于这座山，世界各个文明都有贡献的，但西方国家一直把持着这座山。改革开放以后，我们进入了这座山，从山下很快地往上爬，用了40年的时间走过了西方150年的道路。但现在美国感受到了来自中国崛起的压力,不让我们往上爬了,甚至要把我们赶出这座山。所以现在我们要用新型的举国体制进行创新,这种创新一定是开放状态的,因为创新有自己的特点:第一,需要思想市场,大家互相辩论,产生新思想;第二,要有商品市场,让科研成果能够转化以回收成本,这样科研才能继续。

## 三、以开放推进中国式现代化

中国式现代化需要新的"三大法宝",那就是改革、开放、创新。其中,开放是最重要的。开放是改革和创新的基础或者前提条件。

从历史经验来看,一个经济体越开放,越能实现高质量的发展。美国的优势在哪里?一是有开放的科教人才系统。可以说,美国制造不是美国人制造,是美国在用全世界的人才进行制造、进行研发。我们的目光也必须投向国际人才市场。二是有开放的企业系统。美国有开放的企业制度,我在美国从来没听到过企业讲自己的市场份额有多少,他们只讲附加值有多高,但是中国的企业家都讲市场份额。开放不仅是一个国家向另外一个国家开放,内部各个要素之间的开放也很重要,所以我们要建设全国统一大市场。三是有开放的金融系统。金融很重要,没有金融支持,经济很难发展。

美国现在对我们的"卡脖子"也好、脱钩也好,只是政治逻辑、行政逻辑,并不符合市场逻辑、资本逻辑。所以我们绝对不要帮着美国去脱钩,不能随逆全球化浪潮起舞,我们需要的是一次新的开放,我称之为"第三次开放"。

"第一次开放"是鸦片战争以后的被迫开放,"第二次开放"是党的十一届三中全会后实行改革开放的主动开放,"第三次开放"不仅是一场主动的开放,而且是诸多领域的"单边开放"。什么叫"单边开放"?就是不管你开不开放,我都开放。

从内部来看,我们已经提出了一些新的概念,比如"双循环"。实践上,粤港澳大湾区、长江经济带、海南自由贸易港都在发展。不过,尽管我们设立了很多的开放区,但开放还是相对碎片化的,不同区域之间存在壁垒,且缺乏统一的规则和标准,不同程度上阻碍了全国统一大市场的形成与更高层次的开放。党的二十大提出要稳步扩大规则、规制、管理和标准等制度型开放,以国内大循环吸引全球资源要素,增强国内国际两个市场两种资源联动效应。如果没有全国统一大市场,就很难实现国内大循环。

国际大循环我们也很重视,《区域全面经济伙伴关系协定》(RCEP)已正式生效,我国也已正式提交申请加入《全面与进步跨太平洋伙伴关系协定》(CPTPP)和《数字经济伙伴关系协定》(DEPA)。我们要解放思想,不要认为国际规则就是西方的规则,我们内部市场暂时缺乏统一的规则,对国际标准、规则的衔接,可以帮助我们弥补不足,完善内部的规则。

作为开放大省的浙江,如何实现省域现代化先行?我认为可以打造地域嵌入型的世界级经济平台。地域嵌入型经济平台最著名的如旧金山湾区、纽约湾区、东京湾区,它们吸引了全世界的优质资本、优质技术、高端的人才。浙江也完全可以建立这样的平台。

总之，中国要继续保持开放，才能化解美国两极分化世界的企图，同时要争取国际话语权和掌握规则制定权，变被动为主动，让中国真正与国际社会和市场接轨，这是中国实现现代化，成为社会主义现代化强国的关键。

**原标题** 郑永年：制度型开放与中国式现代化

**来　源** 浙江日报

**日　期** 2023-05-15

**链　接** https://www.qiia.org/zh-hans/node/933

# AI时代的中国开放战略

(2023-06-27)

2023年6月19日，郑永年教授在全球溯源中心系列成果发布活动暨第二届大湾区"未来论坛"上发表主旨演讲，题为"AI时代的中国开放战略"。郑教授认为，中美对话的基础就是人工智能。中美竞争的核心点就是AI，两国中AI技术做得好的国家，就更容易胜出。如果中国不想错失AI时代，就应该推动制度型开放，即规则、标准、管理方面的开放。本文由郑教授演讲整理而成。

今天利用这个机会，我想就中国在新技术条件下的开放政策谈一些最近的思考。现在人类社会已经进入了人工智能（AI）时代，这是开放的产物；如果不开放，我们就不会有像全球溯源中心这样的机构和产品。尽管中国的改革开放已走过40多年，对中国人来说，"开放"这个词并不陌生，但是，开放在这个新时代到底意味着什么，并不是每一个人都明白的。

## 一、AI时代的大国战略博弈

基辛格先生今年100岁了，最近他接受了多家媒体的采访，可以看出他最担心的还是世界的战争与和平问题，他尤其对中美关系的现状和未来感到非常悲观。上世纪70年代，基辛格先生经历了尼克松访华的中美关系破冰之旅，改变了世界权力格局。现在，经过那么多年的发展，他再次审视世界局势，把中美关系放到整个世界局势中来看，向我们释放出非常悲观的观点。他认为中美寻求和平共处之道的时间只剩下五到十年。如果两国不能找到和平相处的方式，按照现在的趋势发展，中美必然走向最终的冲突。所以，他5月中旬在《经济学人》上发表的访谈文章的主题就是如何防止中美之间的竞争变成战争。他认为，中美如果要共存，彼此就要学会如何相处，也就是要合作、讨论和对话。

中美之间有很多的内容可以对话，气候问题、公共卫生问题、核不扩散问题等，这些都是近几年非常重要的议题。比如气候问题，中美之间如果不合作，其他国家再努力也解决不了，因为中美两国的碳排放量加起来差不多是全世界总量的一半。再比如，刚刚过去的新冠疫情，如果中美两国一开始能合作，就不会演变成后来的样子。核不扩散问题也是一样，更需要中美的合作。基辛格先生认为这些问题虽然重要，但已经不能构成中美对话的基础了。那么，中美对话的基础是什么呢？我们从基辛格对中美人工智能发展的关切就可以理解，那就是AI，人工智能。去年基辛格先生刚出版了一本书叫《领导力：世界战略六案研究》（Leadership: Six Studies in World Strategy），其中有一章是讲AI时代。这个章节是他和谷歌前首席执行官埃里克·施密特（Eric Schmidt）一起合写的。而在此前一年，基辛格先生就与埃里克·施密特以及麻省理工学院苏世民计算机学院的首任院长丹尼尔·胡滕洛赫尔（Daniel Huttenlocher）

合作写了一本书叫《人工智能时代与人类未来》(The Age of AI: And Our Human Future),可见他对人工智能的高度重视。在基辛格先生看来,AI将在五年内成为安全领域的关键因素。我个人觉得基辛格先生是对的,如果说冷战时期美苏之间的对话基础是核武器,那么在当下和未来,中美之间的对话基础肯定不是气候问题,不是核不扩散问题,也绝对不是公共卫生问题,而是AI。

为什么这么说呢?美苏之间的核谈判、核对抗、核威慑,构成长达半个多世纪的冷战,双方形成了均衡的状态,以至于谁也不敢发动战争。因为只有核武器才能置对方于死地,如果没有这种武器,就没有和对手对话的资格。所以,我认为中美现在的竞争,核心点就是AI,谁的AI技术做得好,谁就能胜出。实际上,我们现在讨论的OpenAI和ChatGPT,自出现以来一直有很多的争论。包括OpenAI的创始人也对AI技术可能给人类带来的毁灭性影响感到担忧,甚至呼吁大家能否停下来,冷静下来,思考这个技术要不要发展。但是个人认为,这种技术一旦产生且发展起来,就没有人会放弃它,这是得到世界历史证明的。核武器确实可以毁灭人类,但仍旧有一些国家不惜代价想要发展核武器。对这些国家来说,问题不是要不要发展,而是有没有能力发展出来。AI也是一样的,即使这个技术会毁灭人类,大家还是会竞相发展。所以,可以看到的结果是,一方面,大家在讨论AI技术对社会、政治、经济可能产生的负面影响,另一方面,各国又在加速AI技术的发展。

我要提出的问题是:中国会错失这个AI时代吗?历史上,

我们曾经错失过许多新技术革命的机遇。从李约瑟先生写的《中国科学技术史》可知，中国古代的四大发明到宋代已经处于世界领先地位了。历史地看，经济分两种，一种是掌握先进技术的前沿经济，一种是追赶经济。中国在宋代就拥有前沿经济了，尤其到了郑和下西洋的时代，更是世界领先。尽管学术界一直在争论，郑和七次下西洋究竟到了哪些地方。今天研究得出的最保守的估计指出，如果说郑和没到达美洲，至少也到了东南亚、印度和印度洋。郑和的船队，用今天美国学者的话来说，相当于今天美国的航母群。郑和的船队代表了国家的海上力量，而中国民间的海上力量，在当时同样强大。这个强大的民间力量就是从前人们所说的"倭寇"。"倭寇"当然包括日本人，但是要意识到，其主体是福建、浙江中国东南沿海地区的海商，这两地当时的民间海上力量很强大。

但是，后来中国在科技方面落后了。为什么落后？20世纪80年代，流传着一句朗朗上口的话：封闭就要落后，落后就要挨打。这句话不仅对中国适用，对整个世界也是一样的。大航海时代以来，开放国家总是打败封闭国家，海洋国家总是打败陆地国家。这些是经过世界历史验证的。回看中国，两次鸦片战争的战败，以及其后长达一个多世纪的耻辱史，表明中国落后了。直至新中国成立以后，我们才有机会奋起直追。毛泽东时代的"大跃进"运动就是在"赶英超美"的口号下发动的。直到今天，我们还是处在追赶经济的状态，还没有成为前沿经济。这也是为什么今天我们使用"伟大复兴"这个概念。中国曾经是强大的，现在如何实现赶超，才能比肩唐宋时候的前沿经济？我们为此还需要做很多努力。

## 二、AI时代与中国开放战略

关于 AI 时代的中国开放战略，有两个方面的问题值得讨论。

一是为什么中美互联网经济规模的差距在拉大？过去，中国在互联网领域和美国是旗鼓相当的。普遍认为有影响力的互联网公司主要还是集中在中美两国，因为日本、欧洲及其他国家的互联网公司都没有发展起来。直到今天，互联网公司还是中美两国的最强，但是量变了。美国这些年互联网经济的量越来越大，而中国的量在缩小。有人说这是政府反垄断，规制互联网公司的结果，当然这个是有点影响的，但最主要的原因是中国的互联网经济不够开放或者不开放。

中国有互联网，但是互联网公司之间"互不联网"。如果把中国互联网公司的运营方式与美国进行对比，就会发现美国的互联网公司是互相开放的。例如微软公司的反垄断案，按照传统的方式，反垄断就是分解，把微软公司分解成几个公司。如果微软分解了，就不符合互联网时代的经济发展规律，所以美国法律用强制开放取代了传统的分解手段。相较美国互联网公司的互通与开放，中国的互联网公司之间都像是土豆和土豆的关系，相互间没有任何的关系。2021年4月，国家市场监管总局、国家网信办、税务总局召开互联网平台企业行政指导会，反对平台企业强迫商户在签订协议时"二选一"。美国没有这个问题。中国互联网公司的量加起来很大，但是不强。美国是又大又强，而中国是大而不强。

二是在互联网领域，为什么中国不能像美国和欧盟一样制定规则？中国的互联网只在国内有点规则，大部分都是政府部门的监管规则。出了国门，面对的要么是美国规则，要么是欧盟规则。特别是欧盟，尽管缺少大的互联网公司，但是欧盟可以把强大的市场转化为规则。所以，可以看到美国既有强大的互联网公司又有世界规则；欧盟虽然没有大的互联网公司，但有国际通用的欧盟规则；中国有互联网、有空间、有量，但是没有规则。为什么会这样呢？就是因为没有互相开放。

实际上，人们甚至可以提问，中国的互联网是不是真正的互联网呢？我们的互联网是局域的，而西方的互联网是向中国开放的。如果西方互联网不向中国开放，中国的互联网就会成为"内联网"，这种局面也是有可能出现的。美国及其盟友在设想，构建一个民主互联网，只在民主国家之间互相沟通，而对中国设置防火墙。所以，如果美国这些互联网公司也研发自己的防火墙，那么未来的互联网就不能叫互联网了。

现在OpenAI产生了，我们没有理解为什么OpenAI诞生之初叫OpenAI。OpenAI就是要Open，中国有没有Open？实际上，ChatGPT的逻辑是需要大量的应用场景对大量的数据进行训练。从这个角度来说，美国掌控了全世界的应用场景，而中国只掌控了14亿人的应用场景。这样比较一下，就很容易理解，为什么ChatGPT产生于美国，而不是中国。

美国现在不仅制造出ChatGPT，而且还开始制定规则。历史经验表明，新技术的发明者往往是新技术应用规则的制定者。

古代中国是个例外，当时的四大发明虽然对西方世界的塑造产生了重大影响，但中国没有抓住制定新技术应用规则的主导权，免费地把这些技术献给了其他国家。现在发明ChatGPT的这些人在制定规则，但是马斯克等人也批评了OpenAI和ChatGPT，认为它们违背了初心。这个初心就是Open。ChatGPT是因为开放才诞生的，但是生产出来的产品被制定了规则之后就变得不开放了。ChatGPT因为地缘政治的关系，不允许中国大陆的IP地址对接，这也是规则。要知道，技术不会是纯粹的技术，技术永远是与地缘政治结合在一起的。

### 三、中国开放战略的重点在于制度型开放

在这样的情况下，如果中国不想错失AI时代，应该怎么办？唯一的办法就是开放，开放，再开放。去年召开的二十大说得非常清楚。中国以前的开放是在政策层面，但是二十大已经提出了一个新的概念，叫制度型开放，也就是规则、标准、管理方面的开放。

第一，要与世界规则接轨。不接轨的话，不可能走得出去。所以要参与进去，就像我们加入世界贸易组织一样，要和世界规则接轨，在互联网领域也不可避免地要和世界接轨。

第二，要改变过于强调封闭的小农意识，要"走出去"。这一点非常重要。中国已经到了后工业化时代，但思维状态仍是小农意识。中国的企业，无论国企、民企都像是一个个"土豆"，什么都想自给自足。我们最近的研究比较了民营企业如比亚迪、国有企业如广汽和外资企业如特斯拉。研究表明，马斯

克的特斯拉是一个开放的系统,而中国的国有企业、民营企业都是相对封闭的系统,走出去比较困难。所以,像全球溯源中心那样的企业一样要走出去,无论是东南亚国家还是非洲国家,要真正做到开放,真正做到全球溯源。

第三,更重要的是人才开放。我们现在最大的问题是人才不够。中国人不行吗?不是,其实中国人非常行,比如ChatGPT团队里面就有很多中国的年轻人。关键还是要改变体制。技术要进步就一定要开放,开放是体制的问题,而不是钱的问题。我们老是把人才的多少和钱联系在一起,其实和钱毫无关系。一定要给科研人员足够的自由度,去追求他们的兴趣。

从这点来说,在关键的领域,我们一方面要发挥中国的制度优势——美国在这方面是没有制度优势的,无论是AI的发展,还是经济全球化,都对美国社会产生毁灭性的影响,但是美国政府无法解决这个问题。但是中国的国家体制是有优势的,尤其在解决社会不公平的问题上。在过去的40年里,全球化为美国创造了巨大的财富,但政府是无能的,导致社会越来越分化,贫富差距越来越大。即使像加州硅谷这样的互联网世界中心,它的互联网基础设施依然是一团糟,就是因为没有政府统筹的制度优势。

另一方面,我们也要看到自己的短板。目前,中国在AI领域还是处于一个赶超的阶段,很多短板如果没能补起来,中国可能又会陷入以前鸦片战争时的类似情况。技术的进步是非常迅速的,我们绝对不要低估美国。美国在每次危机发生以后,尤其是每次战争以后,科技进步都很大。不管街头发生什么、白宫发生什么、国会发生什么，美国的技术一直在进步。所以，中国还是要奋起直追，看到美国的长处，向自己的对手学习永远不会错。像南沙这样的制度型开放实验地，一定要做一个样板，做到真正的、全方位的制度型开放，然后把南沙行之有效的经验总结、复制、推广到整个国家。

| | |
|---|---|
| 原标题 | 郑永年：AI时代的中国开放战略 |
| 来　源 | 大湾区评论 |
| 日　期 | 2023-06-27 |
| 链　接 | https://mp.weixin.qq.com/s/DIAg8_PzTzLWY_eAveIdtg |

# 高水平开放与中国式现代化

（2023-08-24）

2023年8月16日至18日，第四届新时代沿边开放论坛在云南昆明举行。作为第七届中国—南亚博览会暨第二十七届中国昆明进出口商品交易会的重要活动，本届论坛聚焦"新时代 新征程 新任务——中国式现代化与沿边开放"这一主题，为促进中国与南亚、东南亚国家的交流与合作，深化区域互利共赢，提供更多有价值的智力成果。

香港中文大学（深圳）校长讲座教授、前海国际事务研究院院长郑永年受邀参会并作主题发言。郑教授指出，中国商务部正在和东盟讨论3.0版的自由贸易区，但3.0版与2.0版的内容没有本质上的区别。我们可以把RCEP、中国—东盟关系（10+1）、澜湄合作等统筹起来，对标CPTPP与DEPA的规则、规制、标准，打造中国—东盟共同市场。云南可以在构建中国—东盟共同市场方面发挥引领作用。本文整理自郑教授在昆明主论坛上的发言。

去年，中国共产党提出了五位一体的中国式现代化的定义，即中国式现代化是人口规模巨大的现代化，是全体人民共同富裕的现代化，是物质文明和精神文明相协调的现代化，是人与自然和谐共生的现代化，是走和平发展道路的现代化。我研究现代化几十年来，觉得这个定义是最全面、最综合、全方位的定义，也是最高标准的现代化定义。这个高标准的现代化定义并不是说我们已经实现了这个现代化，而是我们要努力实现的目标。

如何通过高质量、高水平的开放来实现高标准的中国式现代化？大家都意识到了开放很重要，可是做起来真的并不容易。这方面，世界各国有很多历史经验可供借鉴。

## 一、美国的经验与三大开放系统

美国为什么强大？大家会说因为美国有民主、自由，正如美国人所一直宣称的。但我个人觉得，促使美国强大的一个更重要的原因是保持高水平的开放。即便是民主与自由，也是和开放有直接关联的。美国有三大开放系统，即开放的教育系统、开放的企业系统和开放的金融系统。

首先是开放的教育系统。美国自近代以来一直讲究对等开放，即"你向我开放，我才向你开放"，但是美国的教育从一开始一直是单边开放的。美国本身就是一个移民国家，在二战期间吸引了大量欧洲的科学家，在美苏冷战期间又吸引了大量苏联、东欧国家的科学家。中国实行改革开放政策以后，美国也从中国吸引了大量的人才。这些年来，我们一直说东升西降，但是大家也要意识到虽然一方面美国危机丛生，面临着严峻的国内治理危机，但是另一方面美国的科技和经济一直在发展。美国这个国家自成立以来一直危机不断，经历了内战、一战、二战、越战、冷战，然而每一次危机之后，美国的技术就会迈进一大步。要意识到这是因为美国是世界人才的高地，世界各国的优秀人才很多都跑去美国了。冷战期间，美国是用全世界的人才（包括从苏联、东欧国家跑出去的人才）和苏联竞争，因此苏联注定竞争不过美国。今天，我们也面临这样的情况，美国用全世界的人才，包括从中国出去的人才和中国竞争，对此我们应当有充分的意识。改革开放以后，中国向美国输送了几百万的人才，虽然有一部分回到了中国，但是大部分还是留在了美国。观察美国的人口就会发现，在一些重要的经济区域，外国人口占据的比重很大。纽约湾区和旧金山湾区有大约40%的人口是外国人，硅谷的外国人比例更是达到了夸张的60%以上，美国人是绝对的少数。硅谷三分之二的独角兽企业是一代、二代移民而不是美国人所有。今天大多数技术可以说是"美国制造"，但绝非"美国人制造"，而是世界人才制造。开放的教育系统，使得全世界的聪明人都在帮助美国发展。

第二个是开放的企业系统。美国的企业是开放的。我最近提出了一个说法，中国的企业生产大多是"土豆"模式，企业之间的关系就像是土豆与土豆之间的互不关联的关系。相比较而言，美国企业之间则是互相开放的关系。美国的企业是以何种方式进入中国和世界各地的？就是依靠开放的企业制度，主要表现为把产业链和供应链延伸到世界各地。正如开放的人才系统促成大量的世界科技人才流向美国，开放的企业制度也促成了大量的世界企业家流向美国。今天的美国有多少企业家不是美国人？

第三个是开放的金融系统。无论是大学和科研机构的基础科研，还是企业的应用技术研究，都需要金融支持。现代金融中最重要的创新就是美国发明的风投体系。现在很多人还是把风投理解为金融投机。其实无论从哪个角度看，至少从二战以来，风投都是最伟大的金融发明。从基础科研向应用技术的转化需要巨量的金融投入，风险巨大，但一旦成功，回报也大。政府不可能拿着纳税人的钱去做这么高风险的投资，传统的银行也不可能拿着存款人的存款去做这么高风险的投资，所以美国发明了风投，集中民间闲散资本去做高风险、高回报的投资，同时把风险分散给社会。而我们到现在为止，还没有把金融和实体经济的关系搞清楚。要意识到，如果没有一个强大的金融系统，一个经济体很难成为世界经济强国。近代以来，这个世界上其实只有两个真正的经济强国，即19世纪的英国和20世纪以来的美国，这两个国家都有强大的开放金融系统。而日本、德国、法国这些没有强大金融系统，只有实体经济的国家只能是一个二流的经济强国。没有一个强大的金融系统，就不会成为一流的经济强国。用现在的网络语言来说，如果光有实体经济而没有金融经济，这个经济体就会是被"割韭菜"的经济体。例如，生产一个杯子是实体经济，但是这个杯子的价格不是由实体经济本身决定的，而是由掌控金融的经济体决定的，也就是美国决定的。

### 二、不开放的后果

在开放方面，失败的典型案例是苏联。俄罗斯这个民族是一个了不起的民族，近代以来一直想加入西方，成为西方的一员。但是，这个国家两次和世界脱钩。第一次是在1917年十月革命之后。根据列宁的革命学说，后发国家的革命如果想要获得成功，首先要从帝国主义的"链条"中脱离出来。因此，十月革命之后苏联选择了和西方的脱钩。脱钩之后的革命是成功的，但建设遇到了很大的问题。二战期间美国和苏联同属反法西斯政权阵营，苏联和美国友好，当时的苏联从西方尤其是美国获得了很多的技术。但是，1945年以后东、西方两大阵营形成，苏联选择了不开放，同时以美国为首的西方集团也大力围堵苏联。

不开放产生了很多的致命性的后果。从技术进步的角度来说，主要有两个后果：一是不开放使得苏联失去了科技思想市场，导致科技思想逐渐枯竭。在冷战期间，苏联有很多好的思想，甚至比美国提出得还早，比如我们现在熟知的芯片基础构建二极管是苏联先提出来的，但是苏联走了错误的路线。一些好的战略思想也是苏联先提出来的，而美国更多是反应性的。苏联的不开放使其没有了思想市场，没有了思想争论，因此经常犯方向性错误，也就是我们所说的"颠覆性错误"。二是不开放使得苏联失去了商品市场。科研投入需要花费巨量的人、财、物，只有通过市场获得回报才能实现可持续的科研发展，但是苏联的不开放使其只有华约几个国家的市场。另外，苏联非常强调军事，实行计划经济，而计划经济不可能有开放，最多向越南、印度等几个第三世界国家卖一点军火。总之，苏联的不开放，使其迅速衰落。

苏联失败的经验需要吸取，但中国本身的开放经验更为重要。从近代以来，我们已经经历了两次开放，而现在要开始进行第三次开放。第一次开放是两次鸦片战争失败之后的被迫开放。鸦片战争是英国人用中国人发明的火药打开了中国的大门，这本身就足以令我们反思了。火药是中国人发明的，但中国的火药一直停留在应用阶段。火药在传到西方之后，成为一门火药学。英国思想家培根说，是火药帮助欧洲国家"炸掉了城堡"，促成欧洲从封建体制转型到资本主义社会。但很显然，在培根之后，火药帮助英国确立了大英帝国的地位。

第二次开放是邓小平先生领导下的主动开放，加入国际社会，与国际接轨。我们今天看到的中国就是第二次主动开放的结果。很难想象，如果没有第二次主动开放，我们是否还能见到今天我们所能见到的一切。

### 三、第三次开放与全国统一大市场

现在我们为什么要提出第三次开放？从开放的角度来说，我们面临的不仅是百年未有之大变局，而且几乎是两百年未有之大变革。鸦片战争的时候，西方强迫我们开放，我们不得不开放；后来我们主动开放，美国和其他一些西方国家也接受我们开放。但是，现在开放的条件很不一样了。如今美国等一些西方国家想要封杀中国，"卡脖子"，搞脱钩。在这样的情况下，我们应该怎么应对？我认为，中国需要高水平开放。我们所说的"第三次开放"就是高水平开放。

那么，什么是高水平开放？去年中共二十大有一个定义，即规则、规制、管理和标准的制度型开放。这个制度型开放的定义便是高水平开放的定义。

高水平开放不仅仅要适用于对外开放，更需要首先适用于对内开放。中国对内开放的程度远远不够。很多年来，尽管我们的对外政策越来越开放，但一执行便困难重重，其中一个原因就是内部开放程度不足。我们可以把内部开放理解成为外部开放的基础，内部开放的动力越足，外部开放的动力就越足。

20世纪90年代初，我在美国留学的时候，读到一个世界银行的报告。世界银行发现，中国各个省之间的贸易量远远低于各个省与其他国家和经济体的贸易量。比如说广东和福建两个相邻省份之间，在90年代没有多大的贸易量，但广东和福建两个省份都和东南亚有很多贸易。两个省都是外向型经济，但是彼此的贸易量则不多。也就是说中国的对外开放远远高于对内开放。我们国家为什么直到近年才提出要建立全国统一大市场？就是因为全国统一大市场到今天还没有形成。这些年我们一直在强调内循环，但区域之间的生产要素被有效分割，很难流动起来。其实我国的东、西部有各自的优势，东部在制造业、资本、开放、管理经验、企业家精神等方面有比较优势，西部在地上、地下的能源、土地、劳动力成本方面有比较优势。如果这些要素能够流动起来，那么必将大大提高劳动生产力。问题在于这些生产要素为什么流动不起来呢？不仅大区域之间流动不起来，省份之间也流动不起来，甚至一个省份内部的各个城市之间也流动不起来。原因很简单，因为规则、规制、管理和标准不统一。

粤港澳大湾区建设方案出台之后，当地一直在努力进行融合式发展。但现实是，不用说11个城市没有融合起来，内地9

个城市都还没有统一的规则、规制、管理和标准。各个城市在招商引资的土地政策、税收返还政策等方面还有恶性竞争，造成经济内卷。一个一线城市的一个区今年上半年通过招商引进的资金，80%来自全国各地，10%来自广东省内其他几个城市，只有10%来自港澳地区。从前的外向型经济已演变成内向型经济。可见各城市之间的"内卷"已经到了什么程度。珠三角是中国经济最外向的地区之一，在新冠疫情之前，大量的资本都来自海外投资，但现在这种局面已经不存在。很显然，要阻止内卷，各个城市之间必须互相开放，在拥有统一的规则、规制、管理和标准的条件下，在劳动分工的基础之上，让作为市场主体的企业自主决定投资方向和领域。

除了国内区域之间、省市之间的互相不开放外，中国的企业之间也不开放。中国的国有企业不向民营企业开放，国有企业之间也不互相开放，民营企业之间也不互相开放。我们最近在做新能源汽车产业的比较，发现无论是民营企业还是国有企业，如果和特斯拉比较，中国企业的产业链和供应链都很短，基本上什么都自己生产，或者全产业链和全供应链都是自己生产；而特斯拉的产业链和供应链拉得很长，全世界都有其供应链和产业链。所以说中国的每个企业都是"土豆"，尽管加总起来量很大，但是大而不强。美国的企业相互开放，所以加总起来又大又强，因为只有企业互相开放才能聚力起来做规则和标准。

这些年，中国企业践行"走出去"，但是在马来西亚、印度尼西亚、拉美都可以观察到，两个或者多个国企经常进行恶性竞争。中国的国企之间出现恶性竞争，而西方或者亚洲日本和韩国的企业就很少有这种情况。为什么？就是因为中国没有统一的规制、规则、管理和标准。

所以，如果要把内循环做起来的话，国内的规则、规制、管理和标准一定要统一，这样才能保障区域、省份、城市之间的互相开放。内部开放是最核心的。如果国内的开放做不到，那么对外的开放也很难做到。

### 四、单边开放何以重要？

在今天严峻的国际形势下，如果要对外实行第三次开放，就必须实行单边开放，即"即使你不向我开放，我也向你开放"。我们现在像美国一样，习惯于对等开放。但是，鉴于客观环境的变化，今天的中国更应该学习践行单边开放的英国，而非践行对等开放的美国。当然，正如前面所讨论过的，美国在其需要的领域也是实行单边开放的，尤其是在人才、企业和金融领域。今天美国和其他一些西方国家封杀我们的时候，我们即便面对封杀也应该坚持向他们开放，向他们的要素开放，向他们的技术开放，向他们的市场开放。

美国今天封杀中国、与中国脱钩是其国内冷战派、行政当局的逻辑，这样做不符合资本逻辑，因为资本是要走出去的；不符合科技逻辑，因为科学技术需要向外延伸；更不符合市场逻辑，因为中国是当今世界上最大的单一市场。如果中国践行单边开放，那么美国和其他一些西方国家的行政当局就很难封杀其作为市场主体的资本和企业。如果从这个角度看，我们可以通过单边开放来推进落实因为政治问题而暂时无法生效的《中欧全面投资协定》。简单地说，单边开放可以利用资本逻辑、科技逻辑和市场逻辑来克服西方反华力量的政治逻辑和行政逻辑。

对其他的周边国家（如东南亚国家），中国更需要单边开放。应当看到，开放是一个好的国际公共品，比如美国的开放就为很多国家提供了公共品。中国对于东南亚国家的吸引力在哪里？就在于单边开放。在东盟十国中，除了城市国家新加坡，中国属于相对较发达经济体。如果中国和东南亚经济体进行对等的谈判，将是很不对称的谈判，很多方面的合作会很难达成和推进。目前中国想要拉动区域经济发展，所能做的就是单边开放。

单边开放怎么做？供应链、产业链的延伸是一种方式。中国企业的产业链、供应链一定要延伸到东南亚国家。我和一些企业家讨论认为，中国卖整产品的时代已经过去，也不合时宜了。20世纪80年代前，各个经济体都是卖整产品的，而在80年代以后，经历了一波长达40年的超级全球化之后，如今很少有发达国家的企业还在生产整产品，而是选择了向外延伸产业链、供应链。以新能源汽车为例，能否将部分零件延伸到东南亚国家去生产呢？产业链和供应链的国际延伸产生的是一种共赢经济。产业链一旦延伸，承接部分零部件生产的东道国就有了就业、税收，他们就会欢迎中国的企业走出去，同时中国的企业也可以利用当地具有比较优势的生产要素，例如劳动力和资源。

## 五、中国—东盟共同市场与云南的角色

今天，也有学者在继续提倡自由贸易。自由贸易尽管重要，但无论就中国与东盟关系而言，还是就中日韩关系而言，自由贸易体系已经出现了严重的碎片化迹象。中国—东盟自由贸易协定、RCEP、澜沧江和湄公河领域的合作，这些都是以碎片化的方式在进行，都是不整合的。我们最近提出了一个概念，探讨有没有可能构建一个"中国—东盟共同市场"呢？我们可以在RCEP的规则基础之上，对标CPTPP、DEPA等高标准规则，把这些规则加总、统筹起来，作为中国—东盟共同市场建设的目标。

中国商务部在和东盟讨论3.0版的自由贸易区。的确，3.0版比2.0版的内容更广，但是没有本质上的区别，只是有数量上的不同。我们认为，可以通过把RCEP、中国—东盟关系（10+1）、澜湄合作等统筹起来，对标CPTPP、DEPA的规则、规制、标准，打造中国—东盟共同市场。现在在很多领域，因为国内市场已经饱和，而产业链、供应链不能延伸出去，因此进入了内卷状态。如果内卷继续下去，整体经济就会恶化。现在一些决策部门没有意识到或者考虑的还不够清楚，把所有的产业链、供应链放在国内以确保供应链、产业链安全所产生的负面影响。经验地看，如果一个企业在全产业链上布局，是最没有效率的，也保证不了安全。不难观察到，美国的企业为什么进步这么快，因为其供应链、产业链拉得很长，相当于各个零件之间都存在竞争，每个零件必须有进步，一个零件进步了，

另外一个零件也要赶紧赶上，否则就会因失去竞争力而被淘汰。相比较而言，中国的企业是"土豆"，往往只有企业内部的劳动分工，缺乏外部的竞争环境，因此需要改变。

进一步到云南的具体情况来说，云南要发展首先还是要向国内其他地区开放，和其他大的经济区域实现互联互通，比如粤港澳大湾区和长三角。云南要成为真正的经济枢纽，就要有经济流量。经济没有流量就发展不起来，云南本身的GDP流量还是少了一点，要通过和大型经济体的互联互通，"借用"流量。新加坡成功发展的一个渠道就是引流，自己国内市场流量虽然小，但是通过制定和实施更为有效的规则、规制、标准和管理方式，吸引和整合周边大型经济体的流量到新加坡。比如新加坡的自由贸易港，就是因为提供更好的服务，吸引大家来。云南光靠自己的经济量是不够的，一定要引流，走流量经济，尤其是在贸易、服务业等领域。

对外，云南可以在构建中国—东盟共同市场方面扮演引领作用。如果中国东盟共同市场建立了，云南可以在其中发挥很大的作用。比如在教育领域，云南大学多年来一直有很多东南亚国家的学生在学习，这个现象在国内其他的大学很少见，地理区域的特点自然而然形成了这样的选择。比较而言，中国的教育与周边国家相比还是具有显著优势的，尽管东南亚一些富裕家庭送小孩到欧盟求学，但云南可以吸引到东南亚和南亚的中产家庭的小孩来求学。医疗领域也是如此。可以观察到，东南亚国家中央级官员一般都去发达的新加坡看病，但是由于价格昂贵，东南亚国家的中产阶级就去不了。那么云南能否在这方面做点什么呢？

云南的高水平开放怎么做？这些年来，大家都在讨论，但是实际落地的还是很少。在一些领域，开放政策在文件上没有问题，甚至非常漂亮，但是到了实际层面，开放程度就显得不够了。云南在新冠疫情期间为了防止外来人的进入而在漫长的边境修建了铁丝网。现在这些铁丝网依然存在，并没有拆掉。云南少数民族集聚，很多少数民族横跨国境，铁丝网导致了当地居民流动的不便。再者，铁丝网也导致了包括大象在内的动物流动不便，甚至造成了踩人的问题。对外，铁丝网的存在也十分不利于国家和地方国际形象的维持和提升。美国在墨西哥边境筑墙，大大损害了美国的形象，而且也没有解决任何问题。中美之间如今展开激烈的竞争，但应当意识到，中美之间应当竞争的是谁比谁开放，而非谁比谁更封闭。就历史经验来说，中美竞争的最终赢家一定是更开放的一方。

安全和发展都重要，尽管在一些领域要把安全置于首位，但是是否应该把安全放在所有方面的发展前面呢？对此，应该辩证地看待。过度强调安全就会失去发展，而不发展就是最大的不安全，这对于任何国家都是一样的。沿边开放在"一带一路"倡议提出来以后已经成为国家战略非常重要的一部分。云南正通过经济区的形式在沿边地区进行跨国合作，但是鉴于开放至关重要，云南应当实行更高层次的开放，推动全方位、多层次的开放，政府、企业和社会都参与其中的开放。中国的边境地区不少，要把边境地区从边缘地带转型成为开放的前沿地带和新的经济发展和增长中心，云南应该下大力气去做，塑造一个沿边开放可复制、可推广、可扩散的模板，引领国家高水平的沿边开放。这对云南、对国家、对整个区域经济发展都有很大的益处。

|  |  |
|---|---|
| 原标题 | 郑永年：高水平开放与中国式现代化 |
| 来　源 | 大湾区评论 |
| 日　期 | 2023-08-24 |
| 链　接 | https://mp.weixin.qq.com/s/7yBmcWakD1DXAzO7t-OD7A |

# 中国沿边开放与区域经济一体化

(2023-08-28)

昨天我搭乘中国—老挝铁路从昆明到磨憨，考察了中老磨憨—磨丁经济合作区等地的沿边开放，对中国新时代的沿边开放政策和周边关系很有感触。借这个机会，谈几点看法。

## 一、中国分权战略的改变

首先讲一个关乎经济分权的学术观点，因为这个观点和随后要讨论的沿边开放政策有关。

我们国家的沿边开放政策并不是现在才有，而是由来已久。我在20世纪90年代初到美国以后发表的第一篇英文文章就是关于沿边开放政策的。在20世纪80年代中期，时任中共中央总书记胡耀邦提出了沿边开放的概念并对沿边开放做出了很多重要指示，之后的每一任总书记都很强调沿边开放。近年来，随着"一带一路"倡议的提出，沿边开放已经成为国家战略的重要组成部分。

20世纪90年代初，无论中国还是西方的学术界，大家讨论的重点都是中国的改革为什么能进行，而苏联和东欧国家因为缺乏中国那样的改革而遭遇了当时人们所见的困难和悲剧。当时大家觉得，很重要的一点就是中国的分权战略，即中央—地方关系的深刻改变。

在学术界，从中央地方关系变化的角度看中国的改革进程，在很长时间里一直是一个非常有意思的课题。后来我自己选择的博士论文题目就是中国的中央地方关系，其中有一部分涉及云南。在做论文期间，我当时考察了80年代就开始的五省区七方经济协调会。从1984年开始，西南地区的四川、云南、贵州三个省，广西、西藏两个自治区和重庆、成都两个市（简称"五省区七方"）决定打破行政区划的界限，实行横向经济联合，发挥西南的整体优势，加速发展西南地区的经济。

经研究，五省区七方商定以"经济协调会"的形式，实现区域联合。据我所知，这个协调会和后来发展起来的泛珠三角也是有关联的。泛珠三角区域较之五省区七方面积更大，包括福建、江西、湖南、广东、广西、海南、四川、贵州、云南等九省区（以下称内地九省区）和香港、澳门特别行政区。我记得，当时五省区七方的一个重点就在于如何为四川这样一个内陆省份寻找一个出海口，而大家认为广西的北部湾可以成为这样一个出海口。当然，从另一方面来说，五省区七方是比较穷的省份，他们希望通过合作获得中央更多的支持，追求更快速的发展。不管怎么说，五省区七方经济协调会的出现表明区域经济一体化和沿边开放一直是中国经济改革的一个重要课题。这个理念到现在还在践行。今天我们考察的磨憨—磨丁经济合作区就是这样一种延续。

## 二、从产权角度看中苏计划经济为何结局不同

后来我又进一步从分权的角度去理解为什么苏联解体了，

而中国在90年代之后的发展反而更快了。我进一步从中央—地方关系的角度来比较中国和苏联不同的发展模式。我发现，苏联实际上也处在西方的文化背景下，西方文化有一个特点就是极端主义，非黑即白。这一点在西方的产权理论中得到了明显的体现。

在西方，关于产权有两种截然不同的观点：一是西欧国家和美国主张的私有产权神圣不可侵犯，这在西方直到现在还是一种信仰；另外一个极端以苏联为代表，主张公有财产神圣不可侵犯。我在普林斯顿大学读书时期的一个导师研究苏联和中国，他建议我从产权的角度去看中国和苏联的计划经济有什么不同。我发现，虽然中国和苏联一样实行计划经济，但是在计划经济时代，中国地方政府掌握了大多数生产资料；而苏联恰好相反，它的中央政府掌握了大多数生产资料。苏联的公有财产不可侵犯，并且是中央的官僚机构掌握财产。尽管苏联在形式上执行联邦体系，但是各加盟共和国实际并没有什么权力。与此相反，中国尽管实行的是单一制国家，也强调公有制，但是至少公有财产从中央政府到地方政府都是可以分割和分享的，中央、省、市和公社不同层级的政府可以分别享受一部分资源。

实际上，中国文明对产权制度并不存在像西方那样的极端认知。经验地看，中国历史上既有公有制也有私有制，并且是同时存在的。春秋时期的井田制就是试图将公有制和私有制混合起来的一种制度安排。

我提出这一学术观点主要是想说明分权政策在我们国家发展进程中的至关重要性。今天，如果我们想要讲好、搞好沿边开放的话，分权和产权制度的安排是非常重要的。如果我们的地方政府没有一定程度的分权和产权（哪怕是使用权），没有一定程度的自主决策权，沿边开放推动起来就会比较困难。顶层设计和地方执行之间的关系、中央权力和地方权力之间的关系一定要理顺。

### 三、沿边开放的重要性：东盟是中美竞争的关键

我要讲的第二点就是要从国家战略的角度来看沿边开放的重要性。昨天我们去调研了磨憨—磨丁经济合作区，我们站立的对面就是老挝，老挝又是东盟的一部分，而东盟现在所处的位置对中国的国际战略非常关键。美国在尽力争取东盟，中国也在争取，东盟实际上已经成为中美之间争取的一个最主要的对象。

观察中国周边的国家，中亚很重要，虽然我们有上海合作组织，但是中亚这一区域主要涉及的是国家安全问题，而这些国家的经济体量并不大。再往东看是朝鲜半岛和日本，即东北亚，但日本和韩国今天已经躺平，成为美国更加紧密的盟友，并且趋向于从双边联盟向三边联盟转型。剩下的就是东盟。美国现在对东盟施加了很大的压力，希望东盟可以倒向美国阵营。

除了中美双方的因素外，东盟也有自己的考量因素。东盟内部的一些国家和美国有正式的联盟协议，比如菲律宾和泰国等。近年来，美国也在极力拉拢越南，越南虽然还没有正式宣布成为同盟，但也已经成为准同盟。

在发生了南海的种种争端后，东盟对中国的态度是什么呢？

东盟以前的决策机制被称为共识机制，当十个国家达成共识之后，大家默认就接受这个决策。近年来东盟内部有些国家，例如越南和菲律宾，在内部鼓动东盟实行票决制，即少数服从多数。如果这种票决决策机制形成，东盟就会变成美国的阵营。但在目前来看，在去年俄乌冲突发生后，东盟暂时做了一个"集体决策"，即在中美之间保持自主，既不靠向美国，也不靠向中国，就是不做简单的"选边站"。

但是东盟能够保持自主的窗口期有多长？目前还是未知数。如果东盟能够保持自主，对于中国是非常有利的。中国与东盟国家并没有像美国那样的同盟关系，如果中美之间真的发生冲突，大部分国家还是会跟着美国跑，因为他们的安全是美国安全体系里的一部分。从现在的发展趋势看，美国战略转移到亚太地区，美国的冷战派一直在破坏东亚的稳定。在整个区域，中美对抗已经显现，但能够保障和平的机制则几乎不存在。

从这个角度看，类似中老铁路和中国—老挝经济合作区的重要性就显现出来了。在中国和东盟的关系中有一条原则我们必须坚持，即一定要避免和美国进行军事竞赛，要把和美国的军事竞赛转换到和美国进行经济竞赛。一旦中美在东亚进行军事竞赛，那么整个南海和西太平洋就会成为火药桶，这是中国和东盟都不想看到的。中美之间在东盟的经济竞争是不可避免的，但也不可怕，因为经济是中国在东盟的优势。

## 四、如何与东盟开展经济合作？要坚定单边开放策略

那么，中国如何与东盟开展经济合作呢？这是我要讲的第

三个观点。我认为，我们需要进行单边开放。从这个角度看，磨憨—磨丁经济合作区的战略地位还需要提得更高，要从与东盟经济一体化的角度来进行。现实地说，东盟在一些领域对和中国的合作还是保持着谨慎态度的。出于地缘政治的考量，中国周边都是较小的国家，而中国本身是最大的国家。一旦中国的崛起使得这些较小国家感觉到不确定性，那么他们就会去邀请距离遥远的美国，让西方和美国来"平衡"中国。但是在经济上，东盟又是依赖中国的，并且随着中国经济的发展，这种依赖度越来越高。这些年来，一些东盟国家似乎总是帮中国说好话，但事实其实并非如此，这些国家只是为他们自身的利益说好话。一些东盟国家对中国的投资远远超过其对美国的投资。如果中美之间真的发生冲突，由于这些国家的安全体系是美国的一部分，它们就不得不选择美国；而一旦选择美国，他们在中国的经济利益就会受到巨大的影响。

因此，中国要在中国东盟经济合作中有足够的自信。中国应该在磨憨—磨丁经济合作区实行单边开放。老挝的人口总量是700万—800万，约等于中国香港的人口数；14亿人口的中国，或者说几千万人口的云南，和老挝在所有议题领域进行对等谈判其实是没有必要的。有很多政策中国方面可以先实行起来，而不是必须等待着老挝去做出对等的反应。作为小国和东盟的一员，老挝开放的困难其实不少。在历史上，英国的单边开放比美国的对等开放要成功得多。

根据我自己去东盟各国的观察发现，一些国家对中国都存在一定的不满情绪。这些情绪是怎么来的呢？就经济而言，其中一个原因是中国和当地国家进行低端商品的竞争。中国商人去这些国家开餐馆、摆地摊出售中国商品，与当地民众在民生经济领域发生竞争，而导致当地小商小贩失去竞争力。这种竞争其实是不明智的，我们要改变思路。与东盟国家相比，中国的产业化水平、工业化水平、技术水平远比东盟除新加坡外的九个国家发达。因此，中国的沿边开放形式，不应是通过廉价商品倾销、和当地民众抢饭碗等小商人思维来获取资源。这样的沿边开放既没有给当地创造就业，也没有给当地创造税收，当地的不满情绪自然会滋生。中国应当综合考虑国内和周边国家的比较优势，根据这些比较优势，在劳动分工的基础上进行有效的沿边开放。中国可以更多考虑将部分产业链、供应链延伸到东盟国家，通过修建工厂为当地创造就业，为政府创造税收，实现共赢经济。

就沿边开放而言，美国的沿边开放政策非常值得我们参考。美国北边的加拿大和南边的墨西哥，两国的经济重心都在靠近美国的边境。这三国很成功地把边境从经济边缘转变为经济中心。与中国接壤的国家有14个，如果我们能够把这些接壤的区域转型成为经济中心，那么我们的周边安全和发展就会完全改观。在这方面，中国老挝磨憨—磨丁合作区应当成为一个典范。

此外，当前磨憨—磨丁经济合作区所在的磨憨由昆明托管，这种飞地经济托管形式也参照了深汕合作区的经验。在参照过程中，既要看到托管的长处也要看到托管的短板。以深汕合作区为例，深圳市和汕头市在发展水平上存在巨大差异，同样的政策往往无法在两地都适用。两者之间的关系模式更类似于"对口支持"模式。经验地看，要想发展，落后地区的思想要更加开放，也需要落实更为开放的政策。发达地区例如深圳和昆明，由于自身发展较早，已经形成了符合自身需要的规则和规制，如果把这套规则和规制直接应用到落后地区，不仅不会促进落后地区的发展，反而会限制这些地区的发展。因此，很难把昆明的政策直接搬到经济合作区用，而是要分析什么政策适合在经济合作区实行，什么政策不能实行。也就是说，磨憨—磨丁经济合作区需要比昆明更加开放的政策。

磨憨—磨丁经济合作区的发展还可以参照国内的其他几个区域，例如长三角一体化示范区。我最近调研时发现，浙江、江苏、上海两省一市成立了一个长三角一体化示范区理事会，理事会下面又设立了执委会，都是政府层面的协调机构。但是区域一体化通过政府层面的协调远远不够，要让企业家、企业成为主体，才可以稳步推进，实现可持续发展。因此，他们又成立了以企业家为主体的开发者联盟。当然，这些区域经济一体化还是远远不够。如果对比粤港澳大湾区和纽约湾区、旧金山湾区，就会发现后两者存在各种各样的协调机构，有政府协调机构、企业间的协调机构、行业间的协调机构、社会组织间的协调机构，等等，而这些协调机构往往都是自下而上的。

另一个可以参考的是新加坡—苏州工业园区，因为磨憨—磨丁经济合作区涉及两个国家，苏州工业园区也涉及中国和新加坡两个国家。大家现在低估了苏州工业园区的作用。实际上，苏州工业园区是我国第一个较大的两国合作建成的工业园区，后来苏州工业园区的模式也被拓展到了全国各个地方。磨憨—磨丁经济合作区可以参考苏州工业园区早期中新两国合作协调的经验，两国之间设立一个顶层协调机构，再以企业为主体推动协调与合作。只以政府为主体的协调是很难推进的。一旦涉及主权和份额，很多问题很难在政府层面得到解决或者得到妥协，而企业间的协调是相对比较灵活的。中老之间可以考虑设立一个理事会作为协调机构，再让企业和民间机构作为发展的主体。

总之，我们要从国家战略的高度来看中老之间的经济合作。中国与老挝的经济合作一旦做好了，就可以辐射到其他国家，比如说缅甸、越南。老挝目前与中国的关系良好，双方合作模式的探索可以作为中国与周边其他国家合作的突破点。中国可以通过单边开放政策，做出一些让步和让利，将沿边开放作为一个可复制、可推广的模式，这对云南、对国家、对整个区域都会带来益处。

| | |
|---|---|
| 原标题 | 经济观察｜郑永年：中国沿边开放与区域经济一体化 |
| 来　源 | 大湾区评论 |
| 日　期 | 2023-08-28 |
| 链　接 | https://www.qiia.org/zh-hans/node/1113 |

# 共建"一带一路"如何应对经济逆全球化？

(2023-10-15)

共建"一带一路"倡议是中国本着构建人类命运共同体理念，面向全球提供的公共产品。这一倡议提出十年，其重要成果之一是切实助益共建国家和地区基础设施建设等方面的发展，为世界经济注入能量。但某些批评、诋毁声音将其比作"新殖民主义"，伴随其发展过程。

香港中文大学（深圳）前海国际事务研究院院长、华南理工大学公共政策研究院学术委员会主席郑永年近日接受中新社"东西问"专访，从倡议提出十年的时间维度，详谈他眼中"一带一路"倡议的全球贡献。

现将访谈实录摘要如下：

**中新社**：美国前国务卿基辛格曾说，中国提出的"一带一路"倡议将中国与中亚、欧洲相连接，意义深远。"一带一路"倡议提出十周年，对国际政治产生了什么影响？

**郑永年**：自2008年全球金融危机后，全球经济发展缺少动能，尤其是发展中国家。西方自顾不暇，没有能力和动机来帮助发展中国家。中国的"一带一路"倡议是在金融危机后推动世界经济发展的重要倡议和项目，吸引多国加入。

从早期的基础设施建设到现在提倡的数字经济、绿色经济，中国提供给国际社会的这一国际公共产品，其内容在不断丰富变化。其意义首先在于推动世界经济增长，例如共建"一带一路"国家的反贫困工作就比其他地区做得好，以基建为核心的建设为地区经济增长带来动能。

其次，十年来，"一带一路"倡议谋求区域经济共同发展，而非西方一些人所言的谋求地缘政治、争夺世界领导权。无论是中欧班列，还是中老铁路、雅万高铁等，中国都是在支持沿线地区开发，促进当地经济发展和反贫困事业。

**中新社：**"一带一路"倡议提出以来，美国及欧洲一些国家的一些人不乏批评反对之声，甚至大肆诋毁和妖魔化，为什么他们如此抵制"一带一路"？

**郑永年：**西方一直有声音污蔑"一带一路"是"新殖民主义""债务帝国主义""新帝国主义"等，这是将西方逻辑强加在中国身上。近代以来，"国强必霸"是西方不变的旋律，但是中国一直公开反对。几千年的历史证明，国强必霸最后只能走向灭亡。

"一带一路"是一个开放包容的倡议，中国的一贯态度是，凡是能推动当地发展的，无论哪一国的方案都应受到欢迎。近年来，西方国家也推出过对抗"一带一路"的所谓公共产品方案或倡议，但都未得到落实。

第二次世界大战以来，大部分发展中国家都与西方保持紧密关系，走的是西方道路。但现在来看，很多国家尤其是发展中国家，采用西方模式的发展效果并不算成功。"一带一路"倡议只是为他国提供了中国方案。我想，西方妖魔化的声音还会存在下去，中国要坦然处之，用证据说话。

**中新社：**为什么目前美国和欧洲提出的这些替代"一带一路"倡议的公共产品方案无法真正启动、落实？

**郑永年：**原因是多方面的。一是受西方国家自身发展限制。2008年全球金融危机后，西方多数国家难以实现经济可持续发展，国内问题此起彼伏时，对外部便无力应对。二是缺乏推动方案落地的工具。美西方通过资本走向世界，政府是辅助性的；而现在针对"一带一路"的替代方案都是以政府为主体，资本并不那么感兴趣。当相关方案无法靠强有力的政府来推进，又与资本利益不符，失败是必然的。三是附加性条件太多。相比"一带一路"倡议，西方提供的这些替代品投资给当地带来的政治或意识形态包袱太重，推动不了广大发展中国家的发展。

这些年，这三种情况不仅没有变，反而在强化。美西方已多次提出面向发展中国家的贷款计划，但几乎都不了了之。这些举措更像是一种宣传语言。当然，只要能真正帮助发展中国家的经济，中国也希望和欢迎这些方案能在发展中国家顺利推行。中国没有排斥西方，也没有替代西方。

**中新社：**近期有评论表示，美西方提出的发展计划无法满足新兴市场国家和发展中国家的真实需求。从金砖国家的历史性扩编来看，您认为新兴市场国家和发展中国家群体的需求是什么？"一带一路"能满足需求吗？

**郑永年：**需求决定发展。包括美国、欧洲这样的发达经济体面临的问题是发展，广大的发展中国家更需要发展。

中国在过去40年间帮助8亿多人口脱离绝对贫困，而世界很多发展中国家的贫困人口不减反增，不少发展中国家经济处于滞胀状态。

发展是最重要的，这也是为什么那么多国家对以发展为导向的"一带一路"倡议感兴趣。许多发展中国家意识到，要保持政治稳健，首先要发展。就像中国的一句老话："有恒产者有恒心。"经济是基础，政治是上层建筑，政治制度稳定的前提是经济搞上去。

**中新社**：亚洲和非洲一些国家在历史上深受西方殖民影响，随着"一带一路"倡议的不断深入，西方因此出现了"新殖民主义"等妖魔化"一带一路"倡议的论调。您怎么看？

**郑永年**：中国对于帮助共建"一带一路"的发展中国家，为他们修建公路、桥梁、高铁、医院、学校、体育馆等基础设施，都是满足这些国家经济发展所需。有完备的基础设施才能发挥国家的比较优势，进而创造工作机会、增加税收，这也是中国自己的经验。

什么叫"殖民主义"？简单来说就是把本国制度强加给另一国家，把他国国民变成为本国服务的民众甚至奴隶，或直接消灭当地人。如大洋洲土著居民、美洲印第安人都面临过"种族灭绝"的灾难。中国从古至今没有这样做过，西方不应把自己血淋淋的历史强加给别国。

中国人的文化是和平的文化，中国没有零和博弈的概念，而是希望实现共赢。对周边国家，中国希望睦邻、和邻、富邻。从经济学的角度，一个国家富裕起来了，周边国家都还处于贫困状态，那么单独一国也不可能可持续发展。中国在国内讲共同富裕，在国际层面讲共同发展，这是中国的逻辑，跟西方从个人主义出发的逻辑不一样。

马来西亚前总理马哈蒂尔·穆罕默德（Mahathir Mohamad）曾说，中国与东南亚国家相处了几千年，没有把哪个东南亚国家变成殖民地，而西方人一来没多久，整个东南亚就变成了西方的殖民地。

中国的"一带一路"倡议为什么能走出去？最关键的还是当地国家欢迎。中国不像以前欧美殖民者用军队强迫打开他国大门，参与共建"一带一路"的国家是主动向中国开放的。所谓"新殖民主义"没人会相信，尤其是参与共建"一带一路"的国家的民众更不会相信。

**中新社**：当前全球化遭遇逆流，"一带一路"倡议能做什么？

**郑永年**："一带一路"是一个倡议，大家有事好商量。中国没有强迫别国加入。我相信会有越来越多的国家接受"一带一路"倡议。

逆全球化从美国开始，一直在向发达国家延伸，对世界经济产生持续的负面影响。在这种情况下，共建"一带一路"是中国为顺应经济全球化潮流提出的一个解决方案。世界力量是多元的，全球问题不能只靠一个力量解决，需要更多区域性、世界性组织来推动发展。

**中新社**：您如何看"一带一路"建设的发展前景？

**郑永年**："一带一路"倡议提出至今，经验和成果颇丰。比如在基础设施方面，中老铁路、雅万高铁等都起到示范效应。

最初老挝、印尼国内也有一些怀疑声音，但项目一经建成，给当地带来巨大利益，也产生很好的效果，这些质疑声就停了。

刚开始，推动倡议的主力只有中国。但那些加入"一带一路"的国家和地区，尤其是在这个过程中完善了基础设施建设、有了发展动能的成员，也会一起推动。尽管现在世界经济增长疲软，但"一带一路"建设还会继续前行、更快发展。基础设施建设在开始几年持续投入，后续就会到收获时节。

当然，中国也要不断总结经验，在未来才能做得更好。如债务问题需要重视；再如标准问题，其实"一带一路"建设的环保标准、技术标准很高。

**中新社：**"一带一路"为共建国家长远发展赋能，您认为参与各方应秉持什么样的精神？

**郑永年：**我认为务实很重要。一定要符合当地社会需求，而非西方需要。"一带一路"倡议不是做给西方看的，而是要推动当地发展的。各国有不同的需求，只有符合需要，"一带一路"才能实现可持续发展。所以我觉得应当秉承务实、合作、共赢的精神。

| 原标题 | 东西问·一带一路｜郑永年：共建"一带一路"如何应对经济逆全球化？ |
|---|---|
| 来　源 | 中国新闻网 |
| 日　期 | 2023-10-15 |
| 链　接 | https://www.chinanews.com.cn/dxw/2023/10-15/10094362.shtml |

# 单边开放化解脱钩

(2023-10-25)

我们现在习惯于对等开放。在严峻的国际形势下，如果要实行对外开放，就必须实行单边开放，"即使你不向我开放，我也向你开放"。美国和其他一些西方国家封杀我们的时候，我们即便面对封杀也应该坚持向他们开放，向他们的要素开放，向他们的技术开放，向他们的市场开放。

美国今天封杀中国、与中国脱钩是其国内冷战派、行政当局的逻辑。这样做不符合资本逻辑，因为资本是要走出去的；不符合科技逻辑，因为科学技术需要向外延伸；更不符合市场逻辑，因为中国是当今世界上最大的单一市场。如果中国践行单边开放，那么美国和其他一些西方国家的行政当局就很难封杀其作为市场主体的资本和企业。简单地说，单边开放可以利用资本逻辑、科技逻辑和市场逻辑来克服西方反华力量的政治逻辑和行政逻辑。

对其他的周边国家（如东南亚国家），中国更需要单边开放。中国对于东南亚国家的吸引力在哪里？就在于单边开放。在东盟十国中，除了城市国家新加坡，中国也属于较发达经济体。如果中国和东南亚经济体进行对等的谈判，将是很不对称的谈判，很多方面的合作会很难达成和推进。目前中国想要拉动区域经济发展，所能做的就是单边开放。

单边开放怎么做？供应链、产业链的延伸是一种方式。中国企业的产业链、供应链一定要延伸到东南亚国家。中国卖整产品的时代已经过去，也不合时宜了。经历了一波长达40年的超级全球化之后，如今很少有发达国家的企业还在生产整产品，而是选择了向外延伸产业链、供应链。

以新能源汽车为例，产业链和供应链的国际延伸产生的是一种共赢经济。产业链一旦延伸，承接部分零部件生产的东道国就有了就业、税收，他们就会欢迎中国的企业，同时中国的企业也可以利用当地具有比较优势的生产要素，例如劳动力和资源。

原标题　单边开放化解"脱钩"
来　源　文摘报
日　期　2023-10-25
链　接　https://epaper.gmw.cn/wzb/html/2023-10/25/nw.D110000wzb_20231025_3-06.htm

# 制度型开放是把中国带向高质量发展的途径

(2023-12-03)

12月2日下午，2023年"读懂中国"国际会议平行研讨会（一）的会场座无虚席，包括香港中文大学（深圳）前海国际事务研究院院长、广州粤港澳大湾区研究院理事长郑永年在内的国内外嘉宾围绕"中国更高水平开放与经济全球化的未来"开展热烈讨论。

"发展是开放的产物，全球化更是开放的产物。"郑永年认为对外开放至关重要，一个国家不开放就不会发展。

他举例，英美的现代化就是开放的结果，美国一直是根据自己的需要进行开放。"美国的强大就在于其三大开放系统，即开放的教育和人才系统、开放的企业系统和开放的金融系统。"他说，今天中美之间的竞争，就是人才的竞争。

当然，在郑永年看来，当代中国的发展，也是对外开放的结果。郑永年说，尤其在百年未有之大变局的背景下，我们更要推进高水平的对外开放。

"我们正在推进制度型开放，制度型开放不仅是把中国带向高质量发展的途径，也是实现中国梦，把中国打造成世界强国的唯一道路。"他说。

| | |
|---|---|
| 原标题 | 郑永年：制度型开放是把中国带向高质量发展的途径 |
| 来　源 | 羊城晚报 |
| 日　期 | 2023-12-03 |
| 链　接 | https://ep.ycwb.com/epaper/ycwb/html/2023-12/03/content_2_617387.htm |

# 实现更高水平的开放需要
# 更大规模单边开放

(2023-12-03)

12月2日,在广州举行的2023年"读懂中国"国际会议上,尚福林、郑永年、胡祖六等多位中外嘉宾围绕"中国更高水平开放与经济全球化的未来"进行了主题研讨。

第十三届全国政协经济委员会主任、中国银监会原主席尚福林指出,地缘政治紧张趋势与贸易争端加剧了人们对全球经济增长的担忧,市场紧张趋势会影响资本的跨境配置、国际支付系统和资产价格,进而对全球市场稳定产生重要影响。

尚福林表示,中国坚持对外开放是推动全球化的重要力量。在金融领域,中国对外开放程度不断提升,开放步伐在明显加快,开放的深度、广度持续提高,与国际金融市场的联系也日益密切。随着资本流动和金融交易频繁,也更加需要密切关注国际金融市场等外部冲击对国内金融稳定的潜在影响。

香港中文大学(深圳)前海国际事务研究院院长、广州粤港澳大湾区研究院理事长郑永年建言称,实现更高水平的开放需要更大规模的单边开放。他表示,当代中国的发展是单边开放的结果,从农业津贴到20世纪80年代的"请进来",到21世纪初加入WTO,再到现在"进博会"等展会的举办,都是单边开放的体现。改革开放以后,国内现代化和国际层面的全球化两股力量相向而行，统一方向，互相强化、互相促进。正因为这样，我们的发展快速，花了四十年时间走完了西方一百多年的道路。

郑永年指出，如果我们实行单边开放，我们就可以遵循市场的逻辑，中国是最大的单一市场；我们可以遵循资本的逻辑，资本是要到处走的，哪里有机遇就去哪里。这也符合科学的逻辑。

国务院原参事王辉耀在发言中提及，多极世界已经到来，但国际多边治理体系没有到来，怎么样迎接这种挑战，急需找到共同点。他指出，气候变化等领域面临着治理机制缺失的巨大挑战。中国、美国、欧洲作为全球最大的三个经济体和排放体，完全可以合作起来，也需要进一步合作，包括数字经济、气候变化、太空治理等各领域，从容易的领域开始做起，达成全球共识。

春华资本集团创始人兼董事长胡祖六在发言中称，跨境资本流动是全球化的重要内涵和显著标志，当前国际经济金融形势尤其是地缘政治环境产生了巨大的不确定性，投资者信心不足，我们应承认且正视这一事实。

他建议以法治为中心大力改善中国投资和营商环境，保证中国监管和政策的稳定性和可预见性，从而让长线投资者放心和安心，有利于吸引长期资本的流入。同时，要扭转当前增长的下行压力，改善中国的经济基本面。只要中国继续保持强劲增长，就会创造其他国家难以匹配的投资机会，外国直接投资（FDI）就会回升，中国在全球经济和金融体系中的地位不但不会削弱，而且重要性将与日俱增。此外，要改善中国与主要贸易和投资伙伴国的关系，尤其是稳定中美关系，并与欧洲和包括日本在内的东亚近邻改善关系，从而大幅度减少地缘政治的不确定性。

郑永年认为，制度开放是把中国带向高质量发展的途径，我国是新型的举国体制，是要把大门打开得更大的开放情况下的举国体制。正如他在接受多家媒体采访时所称，现代化是一个动态的过程，中国不仅仅自己实现现代化，还要带动整个世界的经济。中国是在开放状态下成长起来的，中国式现代化也会在开放的状态下实现，这就是中国跟世界的关联。

"读懂中国"国际会议于2013年创办，已成为中外交流的重要国际平台。本届会议由中国国家创新与发展战略研究会、中国人民外交学会、广东省人民政府联合主办，由广州市人民政府承办，来自30多个国家和地区的600多位嘉宾与会。

| | |
|---|---|
| 原标题 | 郑永年：实现更高水平的开放需要更大规模单边开放 |
| 来　源 | 第一财经 |
| 日　期 | 2023-12-03 |
| 链　接 | https://www.yicai.com/news/101917323.html |

# 破解美国的"围堵中国",最好的武器是"单边开放"

(2023-12-04)

今天很高兴就"更高水平开放和高质量发展"谈一点我的看法。时间有限,我讲四个小观点。

首先,发展是开放的产物,全球化更是开放的产物。

开放很重要。我们一直在讲GDP,因为GDP增长对经济发展很重要。GDP必须是交易,是一种劳动分工:在农耕社会,我们什么都自己做,所以农业社会的GDP很低;到了工业社会,亚当·斯密提出了劳动分工理论,劳动分工理论促进了全球化,如果什么都自己做,没有劳动分工,就没有全球化。此外,根据李嘉图的比较优势理论,每个国家都有自己的比较优势,只有彼此开放才能创造更高的效率和收益,如果你不开放,就不会有全球化。所以世界的开放非常重要。

从生物的角度、人的角度来看,开放也是很重要的。一个村落以及原始部落,如果不开放,一个村落内近亲结婚,人只会越来越笨。要让后代越来越漂亮、越来越聪明,也必须是开放才可能导致的结果。

所以,无论从哪个角度来说,开放是最最重要的。一个国家如果不开放,就不会发展。

第二点,英美的现代化是单边开放的结果。我强调一下,是单边开放的结果。

今天我们总是强调对等开放，我们的一些外交官和商务人士根据在教科书上学到的教条，只知道对等开放，而不知道单边开放。当然，在国际会议上、国际条约里，为了强调主权性，肯定也会强调要对等开放。但现实不是这样的，历史上发达国家的成功都是单边开放的结果。

单边开放就是"即使你不向我开放，我也向你开放"。英国是最先实现单边开放的，因为它是第一个工业化国家，有条件单边开放。美国表面上是最强调对等开放的，这是美国教科书骗人的地方。美国只有作为发达国家要强迫落后国家开放的时候才实行对等开放，美国这个国家从一开始就一直强调单边开放，根据它自己的需要进行单边开放。

而美国的强大，就在于它的三大开放系统。

第一大开放系统，就是开放的教育和人才系统。美国是个移民国家。李光耀先生说过，中国人多，因此人才也多；而美国是世界人才的基地，所以美国可用的人才要比中国多。我一直强调，今天中美之间的竞争就是人才之间的竞争。冷战期间，美国用世界级人才，包括苏联、东欧国家去的人才，跟苏联竞争，这种人才基数上的差距已经决定了苏联肯定会失败。

美国是世界人才的高地，今天我们的人才领域也面临类似的情况，即美国用全世界的人才包括用中国出去的人才和中国竞争。如果我们的教育系统人才市场不开放，不能跟美国在世界人才市场上争一杯羹的话，我们拿什么跟美国竞争？

第二大开放系统，是美国有一个开放的企业系统。我们比较一下中国的企业和美国的企业就知道,为什么最好的资本和技术都热衷去美国?因为它有一个开放的企业系统。

美国硅谷三分之二以上的独角兽企业是一代、二代移民创立的。"美国制造"不是"美国人制造",是世界上的聪明人都去美国制造。不仅美国自己作为最发达国家培养了一大批科学家、企业家,发展中国家最好的企业家也都往那边跑,其中开放的企业系统发挥了非常重要的作用。

第三大开放系统,是美国有开放的金融系统。人才、企业和金融这三大系统是美国成功最重要的标志。正因为美国单边开放,美国吸引了世界上最好的资本、最好的人才、最高端的技术。曾经处于世界巅峰的英国也是这样。

第三点,当代中国的发展也是单边开放的结果。

这几年我一直提倡单边开放,很多人骂我,我对他们说,不要忘记,我们的农业津贴就是单边开放的产物。为什么这么说?20世纪80年代我们刚刚改革开放的时候,我们没有资本,邓小平便把它们"请进来",我们打开我们的大门,让外面的资本进来——这是不是单边开放?先是华人华侨资本,90年代以后又是国际资本。我们把它们"请进来",就是单边开放。90年代中国为加入WTO,提出了"接轨",这所谓"接轨"就是典型的单边开放。我们主动修改了一万多条从中央到地方的法律法规政策,这也是单边开放。我们现在的进博会也是单边开放。

从另一个角度看,太过追求对等开放,有时会让我们陷入误区。在《内地与香港关于建立更紧密经贸关系的安排》(CEPA)中,也涉及对等问题,但香港是地方政府,中央政府和地方政府搞什么对等？再比如说，我们跟台湾地区的经贸协议也要搞对等谈判，这就很容易办错事，因为对等谈判是两个政府之间的事情。两个政府之间一旦谈判，就是高度政治化。

最后一点，中国更高水平的开放，需要更大规模的单边开放。

我们现在面临百年未有之大变局，改革开放以后，我们国内层面的现代化和国际层面的全球化两股力量相向而行，互相强化，互相促进，正因为这样，中国发展迅速，我们花40年时间走完了西方100多年的道路。

当下，西方搞民族主义、逆全球化，这种情况下我们该怎么办？我们的应对措施就是单边开放。

《中欧全面投资协定》我们已经谈了，如果要对等开放，就要欧盟会议同意，我想可能需要5年、10年，甚至15年。怎么办？我们自己先做起来。最近对几个国家，包括英、法、德、马来西亚实行免签只是单边开放的一个小小的尝试，我希望我们有更多的领域可以实现单边开放。

为了和中国战略竞争，美国在世界上到处拉拢同盟，围堵中国，我认为我们的单边开放就是针对美国同盟最好的武器。搞脱钩是意识形态逻辑，如果我们实行单边开放，我们就可以遵循市场的逻辑，中国是全球最大的单一市场；根据资本的逻辑，资本是要到处走的，哪里有机遇就去哪里，这也是科学的逻辑，靠意识形态是堵不住的。只要认清了这一点，我们就无需害怕。

最近，美国科学家联合起来反对中美科技脱钩，因为中国科学家、工程师对美国的发展也是有非常大的贡献的。如果不实行单边开放的话，我们会出现很多问题，尤其是我们现在的话语，我们的话语很开放，但是一到微观层面，很多地方还不够开放，甚至是不开放的。

为应对美国搞脱钩、"卡脖子"，我们发展替代战略，很多企业很开心，觉得有机会了，外资走了，就可以替代了。我觉得我们不能这样狭隘地想，替代战略拉美搞了几十年，最后都是彻底失败的，成功的尝试都是出口导向的，比方说亚洲"四小龙"。美国如果"卡脖子"，有些领域不开放给我们了，我们做一些替代，但我们要做的也不是完全跟西方脱钩，这些事情我们要想清楚。

现在美国"卡脖子"，我们搞举国体制。但是我们不要忘记，我们是新型举国体制，不能像以前苏联那样搞关起门来自己创新的举国体制，我们要搞大门打开得更大的开放情况下的举国体制。

还有一条非常重要，就是不断完善制度型开放，就是以规则、规制、管理和标准为核心的开放。目标有了，我们如何通往制度型开放？我想制度型开放不仅仅是把中国带向高质量发展的途径，也是实现中国梦，把中国真正打造成世界强国的唯一道路。

| | |
|---|---|
| 原标题 | 郑永年：破解美国的"围堵中国"，最好的武器是"单边开放" |
| 来　源 | 观察者 |
| 日　期 | 2023-12-04 |
| 链　接 | https://www.guancha.cn/ZhengYongNian/2023_12_04_717801.shtml |

# 改革开放45周年,我们需要"精准单边开放"

(2023-12-07)

今年是改革开放45周年,12月7日,一场思想的盛会在改革开放的窗口——深圳拉开帷幕。由中央宣传部宣传教育局、广东省委宣传部主办,深圳市委宣传部承办的"改革开放精神学术研讨会",云集了来自中央和国家机关以及相关省市的专家学者,共同研讨改革开放精神的孕育形成、基本内涵、地位作用、时代价值等。在改革开放45周年的关键节点,深刻总结改革开放之路是怎么走过来的,接下来要怎么走。

在这场活动中,我遇到了《大湾区会客厅》的老朋友——香港中文大学(深圳)教授、前海国际事务研究院院长郑永年先生。作为国际知名学者,他不仅对国际关系、外交政策等有深刻研究,还对中国内部转型和外部关系有着独到的见解。

平时和郑永年教授的接触,更多是通过专访的交流,今天我们换了一种方式,我以研讨会主持人的身份邀请他来到台上演讲。尽管多次专访郑永年教授,但在这次的研讨交流中,我听到了他最近提出了一个新观点:我们需要精准的"单边开放"。相信有人会质疑这个观点,说我们一直都是对等开放,怎么会要单边开放呢?

## 一、我们为什么需要"精准单边开放"？

在郑永年看来，近代以来，我们已经经历了两次开放。第一次开放是两次鸦片战争失败之后的被迫开放，第二次开放是邓小平先生领导下的主动开放，加入国际社会，与国际接轨。当前，我们面临百年未有之大变局，提倡第三次对外开放，而这次开放的特点是要"精准单边开放"。

郑永年解释道，国家间的关系从来不是对等的，国际条约也并非总是对等的。就开放来说，对等开放也只是原则，真正的对等开放在现实中从来就没有实现过。西方发达国家只有强迫落后国家开放的时候，才会强调对等开放。二战之后美国形成三大开放系统，即开放的教育系统、开放的企业系统和开放的金融系统。这三大开放系统都是在单边开放过程中实现的。

反观我们国家，20世纪80年代，我国在还比较落后的时候进行改革开放，但是我们没有钱，那个时候我们"请进来"的做法，就是典型的单边开放。人家还没向我们开放，我们主动打开我们的大门，请外国资本进来。再到21世纪初加入WTO，到现在"进博会"等展会的举办，都是单边开放。我国用了几十年的时间走完了西方发达国家百年工业化历程。

改革开放以来，我国内部的现代化与外部的全球化是相向而行的，但是我们现在面临逆全球化的环境，需要第三次开放。

## 二、如何实现"精准的单边开放"?

郑永年强调,提倡精准的"单边开放",这是根据我们国家的需要进行的单方面的开放,但不是毫无原则的。在他看来,实施精准的单边开放应有以下几点举措。

第一,推进落实因为政治问题而暂时无法生效的《中欧全面投资协定》。就在这几天,我国宣布扩大单方面免签国家范围,包括多个欧洲国家,就是实施单边开放的重要一步。

第二,对标《全面与进步跨太平洋伙伴关系协定》(CPTPP)、《数字经济伙伴关系协定》(DEPA)等高标准规则,推动加入这些组织的进程。郑永年特别强调,像广东前海、南沙、横琴这三个地方应该在这方面扮演领头羊的角色。

第三,建设中国—东盟共同市场。当前,自贸区的概念已经不适用于现在中国跟东盟经济发展、监管发展的需求,可以参照欧盟早期共同市场的概念,推进中国—东盟共同市场的建设。

第四,鼓励中国企业延伸供应链、产业链。尽快把中国的供应链、产业链延伸到共建"一带一路"国家,延伸到东盟国家。同时要培育我们的跨国企业。我们既欢迎外资、外国技术的进入,我们的技术也要走向国际。如何培养中国自己的跨国公司,是下一步中国内部发展的一个关键。

第五,新型的举国体制是更加开放的举国体制,而不是以前的苏联模式"关起门来自己创新"。要警惕"全面替代战略",这样很容易和国际经济体脱钩。在遭受美国"卡脖子"的时候,我们不得不做一点替代，但是我们不要主动做全面的替代战略。

第六，要全面开放，更要有效管理，不怕"蚊子飞进来"。郑永年建议，可以学习新加坡等开放经济体，在全面开放的背景下如何更好地进行管理，而不是"有限的开放、无限的管理"。郑永年提到了一个有意思的比喻："我总觉得你在不太开放的情况下进行管理，不算你的本事。像邓小平所说的，你打开窗户，苍蝇蚊子肯定要飞进来。关着窗户说没有蚊子，不算你的本事。但打开窗户以后，你又可以把蚊子管理好的话，我觉得这算你的本事。"

当大家听得津津有味的时候，现场工作人员提示，15分钟的演讲时间即将结束。郑永年意犹未尽地说，"时间过得这么快，感觉还没讲完"。转过头，郑永年言简意赅地总结：我们已经积累了足够的经验、足够的实力来实现第三次的开放，而第三次开放是以精准的"单边开放"为主要特征的，要以第三次开放实现中国式现代化。

当我们谈论改革开放精神的时候，我们不仅要总结到底什么是改革开放精神，更应该思考新时代的改革开放精神应该有什么新的内涵，到底如何以改革开放精神激励我们在实现中国式现代化的道路上爬坡过坎、披荆斩棘。

如何让"单边开放"更加精准？怎样以"单边开放"推动双边甚至多边开放？更大规模的精准"单边开放"将在实现中国式现代化的进程中发挥什么作用？下一次对话郑永年教授的问题，已经浮现脑海。

论单边开放 全球剧变下的中国开放新命题与新思考

| 原标题 | 郑永年：改革开放 45 周年，我们需要"精准单边开放" |
|---|---|
| 来　源 | 深圳卫视《直新闻》 |
| 日　期 | 2023-12-07 |
| 链　接 | https://baijiahao.baidu.com/s?id=1784623915024872161&wfr=spider&for=pc |

# 把推进中国式现代化作为最大的政治

(2024-01-02)

党的二十大报告明确提出:"从现在起,中国共产党的中心任务就是团结带领全国各族人民全面建成社会主义现代化强国、实现第二个百年奋斗目标,以中国式现代化全面推进中华民族伟大复兴。"在此背景下,中央经济工作会议进一步深化了新时代做好经济工作的规律性认识,强调"必须把推进中国式现代化作为最大的政治",具有重要意义。

中国式现代化意味着什么?中国式现代化是全面、综合、全方位的复合型现代化,是人口规模巨大的现代化,是全体人民共同富裕的现代化,是物质文明和精神文明协调发展的现代化,是人与自然和谐共生的现代化,是走和平发展道路的现代化。中国式现代化是高标准定义的现代化,不仅对中国发展具有里程碑意义,而且为世界现代化提供了强大推动力,给世界上那些既希望加快发展又希望保持自身独立性的国家和民族提供了全新选择。

把推进中国式现代化作为最大的政治,是由中国共产党的性质决定的。这是中国共产党旗帜鲜明讲政治的体现,也再次明确了作为使命型政党在新时代的最大使命——通过推进中国式现代化实现"强起来"的目标。与此同时,"最大的政治"还对各方面提出了更高的要求,这里至少包含两层含义:第一,各地各部门要形成最大合力，扎实推进中国式现代化建设；第二，全社会要形成最大共识，全面深化改革开放，为推进中国式现代化注入强大动力。

把推进中国式现代化作为最大的政治，必须对国内国际环境变化以及面临的困难和挑战有着充分的认识。

从国际来看，我们主要面临四大挑战：一是世界格局与局势发生重大变化，新的冲突不时爆发，国际秩序呈现"封建化"趋势，出现碎片化状态；二是经济全球化遭遇逆流，国际贸易中保护主义盛行，美国和其他一些西方国家"脱钩断链"仍不会停止；三是新一轮"经济认知战"打响，所谓中国经济"顶峰论""衰落论""崩溃论""不可投资之地"挥之不去，目的就是破坏中国的国际营商环境、打击投资信心；四是外部势力围绕台湾问题、南海问题不断制造摩擦和冲突，企图再次阻断中国的现代化进程。

从国内来看，困难与挑战主要体现在：一是一些宏观政策红利不能及时落实到产业、到企业，二是经济结构或悄然发生变化，三是各地"内卷"加剧，地方保护主义抬头，与全国统一大市场建设背道而驰，等等。

把推进中国式现代化作为最大的政治，要谋划进一步全面深化改革的重大举措，为推动高质量发展、加快中国式现代化建设持续注入强大动力。一是把坚持高质量发展作为新时代的硬道理，牢牢把握高质量发展这个首要任务促成共识、组织资源。二是充分发挥党总揽全局、协调各方的领导核心作用，避免改革碎片化、部门化以及出现政策打架、"合成谬误"。三是通过区域经济一体化，加快建设全国统一大市场，近年来长三角一体化发展取得了很大的成效值得学习。四是坚持全国一盘棋，央地协同、齐心合力，进一步促进生产要素自由流动。五是不断完善落实"两个毫不动摇"的体制机制，清单式梳理政策落实中的堵点难点问题，让地方敢闯、企业敢干。六是为市场和社会主体松绑，通过设置"负面清单"，充分激发其内生动力和创新活力。七是坚持科学的改革方法论，以基础科研、应用技术转化和金融服务新的"三驾马车"赋能旧的"三驾马车"，坚持"先立后破"，以新动能倒逼老动能。八是深化农村土地制度改革，把推进新型城镇化和乡村全面振兴有机结合起来。九是建立健全决策咨询制度，融合体制内外智库各自的比较优势，推动科学民主依法决策。此外，对于粤港澳大湾区而言，要注重发挥香港的独特优势与作用，重塑香港国际金融中心的地位。

在改革、开放、创新这新的"三大法宝"中，开放是最重要的，是改革和创新的基础或者前提条件。把推进中国式现代化作为最大的政治，要扩大高水平对外开放。一是要在维护国家核心利益的同时，履行大国责任，为世界和平发展提供中国方案。要敢于斗争、善于斗争，但不搞冲突对抗、不搞"脱钩""筑墙"。二是稳步扩大规则、规制、管理和标准等制度型开放，要对接国际规则，积极参与国际规则制定，也要争取全球经济治理制度性权力。三是以精准的单边开放推进中国式现代化，近期我国宣布扩大单方面免签国家范围，可以在此基础上进一步梳理有关制度和措施，实施更大范围更宽领域更深层次对外开放。四是抢抓《区域全面经济伙伴关系协定》（RCEP）发展新机遇，在此基础上探索构建中国—东盟共同市场。五是鼓励中国企业延伸供应链、产业链，培养跨国企业，促进国内国际双循环。

| | |
|---|---|
| 原标题 | 重磅！郑永年等9专家权威解读2024年经济工作 |
| 来　源 | 南方日报 |
| 日　期 | 2024-01-02 |
| 链　接 | https://news.southcn.com/node_54a44f01a2/d7f8f57374.shtml |

# 准确把握推进中国式现代化这个最大的政治

(2024-01-22)

2023年末召开的中央经济工作会议指出，必须把推进中国式现代化作为最大的政治，在党的统一领导下，团结最广大人民，聚焦经济建设这一中心工作和高质量发展这一首要任务，把中国式现代化宏伟蓝图一步步变成美好现实。

## 一、推进中国式现代化是最大的政治

党的二十大报告指出，中国式现代化是人口规模巨大的现代化、全体人民共同富裕的现代化、物质文明和精神文明相协调的现代化、人与自然和谐共生的现代化、走和平发展道路的现代化。这无疑是一个全方位、复合型的现代化定义，也是迄今最高标准的现代化。如果拥有14亿多人口的中国实现了现代化，那么无疑具有多重伟大意义。

第一，形成人类文明新形态，完成中华文明伟大复兴的目标。文明复兴并非复旧，而是文明的再造，是一种文明新形态，而文明新形态需要通过现代化来获得。

第二，为世界现代化提供强大推动力。中国加入世界贸易组织（WTO）之后，对世界经济增长的贡献率曾达到50%左右。近年来，尽管世界经济形势总体不好，包括中国经济从高速增长阶段转向中高速增长阶段,但是中国对世界经济增长的贡献率依然维持在三分之一左右。现代化就是要让人类脱离贫穷,在这方面,中国的贡献更为巨大。中国式现代化无疑在为世界现代化注入强劲动能。

第三,作为最大的发展中国家,中国式现代化为那些追求现代化的全球南方国家提供信心来源。中国式现代化给世界上那些既希望加快发展又希望保持自身独立性的国家和民族提供了全新选择。同时,中国式现代化向这些国家传递了至少两方面的意义:首先,只有符合本国文明、文化和国情的现代化才会成功;其次,也表明中国不会像过去一些西方国家那样向外推行自己的现代化模式,把自己的现代化模式强加到其他国家之上。

正因为实现中国式现代化具有如此重要的意义,此前召开的中央经济工作会议才强调"必须把推进中国式现代化作为最大的政治"。

把推进中国式现代化作为最大的政治,是由中国共产党的使命性质决定的。作为世界上最大的政党,中国共产党通过实现自身使命来执政,实现中国式现代化是新时代最大的使命。

## 二、推进中国式现代化面临多重挑战

伟大的使命和崇高的目标已经确立,也必须追求。但是必须意识到,追求这一使命所面临的困难和挑战。只有认清影响中国式现代化的诸多困难和挑战,才能认识到所需要的改革和开放。

从外部环境来看，中国深度融入世界体系，外部环境的任何变化都会对中国产生深刻影响，比如剧烈的地缘政治变化、经济民族主义和贸易保护主义盛行等。从国内环境来看，中国也面临诸多需要应对的挑战和需要克服的困难。

面对外部大环境和内部小环境的变化，推进中国式现代化需要新一轮全面深化改革。新一轮全面深化改革必然要涉及政治体制改革。需要强调的是，中国的政治体制改革不是西方所定义的概念范畴，而是中国自己界定的符合中国文明、文化和国情的政治体制改革，并且诸多政治体制改革体现在经济体制、行政体制、社会体制和文化体制改革上。

### 三、推进中国式现代化必须深化十大改革

围绕推进中国式现代化，我们需要怎样的对内改革和对外开放？从对内改革来看，至少可以考虑如下十个方面的改革内容或者举措。

第一，确立高质量发展是新时代的硬道理。只有高质量发展才能实现中国式现代化。围绕高质量发展达成广泛共识，高质量组织资源，团结一致向前看。实际上，社会共识是改革最大的推动力。

第二，推进决策过程的民主化和科学化。一方面，实现政策研究、政策制定和政策执行过程的相对分离。另一方面，可以整合高端智库系统的研究力量，融合政府和社会两股研究力量，实现体制内外的相对一致性。

第三，强化中央政府的政策协调功能。中国式现代化必须置于强有力的党的领导之下。各部门改革要服从总体国家利益，围绕"高质量发展是新时代的硬道理"这一原则，一切为了实现中国式现代化。这就要求中央政府强化协调功能，把各部门利益导入整体国家利益。经济部门和非经济部门需要互相评估自己出台的政策给对方带来的影响，做好预判和对应方案，避免"合成谬误"。

第四，推动区域经济一体化与全国统一大市场建设。通过区域经济一体化来建设全国统一大市场，长三角地区在这方面积累了宝贵经验。同时，要推动新一轮行政体制改革。行政体制改革是政治改革的核心之一，也是推进国家治理体系和治理能力现代化的重要方面。新一轮行政体制改革应以建设全国统一大市场为目标和抓手。

第五，增强中央的统筹功能。从现代国家建设的角度来看，随着现代化进程的推进，需要中央政府强化其统筹功能，尤其是"软基建"建设。改革开放以来，中国的"硬基建"建设得很不错，全国性的公路、高铁、港口设施、信息网络等基础设施建设世界一流，大大推进了中国经济发展。现在要推动"软基建"建设，就是要积极解决社会保障、医疗、教育、公共住房、公共服务等问题。"软基建"建设好了以后，生产要素可以在不同区域自由流动。同时，"软基建"可以"保底"，保障基本社会公平和公正，这也是中产阶层的制度保障。

第六，充分发挥民营经济和地方政府两个发展力量。要进一步动员民营经济和地方政府这两个发展力量，进行"清单式"

的梳理，搞清楚民营企业发展的堵点、难点在哪里，地方政府和地方官员发挥作用的堵点、难点又是什么。只有清楚地识别并解决这些问题，才能把中央宏观经济政策的调整转化为地方经济红利。

第七，通过松绑赋能经济主体和社会主体的发展作用。经济活力唯有通过市场微观主体才能真正发挥作用。政府只是规则、规制和法制等营商环境的提供者和维护者，微观层面一定要松绑。

第八，推进乡村全面振兴和土地制度改革。推进中国式现代化，离不开农业、农村、农民的现代化。要逐步取消户口制度：城乡只是居住概念，而不应是身份概念。城市不仅是城市居民的居住地，也可以成为农民的新家园。同样，农村也可以是城市居民居住的地方。要鼓励城乡双向流动，深化土地制度改革。

第九，把握好改革的方法论。一是要"先立后破"。应当为"旧动能"留存一定空间，构建"新动能"对"旧动能"的倒逼机制、替代机制。二是围绕新质生产力，构建新的"三驾马车"。要通过新的"三驾马车"，即基础科研、应用技术转化、金融服务，实现技术进步之上的产业升级，推进高质量发展。三是要重视资本在推动变革过程中的独特作用。中央已经明确提出，要加快建设金融强国。因此，在金融领域要处理好发展与监管的平衡，要发挥金融服务经济的作用。

第十，发挥香港国际金融中心的独特作用。建设世界一流经济强国，就必须发展世界性的金融中心。要重塑香港的国际金融地位，通过与粤港澳大湾区的融合，尤其是与深圳、广州等城市的协同，把香港塑造成为上海之后的"第二个金融中心"。

## 四、高水平对外开放应从五方面着力

从对外开放来看，至少可考虑如下五个方面举措。

第一，在经贸方面，斗争但不脱钩；在维护核心国家利益方面，斗争但不冲突。中国式现代化的第五个特征就是走和平发展道路的现代化，这是中国作为大国责任的重要体现。

第二，推进规则、规制、管理、标准等制度型开放，实现高水平对外开放。继续与国际规则对接，在对接的基础上参与规则制定，在参与的基础上争取规则制定权。

第三，推进精准的单边开放。可以系统地分析《中欧双边投资协定》（BIT）、《全面与进步跨太平洋伙伴关系协定》（CPTPP）、《数字经济伙伴关系协定》（DEPA）等，从而确定哪些内容我国可以根据自身需求优先实施。这不是无原则的改革开放，而是根据我国的需要推动的开放，可以把它称为"精准单边开放"。

第四，加快落实《区域全面经济伙伴关系协定》（RCEP），推进中国—东盟共同市场建设。要加快落实RCEP，以充分利用其潜在的经济红利，进而在RCEP的基础上构建基于更高水平开放和更高水平区域产业布局的中国—东盟共同市场。

第五，建设开放的企业系统，构建中国的跨国公司。要连通国内国际两个大市场，把内循环和外循环结合起来。尤其是在企业层面，要通过建设开放的企业系统，推动构建中国的跨国公司，实现生产要素更大范围的自由流动和优化配置。通过国内国际双循环，把建设全国统一大市场和嵌入国际大市场结合起来。

总之，推进中国式现代化需要通过高质量发展来实现，而高质量发展需要通过新一轮全面深化改革来实现。改革开放使中国取得了很大成就。进入新时代，面临国际国内大变革，我国需要新的"三大法宝"，那就是改革、开放、创新，这既是我们认同的时代价值，也是我们通往美好未来的有效途径。

| | |
|---|---|
| 原标题 | 准确把握推进中国式现代化这个最大的政治 |
| 来　源 | 中国经济新闻网 |
| 日　期 | 2024-01-22 |
| 链　接 | https://www.cet.com.cn/ycpd/xwk/10007741.shtml |

# 经济中国的今天与明天

(2024-02-08)

本文分析了当前中国的经济形势、所面临的困境与应对之道。郑永年教授指出，中国经济虽遭遇百年未有之大变局——面临来自美国推动的逆全球化和贸易保护主义等诸多困难，但其仍然经济韧性强、未来潜力巨大。

展望未来，郑永年提出，要以构建中国经济理论体系、发展新兴产业、深化改革开放等应对挑战。他特别强调，发展新质生产力要推进"新三驾马车"，即基础科研、应用技术和金融支持，以突破技术瓶颈、实现产业全面升级。此外，还需加强政策统筹协调、建设全国统一大市场、深化土地制度改革等方面的工作，以释放持续发展动力。

本文内容由香港中文大学（深圳）前海国际事务研究院学术编辑组根据与郑永年教授的对话整理而成，供读者参考。

## 一、中国经济所面临之现状

要理解今天中国经济的现状，就必须理解什么是"百年未有之大变局"。改革开放40余年来，中国在开放和全球化状态下实现经济的快速增长，成为世界第二大经济体，中国经济深度嵌入世界经济。也就是说，内部经济发展和外部全球化是相向而行的。但近些年来，由于美国推动的经济民族主义和贸易保护主义，世界出现"逆全球化"趋势，中国经济遭遇了前所未有的外部环境压力。

在国际层面，中国经济的压力主要体现在以下几个方面：

第一，美国推动的经济民族主义和贸易保护主义。特朗普上台后，美国大力推动对华经济脱钩，对外贸易关系极限施压，试图遏制中国经济崛起。尤其在高科技产业领域，美国对华技术封锁达到了前所未有的地步。

第二，复杂多变的地缘政治环境。俄乌冲突、哈以冲突尽管是区域性的，但也使全球资本与能源流动受阻；美国频繁制造中国周边热点，比如支持"台独"势力、介入南海问题，意图收紧对中国的地缘围堵。这些都促成一些外资的错误认知，认为类似的冲突会延伸到亚太地区，这直接恶化了中国的营商环境。

第三，美国与西方媒体大肆进行对华经济认知战，制造"中国经济硬着陆""中国经济顶峰论""中国经济衰落论"，甚至提出中国是"不可投资之地"。经济领域的"认知战"已经是美国对华总体战略的一部分，严重影响中国商业环境和国际形象。

第四，美国内政导致的外溢效应。美联储急剧提高利率吸引全球资本回流，既冲击中国经济，也损害新兴市场。这种"强力美元"政策对全球顶尖技术、优质资本和高质量人才的吸引力是很大的，不仅是针对中国，对欧盟的负面影响也逐渐加大。

尽管当前的外部环境给中国经济带来了极大的困难，但中国经济展现出强大的抵御能力。在美国对华极限施压下，中国经济未被"打垮"，并表现出强大韧性。通过诸多外交领域的努力，中美关系也避免了陷入急剧恶化。尽管两国直接经济往来有所减少，但间接经济联系仍在持续。可以说，特朗普时期美国冷战派想对中国"速战速决"，把中国"打趴下"的政策已经破产。拜登政府基于这个现实把美国的对华政策调整成为长期的竞争。就现有经济形势而言，现实层面确实有了很大的变化，人们对中国经济的认知并非毫无道理。

然而，在学术层面，更多的问题体现为经济学问题，而非经济现实的问题。迄今，中国经济学还在被部分海外学者所主导，这是经济学界的悲歌。当海外的各种基于西方经济经验之上的经济学被用来解释中国经济现实的时候，经常出现不可思议的类比。中国经济学界过于追随西方理论，并没有形成立足中国实践的经济理论体系。无论是哈耶克还是凯恩斯，其经济理论针对的都是西方实践，和中国的实践经验没有必然的相关性。西方所谓的"经济学犹如物理学，放之四海而皆准"的主张即使在西方都已经破产，但在中国依然有巨大的市场。其原因在于，当中国没有自己的经济学理论来解释自己的时候，各种外来品就大行其道。所以，中国亟须建立符合国情、立足实践的、原创的政治经济学理论——不仅解释现实，而且为经济决策提供正确指导。

## 二、潜力体现在哪？

当前中国经济实践是两种经济学的融合体：一种是市场经济，遵循市场供需关系为根本；另一种是"政府经济"，遵循"轻重"——也就是权衡经济发展的动力，是更多来自市场，还是来自政府。概括地说，至少如下五个方面既是我国经济的实践经验，也是经济发展的潜力之所在。

第一，在制度安排上，中国形成了基于市场供需之上的政府调控作用的经济体制，实现了市场机制和政府宏观调控的有机结合。

第二，一系列战略性新兴产业快速崛起。新一代信息技术、高端装备制造、新材料、生物医药、新能源等，这些都开始成为拉动经济增长的新引擎。同时，中国已经在新能源汽车、高铁设备、风光发电等领域拥有世界级的产业集群。那些简单地把中国和90年代的日本作比较的学者忽视了一个简单的事实，那就是相较于当时的日本而言，今天的中国不仅仅是产业体系最为完整的经济体，更产生了新型的产业集群。

第三，中国正从技术引进国转变为自主创新国，这将有力提升经济发展的质量。在美国对华"卡脖子"、技术脱钩的背景下，倒逼中国实现更多"0—1"的技术创造和应用技术水平的提升。今天，中国政府和企业（无论是国有企业还是民营部门），都加大了科研投入，促进了中国从应用到原创的进程。如果没有美国施加的压力，中美间的技术竞争可能还会晚一点才进行，中国的投入不会像今天那样增加。

第四，在外部环境压力下，中国企业加速推进全球产业链布局。今天，我们产业链和供应链正在迅速区域化和国际化，中国企业正在向越南、墨西哥等地迁移。这是在美国对华打压的背景下，企业为进入北美市场，按美国设定的政策路径迁移的结果，且外迁的现象正加速出现。短期来看，这确实影响了中国对外贸易额度，但长远来看，这反而在加快促进中国跨国企业的成长。毕竟，发展到今天这个阶段，中国资本的国际化是不可避免的。

第五，更大的压力促成更深刻的改革开放。中国过去的经济增长得益于改革开放。党的二十大提出了"中国式现代化"。去年年底召开的中央经济工作会议强调"推进中国式现代化是最大的政治"，"高质量发展是硬道理"，强调要"推动制度型开放"，"加大国家统一市场建设力度"等，这些改革是全领域、全方位的，正在形成一股巨大的新动能。

## 三、中国经济发展的堵点、难点

然而，发挥中国的经济潜力存在堵点和难点。

一是经济内卷，即各地方之间的恶性竞争。与经济内卷相伴而来的是地方主义抬头与市场的碎片化。这与建设国内统一大市场背道而驰。当经济的增量出现问题，各地就转向竞争存量，因此出现内卷现象。因为各种原因，例如促进地方经济发展的需要和干部业绩的考核，一些地方官员不仅互相招商引资，更是阻止本地企业转移到外地，千方百计地想把GDP留在本地。在20世纪80年代，中国经济学家曾经用"诸侯经济"来形容当时盛行的地方保护主义。后来通过市场化改革，尤其是加入世界贸易组织和一些区域自由贸易组织，地方保护主义消退了。但现在地方保护主义又有回潮的势头，如果这个势头不能逆转，那么不仅将阻碍全国统一大市场的形成，从长远看，更会通过阻碍生产要素的自由流动而降低经济效率，从而影响经济的可持续发展。不过，从另一角度看，也表明一旦全国统一大市场形成，经济增长的潜力就可以得到源源不断地释放。

二是中央宏观层面的政策调整仍未转换成地方红利。十八大以来，中央出台了数千项改革举措，但在经济领域真正落实的政策数量并不多。最近的有关民营经济的政策便是一个典型的例子。中央层面所能做的都已经做了，包括强调"两个毫不动摇"、出台《关于促进民营经济发展壮大的意见》、成立民营企业发展局等，但这些很难落到地方层面。地方的政策执行水分很大，落实不到位，甚至出现执行偏差。官僚主义和形式主义依然盛行，有关部门不负责任，也不敢负责任。在这样的情况下，很多政策一直在空转，难以落地。

三是非经济部门出台的政策对经济的影响。近年来，各部门都是根据自己的需要来制定改革政策，推进改革政策，事先没有考虑到这些政策对经济的影响。尽管各部门的改革也非常有必要，也是为了增进国家利益，但因为没有科学地评估各类政策对经济的影响，往往造成一些学者所说的"合成谬误"，对经济和资本构成重大的负面影响，甚至冲击。正因如此，2023年中央经济工作会议强调，把非经济性政策纳入宏观政策取向一致性评估，强化政策统筹，确保同向发力、形成合力。

## 四、新"三驾马车"

任何一个国家的高质量发展都是通过基于技术进步之上的产业升级而实现的。在这个意义上，推动新质生产力的发展势在必行。

实际上，旧的"三驾马车"——投资、贸易、消费，如果想要继续发力，也必须基于技术进步之上的产业升级。如果没有基于技术升级之上的产业升级，国家很难实现高质量的可持续发展。而新的"三驾马车"，就是实现高质量经济发展的三个必要条件：第一个条件，必须具有一大批有能力进行基础科研的大学和机构；第二个条件，必须拥有一大批能够把基础研究转化成应用技术的企业或者机构；第三个条件，必须有足够支撑基础科研与应用技术转化的金融支持。

基础科研不是资本密集型。哪一个诺贝尔奖是资本主导出来的？如果一定要使用密集型的概念，就是兴趣密集型，科学家们自由地追求自己的学术兴趣就行了，科学发展有自己的逻辑。

应用技术转化是资本密集型的，但是应用技术转化风险很大，所以才发明了风投。因为政府不能用纳税人的钱来做风险大的投资，传统银行也不能拿着人家的存款这么做，只有风投才能解决这个问题。

金融建设非常重要。金融要支持企业的技术转化，在美国就表现为风投。我们对金融的重要性认知还不足，没有把金融跟实体经济的关系解释透。我们不能把金融跟实体经济割裂开来。尽管像美国那样实体经济过度金融化、金融过度虚拟化导致了太多的负面效果，我们必须防止出现类似的情况。

同时，美国出现了问题也并不等于我们不强调金融了，因为缺少了金融，经济就没有足够的血液。中国下一步能不能成为世界经济大国？不仅要看实体经济，而且也要看金融；没有金融，中国经济无论是内部的可持续发展还是走出去，都会变得很困难。

基础科研、应用技术转化和金融服务支持，这是工业化发生250多年经济历史中一个经济体从低度发展转型升级为发达经济体的三个必要条件。前两个条件中国已经充分意识到，也在努力，金融服务还有待于发展——尽管已经提出了建设"金融强国"的目标，但发展依然处于早期阶段。这从另一个侧面表明，一旦中国找到正确的金融发展模式，光是金融这一块就可创造中国经济发展的强大新动能，更不用说金融对其他经济领域发展的推动作用了。

### 五、前行道路在何方？

中国经济应该如何前行？至少可以从以下六个方面获取可持续发展的动力。

第一，进一步加强非经济部门与经济部门之间的协调。中央已经明确"高质量发展是硬道理"，那么非经济性政策也要纳入宏观政策取向一致性，以非经济部门来服务宏观经济的发展。而要想引导非经济部门克服自身的"部门主义"倾向，我们需要加强中央政府的政策协调功能。中国式现代化必须置于强有力的党的领导之下。

各部门自己设计自己的改革、自己改革自己、自己评估自己的改革，这种情况必须得到改变。各部门的改革要服从总体国家利益，围绕"高质量发展是硬道理"这一原则，一切为了实现中国式现代化。这就要求中央政府强化协调功能——通过协调，把各部门的利益导入整体国家利益。经济部门和非经济部门需要互相评估自己出台的政策对对方的影响，做好预判和对应方案。也只有这样，才能避免改革的碎片化，避免"合成谬误"。

第二，区域经济一体化与国家统一市场建设。通过区域经济一体化来建设国内区域统一大市场，长三角三省一市在这方面积累了宝贵的经验，其他区域包括粤港澳大湾区和京津冀等区域应该向长三角学习。京津冀需要平衡中心城市的虹吸效应，同时强化其对周边地区的辐射和扩散作用。粤港澳大湾区尤其要关注如何让内地九个城市互相协调的问题。

另外，考虑到粤港澳大湾区涉及"一国两制"的特殊条件，我们可以重点参考欧盟的经验，深入研究借鉴20多个主权国家组成的欧盟是如何做到市场一体化的。不管如何，需要推动新一轮行政体制改革。行政体制改革是中国政治改革的核心之一，也是推动国家治理现代化的重要建设。新一轮的行政体制改革可以构建全国统一大市场为目标和抓手。

第三，针对民营企业和地方政府出台政策，作"清单式梳理"。改革开放以来，中国的经济发展依靠的是"两条腿走路"——民营经济和地方政府。在经济发展相对困难的时候，就要进一步动员民营经济和地方政府这两个发展力量。

现在一定要进行"清单式梳理"，搞清楚民营企业发展的堵点、难点在哪里，地方政府和地方官员发挥作用的堵点、难点又是什么。只有清楚地识别并解决这些问题，才能把中央宏观经济政策的调整转化成为地方的经济红利。

第四，需要第三次土地制度的改革。历史地看，中国每一次成功都与土地改革有关系。毛主席的革命成功归功于土地制度改革，邓小平的改革成功归功于土地制度改革。前两次的土地改革都成功了，现在我们需要"第三次土地制度改革"。

实际上，土地制度改革的提出已经有数年，也有了一些新的概念，比如"三权分置"等，但好多政策还没有切实地推进。推动中国式现代化，不能忘记农业、农村、农民的现代化。

我们一直在呼吁，要逐步取消户口制度：城乡只是居住概念，而不应是身份概念。城市不仅是城市居民的居住地，也可以成为农民的新家园。同样，农村也可以是城市居民居住的地方。户口制度只是新中国成立以后一个特殊历史阶段的特殊安排，我们不能也不可能把它永久化。我们现在要鼓励城乡的双向流动。

一直以来，因为城市的虹吸效应，农村的要素持续流向城市，农民有钱了就到城市买房，把小孩送到城市里读书。虽然政府对农村的投入尽了最大的努力，但毕竟有限，社会资本又很难下乡。因此，应当鼓励城市的中上阶层到农村居住——他们也是重要的生产要素。这需要第三次土地制度改革。目前改革的方案已经有了，问题就在于如何加快推动落实。

第五，加快建设金融强国。在建设金融强国方面，尤其是要发挥好香港国际金融中心的独特作用。我们要克服一些人所说的香港面临的"孤岛化"问题——眼下美国和其他一些西方国家打压香港，区域内一些政府也有意识地跟香港竞争，吸收香港的金融和人才等要素。

这种情况必须有所转变。我们如果要成为一个世界级的经济强国，就必须建立一个世界级的金融中心。19世纪的英国、20世纪以来的美国为什么强大？为什么日本、德国、法国这些不同时段的世界强国，都只是二流的经济强国？这里的关键在于金融。我们国家如果要成为世界一流的经济强国，就必须发展香港这个世界级的金融中心。

在香港金融这些年受到各种挑战，受到各种负面环境影响的情况下，我们一定要重塑香港的国际金融地位，通过与大湾区的融合，尤其是与大湾区主要城市如深圳、广州的协同，把香港塑造为"第二个金融中心"。上海这一金融中心是为我们的金融稳定服务的，香港、深圳和广州可以建设基于劳动分工之上的金融服务枢纽，跟华尔街竞争。

第六，加大对外开放力度。对外开放方面，我们至少可以考虑如下五个方面的举措。

一是在经贸方面，斗争但不脱钩；在维护核心国家利益方面，斗争但不冲突，在维护核心国家利益的同时履行大国责任。美国对我们"卡脖子"，搞"脱钩断链"，我们要敢于通过斗争去维护国家利益，但同时我们不仅不主动脱钩，而且要主动分化西方政治、资本和社会力量，让冷战派的脱钩破产。同样，我们必须坚定维护核心国家利益，遏制他国侵犯，但也要履行和平发展的大国责任，克制自己。中国式现代化的第五个特征就是和平发展，这是我们的大国责任。

二是推进围绕规则、规制、管理和标准的高水平开放。继续和国际规则对接；在对接的基础上，参与规则制定；在参与的基础上，争取规则制定权。

三是推进精准的单边开放。作为世界第二大经济体，中国的开放本身就是中国可以给世界提供的最好的国际公共品，也是大国的一份责任。同时，我们在开放过程中实现自身的可持续发展和崛起。

要实现中国式现代化，我们可能要有精准的单边开放政策。经验地看，单边开放很重要。美国之所以强大的一个关键原因就在于其开放市场——二战以后在世界范围内吸收了优质的资本、先进的技术和高端的人才。无论是英国、美国，还是其他国家，都是根据自己的需要在一些领域实行单边开放的。我们不要过于迷信对等开放，要历史地看待它。

我们国家也曾通过单边开放谋发展：在20世纪80年代缺少资本的情况下，我们通过"请进来"引入资本，这就是单边开放；在20世纪90年代，我们为了加入WTO，修改了从中央到地方的一万多条法律法规、政策，这也是单边开放；近年来，从上海进博会到最近对欧洲多国和马来西亚的单方面免签，也是典型的单边开放。我们的单边开放已经开了一个好头，接下来希望能把单边开放扩大到更多的领域。

这方面，我们可以系统地分析《中欧全面投资协定》、CPTPP、DEPA等，从而确定哪些内容我们可以根据自身需求优先实施。单边开放不是无原则的改革开放，而是根据我们的需要推动的开放，可以把它称为"精准单边开放"。并且，我们发展到今天，也有实力基础和经验实行精准的单边开放。

四是加快落实RCEP，推进中国—东盟共同市场建设，以充分利用其潜在的经济红利。进而，要在RCEP的基础上构建中国—东盟共同市场。商务部已经在和东盟开始进行3.0版的自由贸易区谈判，但3.0版的自由贸易区只是在2.0版基础上进行了一些增补，自由贸易区的概念和方法已不足以满足中国和东盟日益增长的发展需要了。

现在，与传统的贸易投资不一样，我们的供应链、产业链都已经延伸出去了。所以，我们要有更高水平的开放和更高水平的区域产业布局，也就是共同市场的建设。中国和东盟之间的经贸关系已经有了很深厚的基础，接下来可以推进中国—东盟共同市场的建设。

五是建设开放的企业系统，构建中国的跨国公司。要联通国内和国际两个大市场，也就是把内循环和外循环结合起来。尤其是在企业层面，我们要通过建设开放的企业系统，推动构建中国的跨国公司。现在，我们的很多企业也只是地方性的，甚至还没有实现跨省。也就是说，生产要素没有实现自由流动和配置。不管如何，中国的企业发展到今天，"走出去"——构建跨国企业是必须走的下一步。其实，通过内循环、外循环相结合，可以把建设国内统一大市场和嵌入国际大市场也结合起来。

| 原标题 | 郑永年：经济中国的今天与明天 |
|---|---|
| 来　源 | 大湾区评论 |
| 日　期 | 2024-02-08 |
| 链　接 | https://mp.weixin.qq.com/s/wnjKVZQjbPKzvIJGEr1ooA |

# 未来十年，我的判断

(2024-06-24)

尽管中国制造业在全球占据重要地位，但核心技术仍受制于人，原创性技术创新能力不足，无法实现从"中等收入"到"高收入"的跨越。本文指出，在迈向高收入经济体的道路上，中国正面临跨越"中等技术陷阱"的挑战，而破解的关键在于突破"中等技术陷阱"——提升"0—1"的原创性创新能力，以及在"1—10"技术刻度上的持续升级。

郑永年教授认为，跨越"中等技术陷阱"的"三驾马车"模式包含三大要素：基础科研、应用技术和金融支持。基础科研决定前沿经济地位，应用技术推动实际问题解决，而金融支持则为二者提供必要的资源保障。那么中国应该如何去做？作者在文中给出了可行性的解决方案。

## 一、"0—10"的技术创新，中国目前的水平是"4—7"

无论是发达经济体还是陷入中等收入陷阱的经济体，它们的经验都告诉我们，一个经济体要想从中等收入水平提升为高收入经济体水平，必须跨越中等技术陷阱，或者说，跨越中等收入陷阱的关键在于跨越中等技术陷阱。

一个经济体在发展早期可以依赖技术扩散、依靠学习复制发达经济体转移出来的技术，但要实现高收入经济体的目标，一方面需要依靠培养"0—1"的原创性技术创新能力，另一方面则需要有能力在现有技术领域实现可持续的技术升级，即在"1—10"的技术刻度内，向最高水平进步。

在过去数十年间，中国被视为世界的制造业基地，"世界工厂""中国制造"，甚至"中国创造"一度成为众所周知的词语。从绝对值来看，中国制造业在2021年的增加值全球占比高达29.79%，接近美国、日本、德国、韩国、印度五国的总和（30.82%）。然而，与世界一流制造业强国相比，中国制造业体现为"大而不强"的特点。

根据中国工程院2019年、2020年发布的"制造强国发展指数"，中国制造业的技术强度仍然处于第三阵列，甚至面临被第一、第二阵列的美国、德国、日本等发达国家掣肘于中低端的风险。除此之外，在关键技术上也受制于人，核心基础零部件、关键基础材料、基础技术和工业等产业对外依存度在50%以上，集成电路的进口依赖占比为80%，大型优质铸锻件的进口占比90%左右，高档液压件、密封件的进口占比接近100%。

就中国的技术水平而言，无论从供应链、产业链还是价值链等维度看，目前大体上正处于中等水平。中国现在的情况是：

第一，缺失原创性技术，即缺少"0—1"的技术创造；

第二，发展以应用技术为主，即使就应用技术而言，中国在"1—10"的刻度内也处于"4—7"的位置，缺少"8—10"的技术水平，或者说，在很多领域还没有达到世界顶尖水平，许多核心技术及关键零部件对外依赖度依然很高；

第三，中国在某些应用技术领域赶上甚至取得了世界领先水平，但这些领域还处于零散的状态，没有形成系统，或者说，中国技术的整体水平还远未达到全方位、系统性的强大。

## 二、世界科技是一座山，美国意图把中国赶下这座山

面对今天美国对我们的"卡脖子"和系统性脱钩，如何才能跨越"中等技术陷阱"呢？在宏观层面，开放政策是关键。我们无疑必须进行举国体制式的应对。但是，我们强调的是"新型举国体制"，它绝对不是关起门来自己创新，而是把大门敞开，在更开放的情况下进行举国体制式的创新。

这就涉及我们对世界科技发展内在逻辑的理解。我们可以把近代以来的世界科技看成一座山，这样就比较容易理解我们今天的处境。今天，世界思想市场上的一些人在谈论"一个世界、两个中心"的概念，即一个以美国为中心，一个以中国为中心。在科技领域也有人在思考，中国是不是可以构建一个独立于西方科技之外的科技体系？无论在理论层面还是在经验层面，世界科技只能有一座山，是世界所有文明、所有国家共同造就的，离开了这座山，任何一个国家都很难构建另一座山。

今天，美国对我们"卡脖子"的做法就表明美国不再允许中国继续在这座山上攀登了，而"系统脱钩"更严重，表明美国意图把中国赶下这座山。中国未来的选择不是离开这座山，而是要继续待在这座山上，为这座山做出更多的贡献。总有一天，不仅我们离不开这座山，这座山更离不开我们。

因此，我们今天提倡新型举国体制，就需要在开放的状态下搞科技创新，继续为世界科技这座山贡献中国的力量。美国和其他一些西方国家恐惧中国的科技崛起，对中国实行全面打压政策，但从长远看，它们不会成功，因为它们践行的是政治逻辑，而非资本逻辑、技术逻辑和市场逻辑。近代以来，发生在西方的几波全球化就是资本、技术等生产要素冲破政治设立的边界而形成的国际市场。

在这样的情况下，我们必须用资本、技术和市场逻辑来回应。第一，中国需要高水平开放。我们所说的"第三次开放"就是高水平开放。第三次开放就是扩大规则、规制、管理和标准等制度型开放。第二，更为重要的是，我们需要精准的单边开放，尤其是在人才、企业和金融领域。开放是核心，没有开放，就很难吸引所需要的生产要素。

## 三、基础科研、应用技术、金融支持"三驾马车"齐头并进

那么，具体到科技进步层面，一个国家该如何跨越"中等技术陷阱"？自工业化发生以来，世界经济的发展就是一个持续创新的过程，这也被称为"创新经济"，其核心是技术创新。

新技术的产生对现存社会而言，往往是毁灭性的。新技术所带来的新经济利益会打击旧的经济既得利益，改变现有的社会结构，迫使现存制度体系进行改革。因此，经济学家熊彼特把这个过程称为"创造性破坏"。

一个国家要突破"中等技术陷阱"必须具备三个条件，具

备了这三个条件，就更有可能出现熊彼特所说的"创造性破坏"。我们也可以把这三个条件称为科技创新的"三位一体"模式。这三个条件是：

第一，必须具有一大批有能力进行基础科学研究的大学与科研机构。科技创新"三位一体"模式的第一支柱是基础科研。一个经济体的基础科研水平决定了其经济状况是属于前沿经济还是追赶经济。相对世界先进水平而言，中国的基础科研还相当薄弱。诺贝尔奖的获奖数据很能说明问题。在化学、物理学、生理学或医学这三大基础科研领域，诺贝尔奖得主最多的三个国家是美国、英国和德国。如果用人口数量作为标准化分母来衡量，这三个国家每1亿居民的获奖数量在50—100之间。目前为止，中国籍的基础科研领域的诺贝尔奖得主只有屠呦呦一人，中国每1亿居民的获奖数量为0.07。

要想全面提升我们的基础科研水平，就要找到中国基础科研相对较弱的根本原因，通过系统性地重塑与之匹配的教育、管理和软基建系统，为中国基础科研的崛起创造有利条件。要确立科学人口培养系统。大学是培养科学人口的主体组织。在这方面，需要做好两项主要工作：一是把"科学人口"的数量做大，让越来越多的中国人有兴趣且有能力去从事基础科研工作；二是创造条件让这些人去追求自己的兴趣，发挥自身的能力。要建立与科学研究相适应的管理体系。在这个基础科研的管理体系中，行政干预必须尽量减少，更不能用行政逻辑替代科研逻辑。提供开放式的实验室，赋予科研人员足够的自由，在不同区域的大学和实验室之间建立横向合作，形成基础科学研究网络。要建设与科学研究相适应的软基建。虽然基础科研不是资本密集型的，但依然必须有足够的金融投入，解决基础科研工作者的薪资待遇、福利和保障等问题，即"软基建"问题同样重要。

第二，必须具有一大批有能力把基础科研转化成应用技术的企业或机构。科技驱动"三位一体"模式的第二支柱是应用技术。一个国家应用技术系统的综合水平决定了这个国家是否已经跨越"中等技术陷阱"。总的来看，中国的科技发展目前基本上还处于技术应用式发展阶段，即通过发达国家的技术传播和扩散，对其加以应用。我们仍然缺乏原创性、突破性和颠覆性的技术创新。被一些人称为"新四大发明"的高铁、网购、移动支付和共享单车，这些技术或商业模式都不是我们原创的，我们只是利用我们的人口规模和国内庞大的市场，在改良和推广这些应用上处于领先。

要改进中国的应用技术系统，我们至少需要考量以下几个方面的问题。改善"技术人口"的培养系统。"技术人口"所需要具备的能力中最为重要的是解决实际问题的能力，也就是工程思维方式和动手这两种能力的叠加。如果我们希望中国的下一代中涌现出更多世界一流的科学家、工程师和技师，最起码我们要让培养解决实际问题的能力成为基础教育的一个重点目标，并且要把对这些能力的检验纳入升学评价体系。促进隐性技术知识积累需要克服激励扭曲问题。中国在很短时间内成为"专利大国"和"论文大国"，但这并不符合实际科技水平。要促进中国应用技术系统的健康发展，必须消除体制内存在的激励扭曲，鼓励长期主义、创新、学术诚信和高质量发展，让企业、大学和科研机构愿意静下心来去做真正能促进隐性技术知识积累的工作。确立企业在应用技术转化中的主体地位。在中国，应用技术转化的主体既可以是国有企业，也可以是民营企业，但无论是哪种类型的企业，都必须是市场或者商业化导向的。建设开放的工业实验室体系。工业实验室的市场化改革不可或缺，不能光讲投入、不讲产出。尤其是需要通过开放来有效提高工业实验室的有效使用率。各级政府的工业实验室之间应当互相开放，更应当向民营企业开放。进行区域劳动分工。区域不均衡表明在基础科研和技术应用领域要建设全国统一大市场。各级政府不应当有"自给自足"的思想、设置各种障碍，而应该通过市场化改革，促进全国统一大市场的形成。

第三，必须具有一个开放的金融支持系统，无论是基础科研还是应用技术转化都需要大量的金融支持。就金融体制而言，缺失风投体系是中国科技进步最大的短板。中国的金融体系是为实体经济和社会经济稳定服务的，无法扮演华尔街金融体系的角色，也很难产生像美国那样的风投体系。但如果我们借用香港的金融中心优势，就可以获得基础科研和技术应用转化所需要的金融支持。我们最近也在提倡要建立双金融中心，分别是上海金融中心和粤港澳大湾区金融中心。上海金融中心为实体经济金融提供稳定服务，而粤港澳大湾区金融中心则基于大湾区各个中心城市的"劳动分工"，通过融合发展构建一个可以跟华尔街竞争的金融中心。

国有资本或者国有资本组成的基金至少可以围绕以下五个

方面展开：一是绘制世界产业技术地图，搞清楚如何实现产业升级；二是利用大数据等工具，预测未来产业；三是和大学合作，投资基础科研；四是探索中国版风投体系，投资应用技术的转化；五是投资新兴产业。政府的产业基金必须向民间资本开放，实现国有资本和社会资本优势互补、风险共担、回报共享。除了金融和国有资本的作用，政府也必须通过金融改革发挥科技创新作用。中国目前的金融结构困境在于真正需要资本的科创企业拿不到资本，而不需要资本的企业则"被"给资金。

要解决这个问题，我们有三条调整路径可以考虑：一是要推动专为中小型民营科创企业服务的民间金融发展，政府可以根据规定来规制民营金融的规模、服务对象和区域；二是设立大量的中小型国有银行，专门服务中小型企业，这些银行的考核标准应当和大型国有银行不同；三是引导实行量化宽松政策后放出的资金进入这些与民生经济、创新创业有关的中小银行。

基础科研、应用技术、金融支持三个条件必须互相配合，缺一不可。正是因为这三者之间的紧密关联，在西方，人们把技术创新过程称为"国家、市场和金融"三者之间的一场持续"游戏"。也就是说，国家负责基础研究，市场负责应用技术，而金融负责基础研究到应用技术的转化。缺失任何一个条件，不仅会使技术创新很难进入一个良性循环，实现持续的进步，更会使得技术创新在某个节点戛然而止。

### 四、重新理解科技和创新的两个底层逻辑

基础科研、应用技术转化和金融服务"三位一体"的创新

体系具有普遍意义，我们必须重视。此外，中国还必须根据自己的制度安排特征来考量如何跨越"中等技术陷阱"。

就科技发展而言，中国制度安排的特殊性在于：基础科研和应用技术转化普遍脱节，并且基础科研的主体是国有大学和研究机构，而应用技术转化的主体主要是民营企业。

根据这一特殊的制度环境，我们的政策建议聚焦讨论两个主要方面：第一，科技和创新政策的"双轨制"；第二，构建开放的企业系统。从历史角度看，世界科学中心经历了从意大利到英国、法国、德国，再到美国的转移。这一转移过程背后往往存在两个底层逻辑：一是"科学理论—科学实验—科学理论"的循环加速机制，二是"技术—科学理论和实践—技术"的循环加速机制。从经验层面看，第一个底层逻辑中短期内在中国不具备实现条件，而第二个底层逻辑在中国已经形成，且主要依赖民营企业在技术创新上的决定性作用。因此，我们可以建立一个"双轨制"的科研体系：一方面，建立面向民营部门的科技和创新政策"新轨"，以在中短期维持和加强技术创新循环加速机制（第二个底层逻辑）；另一方面，逐步改革面向高校和科研机构的科技和创新政策"老轨"，逐步推进"体制外"高校和科研机构、研究经费资助方以及出版社和学术期刊的发展，倒逼"体制内"相关机构的体制改革，以在中长期创建基础研究和原始创新循环加速机制（第一个底层逻辑），推动中国发展成为下一个世界科学中心。

在西方，自20世纪80年代以来，企业的供应链就变得越来越长，也变得越来越开放。中国的情况刚好相反，企业之间互相封闭，类似一个个不同的土豆，彼此之间毫无关系。无论是国有企业还是民营企业，一个产品的各个零部件都由自己来生产，即使有供应链，供应链的长度也微不足道。因此，中国的企业最为看重的是市场份额，以市场份额来保障利润，而这样做一旦市场饱和，利润就成为问题。更为重要的是，封闭的企业缺乏竞争动力。

在当前全球化与现代化逐渐背道而驰、贸易保护主义盛行、外部环境面临压力的大背景下，中国企业作为中国经济的主体部分想要实现技术升级也面临着许多挑战。保持开放、坚持开放、构建开放的企业系统，是实现企业技术进步的关键一环。而要构建开放的企业系统，需要企业通过延伸产业链、供应链，实现企业之间、国内区域之间和面向全球的三个层面的开放。同时，除了企业自身应保持开放、实现观念和战略的转变，政府也应通过政策、立法干预，实现省级、国家级统筹推动建立全国统一大市场，以达成更精细化的全国、全球层面的劳动分工，助力企业完成技术升级，引导国家跨越"中等技术陷阱"。

**原标题** 郑永年：未来十年，我的判断
**来　源** 大湾区评论
**日　期** 2024-06-24
**链　接** https://mp.weixin.qq.com/s/D1TDJM1ImGZktrLSJ80fug

# 扩大单边开放规模，应对"脱钩断链"逆风

(2024-07-29)

改革和开放相辅相成、相互促进。刚刚闭幕的党的二十届三中全会提出，开放是中国式现代化的鲜明标识。要坚持以开放促改革，建设更高水平开放型经济新体制。在全球贸易保护主义盛行，外部发展环境出现百年未有之大变局时，中国应如何保持定力，坚持对外开放？

香港中文大学（深圳）公共政策学院院长、前海国际事务研究院院长郑永年接受了香港文汇报的专访。他认为，面对更严峻的外部挑战，中国更加需要以新的开放手段，突破外部的"小院高墙"限制。因此，应推动更大规模、更多领域的单边开放，分化瓦解针对中国的打压遏制，团结一切可以团结的力量，为中国式现代化争取更有利的环境。

## 一、中国需以新的开放手段突破外部"小院高墙"

刚刚闭幕的二十届三中全会提出"完善高水平对外开放体制机制"，释放了扩大高水平对外开放的明确信号。香港中文大学（深圳）公共政策学院院长、前海国际事务研究院院长郑永年在接受香港文汇报专访表示，以开放促改革、促发展是中国式现代化不断取得成就的宝贵经验。二十届三中全会有别于以

往的一个突出特点，是国内进入改革"深水区"的同时，外部发展环境也出现了百年未有之大变局，国际形势风云莫测，"逆全球化"趋势与现代化逐渐背道而驰、美西方对中国的各种限制脱钩措施日渐加剧。他认为，面对更严峻的外部挑战，中国更加需要以新的开放手段，突破外部的"小院高墙"限制。因此，应推动更大规模、更多领域的单边开放，分化瓦解针对中国的打压遏制，团结一切可以团结的力量，为中国式现代化争取更有利的环境。

开放是中国式现代化的鲜明标识。二十届三中全会通过的《中共中央关于进一步全面深化改革、推进中国式现代化的决定》提出，必须坚持对外开放基本国策，坚持以开放促改革，依托中国超大规模市场优势，在扩大国际合作中提升开放能力，建设更高水平开放型经济新体制。《决定》还提到，扩大自主开放，有序扩大中国商品市场、服务市场、资本市场、劳务市场等对外开放，扩大对最不发达国家单边开放。

## 二、参与规则制定，争取规则制定权

郑永年认为，高水平对外开放对于实现中国式现代化的意义，主要在于通过开放可以促进国内深层次改革，引进先进生产要素，提升产业核心竞争力，推动产业转型升级，不断增强中国式现代化的动力和活力。这首先需要推进围绕规则、规制、管理和标准的高水平开放，继续和国际规则对接；在对接的基础上，参与规则制定；在参与的基础上，争取规则制定权。此外，面对恶劣的国际环境，更应该强调单边开放的重要性，开展更大规模、更多领域的单边开放。

他指出，改革开放四十余年来，国内现代化和国际层面的全球化两股力量相向而行，互相促进。正因为这样，中国发展快速，花了四十年时间走完了西方一百多年的道路。然而今天，这样有利的外部环境不再存在：近些年来，由于美国推动经济民族主义和贸易保护主义，世界出现"逆全球化"趋势，特别是美国伙同其盟友对中国的高科技实行"卡脖子"和系统性脱钩，并塑造中国的周边环境，这些都对中国构成越来越大的地缘政治压力。

"中国式现代化遭遇了前所未有的外部环境挑战，单边开放是应对西方对中国'脱钩断链'的有效政策。"郑永年认为，美西方封杀中国的时候，即使西方不向中国开放，中国也坚持向他们开放，向他们的要素开放，向他们的技术开放，向他们的市场开放。美国今天叫嚣封杀中国、与中国脱钩是其国内冷战派、行政当局的逻辑，但这样做不符合资本逻辑，因为资本是要走出去的；不符合科技逻辑，因为科学技术需要向外延伸；更不符合市场逻辑，因为中国是当今世界上最大的单一市场。如果中国践行单边开放，那么美国和其他一些西方国家的行政当局就很难封杀其作为市场主体的资本和企业。简单地说，单边开放可以利用资本逻辑、科技逻辑和市场逻辑来克服西方反华力量的政治和行政逻辑。

### 三、单边开放不是无原则的开放

今年是美国大选之年，结果将牵动全球政经脉动。郑永年指出，无论谁当选美国总统，当局的对华遏制政策都不会逆转，中国对此已经有了清醒认识。但需要注意的是，美国内部不是铁板一块，更不要把美国视作一个"反华"的整体，美国是由很多群体和利益集团组成的，他们相互制衡影响着中美关系的走向，"白宫想脱钩，但华尔街资本、硅谷、各农业州不想，中国向美国单边开放是主动分化西方政治、资本和社会力量的有效手段；反之，中国如果不开放，美国所有的既得利益集团都会团结起来对付中国"。

他进一步强调，单边开放不是无原则的开放，而是根据自身的需要精准推动的，比如系统地分析《中欧全面投资协议》、《全面与进步跨太平洋伙伴关系协定》（CPTPP）、《数字经济伙伴关系协定》（DEPA）等，从而确定哪些内容可以根据自身需求优先实施，循序渐进，由点带面，通过试点成熟后再全面推广。

郑永年指出，从历史经验和实践效果来看，中国扩大单边开放不仅是为了应对恶劣的国际环境，更是自身进步和实现经济高质量发展的迫切需要，不但能向世界展示包容自信，同时可以获得更多推动发展所必需的资金、技术、市场、人才等诸多优质资源，为中国式现代化注入新动力。

"我们在单边开放方面已经有了很好的实践和效果。"他指出，事实上，自改革开放以来，中国在很多方面施行了单边开放：20世纪80年代在缺少资本的情况下，中国通过"请进来"主动引入外资；90年代，为了加入WTO，积极对接世贸组织规则，修改了从中央到地方的一万多条法律、法规和政策，这也是单边开放；近年来，从上海进博会到持续缩减外资准入负面清单、取消制造业领域外资准入限制，再到对法国、德国、意大利、荷兰、西班牙、马来西亚、瑞士等国试行单方面免签政策、放开VISA境外卡使用等，也都是单边开放的成功案例。此外，中国还在共建"一带一路"、推进同更多国家商签高标准自贸协定和区域贸易协定等方面，做了很多工作，效果非常好。可见，中国的单边开放已经开了一个好头，接下来希望能把单边开放扩大到更多的领域。

### 四、开放能实现自身的可持续发展

"太过追求对等开放，有时会让我们陷入误区。"郑永年说，从国际上看，单边开放也是英、美等发达国家曾经采用过的吸引全球高端人才、优质资本的有效策略。他指出，历史上发达国家的成功都是单边开放的结果。其中，英国最先实现单边开放，因为它是第一个工业化国家，有条件单边开放。美国表面上最强调对等开放，但它只有在作为发达国家强迫落后国家开放时才强调对等开放，实际上一直在根据自己的需要进行单边开放，特别是二战以后在世界范围内吸收了优质的资本、先进的技术和高端的人才，从而成就了美国的世界第一强国地位。中国目前作为世界第二大经济体，开放本身就是给世界提供的最好的国际公共品，同时也能实现自身的可持续发展和崛起。

| 原标题 | 郑永年解读三中全会：扩大单边开放规模，应对脱钩断链逆风 |
|---|---|
| 来　源 | 大湾区评论，原载于《香港文汇报》 |
| 日　期 | 2024-07-29 |
| 链　接 | https://mp.weixin.qq.com/s/JVMkB95wClKmTQ0Ufdooww |

# 好的改革需要经济发展牵引其他方面的发展

(2024-08-01)

锚定2035年，重点部署未来五年改革任务。

党的二十届三中全会审议通过的《中共中央关于进一步全面深化改革、推进中国式现代化的决定》，坚持以经济体制改革为牵引，全面部署各领域各方面的改革。

如何深刻理解经济体制改革？300多项重要改革举措如何落地？扩大对最不发达国家单边开放意味着什么？近日，《新京报》记者专访香港中文大学（深圳）公共政策学院院长、前海国际事务研究院院长、广州粤港澳大湾区研究院理事长郑永年教授，全面深入解读二十届三中全会精神。

## 一、谈二十届三中全会的历史意义："具有里程碑意义"

**新京报**：你如何评价二十届三中全会的历史意义？

**郑永年**：二十届三中全会具有里程碑意义。十一届三中全会、十八届三中全会面对不同的历史发展阶段，符合历史发展需要，二十届三中全会符合国际国内背景的大时代。

在我们国家的政治体制里，每五年一次的党代会为国家发展指明方向，每一次三中全会会制定具体行动方案，对顶层设计进行落实。十一届三中全会，党的中心工作开始转移，从阶级斗争转向以经济建设为中心。当时我们面临所谓的"贫穷社会主义"。邓小平就提出，贫穷不是社会主义，共同富裕是社会主义的本质特征；鼓励"一部分地区、一部分人可以先富起来，带动和帮助其他地区、其他的人，逐步达到共同富裕"。面临非均衡发展，邓小平找到了改革开放这个突破口，实践证明非常成功。十八届三中全会，开启了新时代全面深化改革、系统整体设计推进改革新征程，开创了我国改革开放全新局面。改革强调顶层设计、系统思维、全国一盘棋，而不是寻找单一的突破口。

以前的改革开放道路可能顺风顺水，中国的现代化与国际的全球化相向而行、互相强化、互相促进。通过改革开放，我们用三四十年时间走完了人家一百五十年甚至更长的路。但是现在，我们面临百年未有之大变局，国际形势越来越严峻复杂。从国际层面来看，西方的经济民族主义、贸易保护主义——尤其是针对中国的贸易保护主义、经济民族主义，像"卡脖子"、脱钩断链等，政治领域存在意识形态对立，地缘领域世界在高度分化。这些因素都使得我们现在面临特别复杂的国际环境。

二十大提出了以中国式现代化全面推进中华民族伟大复兴的目标，去年年底的中央经济工作会议明确必须把推进中国式现代化作为最大的政治。这是里程碑式的表述。

如何实现中国式现代化？那就是高质量发展，发展是硬道理，高质量发展是全面建设社会主义现代化国家的首要任务。如何实现高质量发展？这就需要建立高水平社会主义市场经济体制。如何建立高水平社会主义市场经济体制？这就需要全面深化改革，在改革开放中不断推进。这是我们理解二十届三中全会精神的基本逻辑。

**新京报**：你认为二十届三中全会《决定》最大的特点是什么？

**郑永年**：《决定》全文两万多字，我认为最大的特点就是强调均衡发展、协调发展、协同发展。300多项改革措施涉及方方面面，但主体结构就是经济、社会、政治三大领域。

经济领域就是经济增长，没有一定的经济增长，就没有中国式现代化。我们现在遇到的很多问题，是经济增长中遇到的。一旦发展停滞，所有的问题就变成了真问题，很难解决，例如就业、税收、消费等，都要通过发展来解决。同时，经济要讲效率，要充分发挥市场在资源配置中的决定性作用，以更好发挥政府作用。

社会领域就是公平正义。《决定》要求，要以经济体制改革为牵引，以促进社会公平正义、增进人民福祉为出发点和落脚点。在任何国家，经济与社会都是一体两面，如果经济增长对社会不公平，收入方面差异太大，就走不稳、走不远。例如美国，经济增长不错、科技突飞猛进，但民粹主义崛起，社会越来越不稳定。所以经济领域与社会领域都要讲公平，不讲公平就会出现问题。

政治领域就是治国理政，需要从制度、体制、机制层面发力。海外媒体理解，经济发展是中共二十届三中全会的重点。这只是片面理解。《决定》对提高党对进一步全面深化改革、推进中国式现代化的领导水平做了全面部署。中国共产党有九千多万名党员，比欧洲很多国家的总人口都多。我们要建设高水平社会主义市场经济体制，解决社会公平正义问题，除了需要强有力的有为政府，更需要中国共产党的强有力领导。不仅要依法治国，还要从严治党。所以二十届三中全会几乎每一项改革都与体制机制挂钩，这非常重要。

从上述三个层面来讲，我认为二十届三中全会具有里程碑意义。

## 二、谈经济体制改革："好的改革就需要经济发展牵引其他方面的发展"

**新京报**：此次改革抓住重点，突出经济体制改革牵引作用，凸显改革引领作用。如何理解这一牵引作用？

**郑永年**：我们是传统的马克思主义，经济基础决定上层建筑，生产力决定生产关系。好的改革就需要经济发展牵引其他方面的发展。从体制改革来说，就需要用经济体制改革来牵引其他体制的改革。现代化的理念从西方文艺复兴就开始了，但真正的现代化是从英国工业革命开始，经济发展了，社会、政治、文化等方方面面通过自身发展来符合经济发展规律，这是马克思经济基础与上层建筑的关系。生产关系必须与生产力发展要求相适应是马克思主义政治经济学的基本原理。任何时候，生产力的发展都离不开与之相匹配的生产关系。此次三中全会也一样，改革需要以经济体制改革为引领。如果以其他领域改革为引领，很难实现突破。

我举一个例子。美国是经济发展来引领社会发展，美国的经济基础、生产力没问题，但是上层建筑拖了后腿，社会生产关系拖了后腿，分配不均、社会越来越分化。欧洲的上层建筑发展很快，生产关系、人权劳工权利等先进的欧洲规则反而制约了经济基础发展，制约了生产力发展。

我们提出要发展新质生产力，《决定》指出，要加快形成同新质生产力更相适应的生产关系，促进各类先进生产要素向发展新质生产力集聚，大幅提升全要素生产率。我经常去长三角、珠三角调研，那里有互联网、人工智能、生物医药等大量独角兽企业，但有些成果落不了地。人工智能方面，我们有很多应用型研究，但现在人工智能基本是美国公司之间的竞争。这就需要我们大力改革生产关系、改革体制机制。这非常重要。

**新京报**："高水平"是《决定》的一个关键词，提出要构建高水平社会主义市场经济体制，推进高水平科技自立自强，推进高水平对外开放等。如何理解"高水平"的内涵？

**郑永年**：中国社会主义市场经济从1992年邓小平南方谈话开始，逐步确立了社会主义市场经济体制，成就是巨大的。但后来一些地方为了片面追求GDP，出现了环境污染、社会不公平、腐败等各种问题，这不是高水平的发展。

经济、社会、政治均衡发展，才是高水平的发展。现在很多人把高水平理解为高技术，这也是片面的理解。经济、社会、政治领域要协调均衡发展，必须要有体制机制的改革来引领改革、刺激改革，要运用体制机制的改革来保护改革成果。只要把改革上升到体制机制甚至法律层面，大家才能吃下"定心丸"，才会真正安心下来。当然，这需要很长时间的努力。

### 三、谈市场与监管："国家活力与社会活力要均衡发展"

**新京报**：《决定》关于市场与监管之间的关系备受关注，提出要创造更加公平、更有活力的市场环境，实现资源配置效率最优化和效益最大化，既"放得活"又"管得住"。你如何理解这组关系？难点在哪里？

**郑永年**：我也一直在思考这个问题。十八届三中全会提出，经济体制改革是全面深化改革的重点，核心问题是处理好政府和市场的关系，使市场在资源配置中起决定性作用和更好发挥政府作用。现在西方出现反市场、反资本、反全球化的趋势，老百姓对发展模式没有体感，感觉不好的就抵制，出现了民粹主义，这是由于资本过于起主导作用、过于市场化了。

我们经过十多年的发展，更好发挥政府作用这个目标还没有完全实现。医疗、教育、公共住房等领域高度市场化，政府的更好作用没有发挥出来，而在应当市场化的一些领域，市场还没有起到决定性作用。只有在更好发挥政府作用的情况下，市场才能起决定性作用，才可能达到"实现资源配置效率最优化和效益最大化，既'放得活'又'管得住'"的目标。例如现在的房地产市场，有一些空置房，政府能不能通过改革，把这些空置房变为公租房提供给年轻人，降低其创新创业成本？政府要起更好的作用，在医疗、教育、公共住房等领域做好社会保障。

《决定》指出，进一步解放和发展社会生产力、激发和增强社会活力。除了社会活力，我认为还要增强国家活力，也就是政府在一些领域要起更好作用。国家活力与社会活力要均衡发展，也就是有为政府与有效市场更好相互配合，像刚才所说的医疗、教育、社会保障、公共住房等领域，国家要干预。其他市场领域，国家要向社会释放活力。

### 四、谈财税体制改革："理顺央地关系，使财权与事权更相匹配"

**新京报**：大家都比较关注财税体制改革，这对央地关系有哪些重大影响？

**郑永年**：中央和地方财政关系是政府间权责划分的基本组成部分，财税体制改革主要解决中央政府与地方政府财权、事权不协调的问题。1994年，国家实施分税制改革，确立了中央和地方财政关系的基本框架，财权向中央倾斜，大部分事权留在了地方，地方政府有房地产支撑。现在形势发生了变化，需要理顺央地关系，使财权与事权更相匹配。这属于分配的问题，非常重要。

《决定》提出要"建立权责清晰、财力协调、区域均衡的中央和地方财政关系"，并就增加地方自主财力、完善财政转移支付体系、优化共享税分享比例等提出明确要求，这对释放地方经济活力有重大影响。

我认为，同时要通过发展把税基做得更大，通过松绑式而非捆绑式发展，充分发挥企业活力、地方活力。在经济领域，我们有很多需要松绑的地方，对新生事物要有宽容度、灵活度。通过松绑的方式来释放更多的经济活动空间给民营企业。

## 五、谈民营经济发展:"要充分发挥社会活力、企业活力以及各级领导干部活力,防止内卷"

**新京报:** 谈到民营经济,《决定》重申坚持和落实"两个毫不动摇"。你怎么看民营经济的发展?

**郑永年:** 民营经济发展现在面临的既有宏观的问题,也有微观的问题。宏观层面,存在经济部门与非经济部门政策不协调甚至政策"打架"的现象。这需要加大宏观调控力度,把经济政策和非经济性政策都纳入宏观政策取向一致性评估,避免合成谬误。

微观层面,企业家的感受更为强烈,他们对具体的环境最有体感,比如税收、涉企案件等。近年来,一些案件的负面效应非常大,打击了企业家信心。《决定》指出,要防止和纠正利用行政、刑事手段干预经济纠纷,健全依法甄别纠正涉企冤错案件机制。这非常重要,但重在落实。改革除了决策部署,更在于微观落实成效。人不是抽象的,民营企业家是生活在现实中的,他们的体感直接影响着市场信心。

任何政策的制定,都要从人性出发,基于人性之上的逻辑来设计制定。地方政府与企业是地方经济发展的两条腿,这两条腿活力发挥不出来,其他活力就发挥不出来,这一深刻的矛盾关系要理顺。所以,决策部门一定要做大量的社会调研,充分发挥社会活力、企业活力以及各级领导干部活力,防止官僚主义、形式主义,防止内卷。

**新京报:**《决定》提出要规范地方招商引资法规制度,严禁违法违规给予政策优惠行为。这对地方经济发展有哪些影响？

**郑永年：** 因为我们还没有建成全国统一的大市场，各个地方规则、标准、管理不一样，有些地方政府为了招商引资，以前是牺牲环保，现在利用返还税收等政策变相给企业政策优惠，出现了"政策洼地"，也使地方政府债务越来越多。这是地方政府发展使然，但根本原因还在于各地规则标准管理不一。

市场是全球最稀缺的资源，公平竞争是市场经济的基本原则和建设全国统一大市场的客观要求。构建全国统一大市场，需要推动市场基础制度规则统一、市场监管公平统一、市场设施高标准联通，通过规范地方招商引资法规制度，明确并严格执行财政奖补、税收返还、出让土地等方面优惠政策实施界限，严禁违法违规给予政策优惠行为。这可以推动各地招商引资从比拼优惠政策搞"政策洼地"向比拼营商环境创"改革高地"转变，也可以防止内卷式恶性竞争。

## 六、谈科创领域改革："科研资源要多向年轻一代倾斜"

**新京报：**《决定》注重构建支持全面创新体制机制。你认为科技创新的关键是什么？

**郑永年：** 科技创新的总体方向是产学研一体化。投资、消费、贸易被称为"三驾马车"。我曾经提出高质量发展需要新的"三驾马车"——基础科研、应用技术、金融支持。任何一个国家的高质量发展都是通过基于技术进步之上的产业升级而实现的。

新的"三驾马车"是实现高质量经济发展的三个条件。第一个条件，必须具有一大批有能力进行基础科研的大学和机构。这里的科学家是兴趣密集型的，给他们充分的自由、比较体面的生活，对他们要有耐心，让他们去追求自己的科研兴趣，从而实现从"0—1"的原创性突破。第二个条件，必须拥有一大批能够把基础研究转化成应用技术的企业或机构。第三个条件，必须有足够支撑基础科研跟应用技术转化的金融支持，主要表现为风投。通过风投把民间闲散资本集中起来，支持创新。这个发展逻辑、体制机制要理顺。

**新京报：**《决定》提出要建立以创新能力、质量、实效、贡献为导向的人才评价体系。如何评价这一导向？

**郑永年：**这是一个很好的目标导向，对打破"唯论文、唯职称、唯学历、唯奖项"评价体系，对创新人才评价体制、激发人才创新创造活力很有意义。但在撼动科研资源分配上，还要持续发力。

前不久我看到美国一个例子，风投公司投了一个16岁的少年。而我们面对66岁的院士与16岁的年轻人时，政府基金可能更愿意风投院士，因为他们更容易成功。但年轻人代表着未来，理顺这个逻辑，我们在制度保障上如果能风投16岁的小孩了，未来就有无限可能。

三中全会《决定》提出要发展耐心资本，这首先需要有耐心的体制机制来支撑，没有耐心的机制体制，耐心资本是发展不起来的。基础科研也一样，现在风投需要至少8年到15年甚至更长时间，才可能出高质量成果。这就需要制度保障创新能力，我们的政府、科研机构以及科研人员都要保持耐心。

科技创新是一个非常复杂的系统。从基础科研到应用技术，再转换到金融服务，我们有很长的路要走。在资源配置、人才培养、应用技术转化等方面，需要做大量改革工作。科研资源要多向年轻一代倾斜。

### 七、谈发展新质生产力："需要抓好技术端和制度端，要互相配合"

**新京报**：谈到科技创新，前不久你出版了新著《中等技术陷阱：经济持续增长的关键挑战》。如何理解"中等技术陷阱"这个概念？

**郑永年**：这主要回答了新质生产力从何而来的问题。前几年一直在讨论如何跨越中等收入陷阱，我也在思考我们的现状。中等收入陷阱只是一个现象，本质是技术进步，从科技变革的角度更能透视一个社会进步的动力机制。任何经济体，如果没有基于技术进步之上的产业升级，很难把自己提升为一个发达经济体。像菲律宾、泰国等很多国家，经济体量到了一定程度就上不去了，因为没有实现基于技术进步的产业升级。

近年来，我和我的研究团队一直在思考中国如何实现高质量发展，从而提升为发达经济体。通过对欧美等发达经济体以及拉美与亚洲那些长期陷入中等收入陷阱的经济体的分析，我们提出"中等技术陷阱"这一概念。无论是发达经济体还是陷入中等收入陷阱的经济体，其经验都告诉我们，一个经济体想要从中等收入水平提升为高收入经济体水平，必须跨越中等技术陷阱，或者说，跨越中等收入陷阱的关键在于跨越中等技术陷阱。

**新京报：** 你认为我们目前处于什么水平？

**郑永年：** 就中国的技术水平而言，无论从供应链、产业链还是价值链等维度看，目前大体上正处于中等水平。中国现在的情况是：第一，缺失原创性技术，即缺少"0—1"的技术创造；第二，发展以应用技术为主，即使就应用技术而言，中国在"1—10"的刻度内也处于"4—7"的位置，缺少"8—10"的技术水平，或者说，在很多领域还没有达到世界顶尖水平，许多核心技术及关键零部件对外依赖度依然很高；第三，中国在某些应用技术领域赶上甚至取得了世界领先水平，但这些领域还处于零散的状态，没有形成系统，或者说，中国技术的整体水平还远未达到全方位、系统性的强大。这也是我们现在为何越来越重视新质生产力的原因。

**新京报：** 中国如何跨越"中等技术陷阱"？

**郑永年：** 对中国这样一个大型经济体来说，如果无法实现技术升级，就很难实现高质量经济发展。如何跨越"中等技术陷阱"？刚才我讲到了，必须具有一大批有能力进行基础科学研究的大学与科研机构；必须具有一大批有能力把基础科研转化成应用技术的企业或机构；必须具有一个开放的金融支持系统。基础科研、应用技术、金融支持三个条件必须互相配合，缺一不可。正是因为这三者之间的紧密关联，在西方，人们把技术创新过程称为"国家、市场和金融"三者之间的一场持续"游戏"。

**新京报：** 对于发展新质生产力，你认为应该从哪些方面发力？

**郑永年**：新质生产力的特征是高技术、高效能、高质量。发展新质生产力需要抓好技术端和制度端，也就是平衡好生产力与生产关系，要互相配合。我经常讲，很多领域并不乏新质生产力，但就是落不了地，原因在于体制机制。落不了地的高技术，很多被国外拿去了。

正如《决定》所强调的，体制机制改革更重要。发展高水平社会主义市场经济，首先需要构建高水平社会主义市场经济体制。发展新质生产力，首先需要一个与之相配合的生产关系。生产关系不改革，就会制约新质生产力的发展。

## 八、谈扩大对最不发达国家单边开放："是自身进步和实现经济高质量发展的迫切需要"

**新京报**：开放是中国式现代化的鲜明标识。《决定》提出，要扩大对最不发达国家单边开放。你如何理解这一重要开放举措？

**郑永年**：我曾多次呼吁扩大对不发达国家的单边开放。高水平对外开放，主要在于通过开放可以促进国内深层次改革，引进先进生产要素，提升产业核心竞争力，推动产业转型升级，不断增强中国式现代化的动力和活力。

高水平对外开放主要有两个层面内容。一是制度型开放。推进围绕规则、规制、管理和标准的高水平开放，继续和国际规则对接；在对接基础上，参与规则制定；在参与基础上，争取规则制定权。面对高水平制度型开放，当各个省份都主动对接经贸规则、技术标准，我们国内的全国统一大市场也可以加快建设。

二是开展更大规模、更多领域的单边开放。这主要针对不发达、发展中国家。美国以前有吸引力，就是因为其市场单边开放。我们也在不断实践，例如中国跟东盟的自由贸易，对柬埔寨等不发达经济体的某些领域实行单边开放，而不是对等开放。中国作为世界第二大经济体，对最不发达国家实行单边开放，是向国际社会提供一个国际公共平台，这也是大国责任的一部分。同时也要看到，我们的很多领域也是向发达国家开放的。

从历史经验和实践效果来看，中国扩大单边开放不仅是为了应对恶劣的国际环境，更是自身进步和实现经济高质量发展的迫切需要，更多推动发展所必需的资金、技术、市场、人才等诸多优质资源。

资本要走出去，科学技术需要向外延伸，中国又是当今世界上最大的单一市场。中国践行单边开放，可以利用资本逻辑、科技逻辑和市场逻辑来克服西方反华力量的政治和行政逻辑。

**九、谈延迟退休："退休年龄设定要更加灵活多样，不要'一刀切'"**

**新京报**：《决定》提出要按照自愿、弹性原则，稳妥有序推进渐进式延迟法定退休年龄改革。你如何看这一备受关注的改革举措？

**郑永年**：随着科学进步和生活品质提升，人的生命周期在延长、人均寿命在提高，延迟退休是一个趋势。

一般来说，我们的女性55岁退休，男性60岁退休。对于从事体力活动或者对身体条件要求比较高的领域，到了年龄退休没问题。但像我们搞学术的，尤其是文科的，到五六十岁正是出成果的时候，退休太可惜了。我在60岁才知道怎么做学问，到70多岁，身体条件允许的话，我还可以写写文章、教教书。像美国，教授也没有退休的年龄。所以，退休年龄设定要更加灵活多样，循序渐进，不要"一刀切"，市场经济是不"一刀切"的。此次改革提出自愿、弹性原则，很有必要。

**新京报**：对于将参加工作的大学生们，你有哪些建议？

**郑永年**：这个时代需要大有作为的年轻人。大家都会走向社会，机会就蕴藏在社会经济里。所以，多走出校园、多去实践吧。

| | |
|---|---|
| 原标题 | 专访郑永年：好的改革需要经济发展牵引其他方面的发展 |
| 来　源 | 新京报 |
| 日　期 | 2024-08-01 |
| 链　接 | https://www.bjnews.com.cn/detail/1722482112129238.html |

# 如何回应和管理美国的"中国恐惧综合征"?

(2024-08-09)

"今天美国对中国的恐惧已经到了不可思议的地步。"

本文探讨了美国对中国的"恐惧症"及其特点。作者分析了这种恐惧在地缘政治、军事、经济、技术和制度等方面的表现，指出其已成为全政府和全社会的现象。美国的恐惧不仅影响其国内政策，还扩散至其盟友，引发全球性的对华警惕。

文章强调，美国对中国的恐惧根植于对中国崛起的担忧，尤其是在经济和技术领域的竞争上。作者认为，中国需要通过"讲好中国故事"和加强国际合作来缓解这一恐惧。此外，作者建议中国在应对美国的压力时，应保持定力，注重长远战略，利用自身制度优势和经济实力，以应对复杂的国际局势。文章最后提出，各国应通过文明对话，实现互学互鉴，为全球发展提供多样化的制度选择。

## 一、美国的对华恐惧及其特征

正如一些美国学者所承认的，今天美国对中国的恐惧已经到了不可思议的地步。如果读者注意一下刚刚被美国前总统特朗普选择为其竞选搭档、副总统候选人的俄亥俄州参议员万斯

(J.D. Vance)近年来有关中国的言论，就很容易感受到美国政治人物对中国的恐惧。实际上，如果经常阅读美国的报纸，就可以读到大量的歇斯底里的文字，逢中必骂、逢中必反、逢中必战。例如最近就有几个充分反映这种情绪的重大反华新闻，在这些新闻中，尽管当事者想尽各种办法来包装和理性化其观点，却无论如何都掩盖不住其对华的恐惧。

新闻一。美国共和党全国代表大会党纲委员会小组于今年7月9日内部通过了2024年党纲草案，并于7月18日晚上在密尔瓦基（Milwaukee）举行的共和党全国代表大会中正式公布。2024年党纲除了强调与盟友合作以对抗中国和打击恐怖主义之外，还提出将在经贸上对中国实施更多制裁，包括取消中国最惠国待遇，阻止中国汽车进口美国。（人们必须注意的是，共和党在这里把"中国"和"恐怖主义"并列在一起。）

新闻二。在共和党党纲草案公布的同日，美国联邦众议院议长约翰逊（Mike Johnson）在保守派智库哈德逊研究所（Hudson Institute）发表外交政策演说，强调"中国是我们头号的敌人"。他表示，中国对全球和平构成最大威胁，众议院会致力于在年底前通过一系列针对中国的法案，以便在明年初新一届会期开始时实施。这些法案包括制裁协助俄罗斯和伊朗的中国军工企业、进一步限制对华投资，以及堵塞被中国用以损害美国利益的贸易制度漏洞等。他又表明，下届国会将保留侧重解决中美经济和安全风险的"中共威胁专责委员会"（House Select Committee on the Chinese Communist Party Threat）。

约翰逊还强调说，以中国为首的威胁网络，包括俄罗斯、伊朗、北韩（朝鲜）、委内瑞拉以至古巴等，每天都在想着如何取代美国。这些国家互相借力坐大，在各方面盗取美国科技并颠覆该国经济。作为应对，不好战的共和党人会做好准备，实行以实力争取和平，绝不退让。

新闻三。属保守派的《华尔街日报》，其社评委员会在7月9日发表题为《约翰逊——自由世界的领袖》的评论，指共和党总统候选人特朗普恐怕也不会比他说得更好，特朗普在共和党的大会上照抄了他对中俄等国的拒绝绥靖主义言论。

新闻四。2024年北大西洋公约组织（NATO）峰会从7月9日起在美国首都华盛顿拉开帷幕，美国国会两党议员纷纷表示希望寻求加强与欧洲盟友合作，应对中国在印太地区咄咄逼人的军事行为。一位众议院外交领袖对美国之音（VOA）说："让我夜不能寐的是第三次世界大战，而北约可以阻止它。"

新闻五。北约首次公开谴责中国成为"俄罗斯对乌克兰战争的决定性助推者"，要求中国停止向俄罗斯运送"武器部件"和其他对重建俄罗斯军队至关重要的技术。

美国的对华恐惧呈现出几个特征。第一，这种恐惧症是综合性的，涵盖地缘政治、军事、经贸、技术和体制几乎所有方面。第二，这种恐惧症是全政府模式的。过去，美国政府也一直在叫嚣"中国威胁论"，但主要局限于几个政府部门，例如军方（为了争取更多的军费）、国务院和国会，但现在的恐惧症遍布全政府。正因为如此，特朗普政府期间提出的应对中国的

"全政府模式"不仅延续至今，而且变本加厉。第三，这种恐惧症是全社会模式的，即是说这种恐惧症蔓延到美国社会的各个角落。美国社会是分权和分散的，社会各个领域对中国的认知不见得和政府的认知具有一致性，相反，在更多的场合，社会的认知与政府的认知不仅不同，而且还截然相反。但今天则不一样了，美国政府的恐惧感已经蔓延到美国社会的各个角落。这一点反映于各种民意调查中。从民调来看，美国社会对中国的看法极其负面，没有最低，只有更低。第四，这种恐惧症具有强大的扩散和传染性质。首先传染到美国的盟友。越来越多的美国盟友接受美国的对华认知，至少从表面上表现出和美国一起"抗中"。这次北约峰会，罕见地集体公开指责中国正在大力支持俄罗斯的国防工业基地。美国很显然已说服了一些北约的怀疑论者，他们以前不认为中国是俄乌冲突的关键参与者。美国也在努力把这种恐惧感传播到包括全球南方在内的广大发展中国家。因为美国掌握着话语权和话语权的基础设施，其传播的有效性相当高。

实际上，在很多美国精英那里，只有彻底打败中国，美国才可能从这种恐惧感中解脱出来。这种情绪显著地反映在了美国前副国家安全顾问博明（Matt Pottering）和美国众议院"美中战略竞争特设委员会"前任主席麦克·加拉格尔（Mike Gallagher）今年4月中旬在《外交事务》杂志发表的一篇文章中，这篇文章的题目就是："除了胜利我们没有选择：与中国竞争，美国必须取胜，而非管控"。

## 二、美国对华恐惧的核心——"综合征"

### 1. 经贸领域的对华恐惧

在经济领域，美国依然是世界第一大经济体，中国作为第二大经济体与美国的差距依然很大。无论是市场还是科技，美国依然为很多国家所向往。在这个领域，美国的恐惧来自这样一个事实：尽管从特朗普开始发动对华贸易战以来，美国花费了巨大的人、财、物来打压中国，但中国经济显现出巨大的韧性，在越来越多的领域不但生存了下来，且越来越强大，更为重要的是，中国在诸多新经济领域（主要在新能源领域）开始引领世界经济。在众多的实体经济领域，尽管美国可以拖慢中国的进步，但已经毫无能力扼杀中国经济了。

随着美中战略竞争的加剧，拜登政府加强了对美国资本投资中国公司的审查与限制。2023年8月9日，拜登发布第14105号行政令，指示财政部建立对外投资审查制度，重点解决美国在所谓"受关注国家"进行某些投资的潜在风险。美国财政部在今年6月21日发布了对外投资审查拟议规则。该规则会深刻影响美国对设计或开发半导体和微电子、量子信息技术以及人工智能领域敏感技术的中国或中国拥有的公司的投资。

然而从现实来看，美国的投资审查和限制显然并不是很成功。2024年7月9日，美国财政部部长珍妮特·耶伦（Janet Yellen）在众议院金融服务委员会作证。肯塔基州的共和党联邦众议员安迪·巴尔（Andy Barr）问耶伦："财政部已禁止美国与某些和中国军工复合体有关联的公司进行公开的证券交易，但自被列入中国军工复合体（CMIC）名单以来，海康威视的收入增长了30%，中化集团的收入上涨了60%，中国移动的股价飙升了90%，华为和中芯国际继续开发先进的5G芯片，而华为本来就不是上市公司。显然，对公开交易的证券交易进行监管已被证明是无关紧要的。为什么财政部不对这些中国军工复合体公司实施限制性的制裁呢？"

对此，耶伦无言以对。即便是很多人以为不用担心的金融领域，美国也已经变得忧心忡忡。尽管这个领域，美国一霸独强，占据全球范围内的绝对主导地位，但美国发现自己并不能随心所欲。在同一场作证会上，当问到在国际金融领域，她最大的担忧是什么这个问题时，耶伦回答说："我有很多不同的担忧，但在国际金融领域，由于美元在国际交易中扮演的重要角色，我们可以采取非常强有力的制裁措施，切断外国银行或其他企业或个人通过美国金融体系进行交易的能力，以及参与美元化的能力。"但是，"我们实施的制裁越多，越多的国家会寻找不涉及美元的金融交易方式"。与此相反，人民币国际化取得了长足的进展。

很多年来，中国一直在努力推动人民币国际化，希望能够逐渐摆脱对美元的依赖并使人民币也能像美元和欧元那样，跻身全球主要储备货币行列。2022年爆发的俄乌冲突导致西方国家对俄罗斯实施经济制裁，这使人民币至少在俄罗斯已取代美元成为交易量最大的货币。

针对这种情况，美国的恐惧是显而易见的，但美国并无具有实质性意义的手段来进一步打压中国。可以预见，在这方面，美国的动作会变本加厉。

美国在不断深化和升级对华经济认知战，意在影响国际资本对华投资行为。美国已经制造出试图达到这一目标的话语，包括"中国经济见顶论""中国经济衰退论""中国不可投资之地""中国资产泡沫论"，等等。美国还就中国的新能源产品制造了"中国产能过剩论"，试图影响和阻止中国新能源产品的出口和国际化。

美国甚至试图打压中国的经贸伙伴。为适应地缘政治环境的变化，中国企业加速"走出去"，通过第三地和美国发生经贸交往。因此，今年，尽管中美双方之间的直接经贸交往减少，但中国通过第三地（主要是墨西哥与越南）和美国的交往反而增多。所以，美国也试图通过与墨西哥建立类似美国海外投资委员会（CFIUS）的投资审查机制，以阻止中国企业规避美国对中国的制裁。但问题在于，除非美国变成一个完全封闭的国家，否则美国很难封杀其他国家与中国的经贸关系，至少美国这样做的成本是巨大的。

更为重要的是，正如哈佛大学经济学家罗格夫（Kenneth Rogoff）所警告的，美国与中国的贸易斗争会"害惨美国平民"，从而引起美国社会的反弹。罗格夫认为，美中的自由贸易壁垒，是造成价格上涨、人民对政治反弹的主因。他指出，在近年来的美国政策论述中，中国冲击经常被描述为一个巨大错误，它摧毁了铁锈地带（Rust Belt）的城镇，并导致经济不平等的加剧。虽然与中国生产商的竞争对一些制造业的工作机会产生了不利影响，但自由贸易无疑创造了更多赢家，而不是输家。

低收入美国消费者一直是低价中国产品的最大受益者之一。如果美国对中国实施进一步贸易限制，恐将导致物价上涨和人民的反弹，因为世界上除了中国大陆外，没有其他国家和地区可以提供那么低廉的产品与市场，若继续在贸易方面与中方对抗，无疑将影响美国一些低收入民众。

**2. 科研领域的对华恐惧**

美国甚至在科研领域对中国产生了恐惧感。在中国看来，这个领域可以说是美国的最强项。二战以来，美国凭借其开放的教育和人才系统，吸引了大量的国际人才，使其成为世界人才高地，从而赋能美国占据科研的绝对霸主地位。但美国人并不这样看，相反，他们开始恐惧于在这个领域被中国赶超。

"今天美国在科学领导力方面的表现如何？这方面的消息可不太好。"近日（6月27日），美国国家科学院院长马西娅·麦克纳特（Marcia McNutt）在一场演讲中对美国在全球科研领域的领导地位进行分析，指出了这个她称之为"令人不安"的趋势。

麦克纳特特别强调了中国在很多领域正在奋起直追甚至已经反超美国。她认为美国需要采取行动，以确保其在科学领域保持强大。

麦克纳特表示，自二战以来，美国在科学领域的公共投资推动了经济和就业增长，并催生了许多新产品，改善了美国人的生活质量。作为全球领导者，美国能够有效地保护国家安全，从经济增长中获益，为新技术制定道德和标准，并体现在软实力和外交中。然而,今天美国在科学领域的数据显示出"非常令人担忧的趋势"。例如,虽然美国目前仍然是研究与试验发展投入最多的国家,但随着中国在研发方面的投入大幅增长,相信不久后就会追上美国,并且,中国的投资已经产生了成果。例如,2006年至2020年间,美国在全球顶尖论文中的占比呈下降趋势,中国则逐年上升,已经超过欧盟,和美国的差距越来越小。例如,在药物研发方面,2013年,中国处于Ⅰ期至Ⅲ期试验的药物在全球所占份额只有4%,仅仅过去十多年,现在已经达到28%,而美国的曲线正在缓慢下降。再如,在2023年世界500强企业中,中国上榜企业有142家,超过美国的136家。这一趋势反映了中国工业的崛起。

麦克纳特坦言,尽管美国在诺贝尔奖数量上保持领先,但诺贝尔奖是一个非常滞后的指标,通常是在获得科研成果之后几年甚至几十年才颁发。

麦克纳特因此认为,美国应该重新思考当前的模式。她认为,美国科学面临的一大挑战在于非常依赖国际学生。依靠外国学生的情况不太可能持续下去,美国必须创造未来的科学劳动力。

麦克纳特表示,尽管美国希望培养自己的本土人才,但也仍然想要继续吸引全球最优秀的学生。她特别提及,2021年至2022年间,中国赴美学生的数量下降,"这令人担忧"。她认为,中国学生数量下降的原因之一,是中国加大了研发投资,并由此指出,国际学生的选择更多元了,美国不再是他们的首选。麦克纳特称,"中国现在授予的科学和工程学位比美国多,我们的损失就是他们的收益"。

### 3. 制度层面的对华恐惧

美国对华最深层次的恐惧莫过于制度层面。在这方面，美国参议员鲁比奥（Marco Rubio）的表述最具有代表性。这位激进的反华议员在近期表示，美国曾希望用资本主义改变中国，但反而是中国改变了资本主义，美国因此面临灾难性错误。

鲁比奥强调，美国现在最关注的问题，是与中国的竞争，这是历史性的挑战。在这项挑战中美国要记住，核心问题不是中国本身，而是几十年来在美国的经济和政治中根深蒂固的美国两党共识，即经济全球化会带来财富、自由与和平，是必要之物。鲁比奥指出，经济全球化及自由和平，几乎已成为一种宗教信仰。美国相信人员、金钱和货物跨境自由流动的力量可解决几乎世界上的所有问题。这就是美国建立政治的方式，也是美国制定外交政策的方式。

鲁比奥强调，二战后大约五十年里，美国这种策略总体上有效。而它之所以普遍有效，是因为美国实际上没有全球市场。美国当时的自由贸易，仍主要靠由民主盟友、拥有共同价值观和共同未来优先事项的国家组成的市场。

即使结果并不总是对美国有利，当一些产业转移到欧洲某个国家时，或当日本在某些领域挑战美国时，至少该结果的受益者，不是苏联（俄罗斯）或某些地缘政治的竞争对手。受益者是另一个民主国家，也是美国对抗共产主义的盟友。

鲁比奥认为，冷战结束后，美国为增加民主盟友，进行史无前例的赌博，邀请了各种非民主国家，在国际范围内签订了各种贸易协定、条约以及规则和条例。在所有达成的协议中，影响最大的就是让中国加入世界贸易组织（WTO）。美国向人口众多的中国开放了美国的经济，因为他们认为，资本主义将改变中国。但资本主义没有改变中国，中国却改变了资本主义。

更有甚者，中国开始在世界各地试图输出中国模式。鲁比奥说，对于世界各地的发展中国家来说，中国模式可能具有一定的吸引力。

不过，鲁比奥所恐惧的不仅是他所说的"中国模式"，更在于美国民主所遇到的困境。尽管美国总统拜登从一开始就把中美之间的竞争定义为"美国民主与中国专制"之间的竞争，并且显示出"美国民主必胜"的信心，但美国社会本身对美国的民主早已没有了往日那种"历史的终结"的底气，因为美国民主正面临着前所未有的来自内部的挑战，主要是绝对的社会不公平与分化。同时，非西方国家对西方民主的认知也发生了巨大的变化，他们并不认为西方民主是唯一的政体选择。这也是鲁比奥所说的"中国模式"对发展中国家具有吸引力的另一个原因。

### 4. 地缘政治层面的对华恐惧

所有这些恐惧最终转化成为美国的对华地缘政治恐惧。在地缘政治方面，美国实际上具有得天独厚的优势，其为两洋（大西洋和太平洋）所包围，周边只有两个国家（加拿大和墨西哥），没有任何其他国家可以威胁到美国本土。更为重要的是，虽然中国的军费在增加，但也仅仅是美国庞大军费的一个零头。相反，中国周边地缘政治则复杂得多，中国被数十个国家所包围，并且迄今依然有领土和领海之争。尽管如此，在这个领域，中国做什么都可以被美国解读成为与美国的地缘政治之争。一方面，这与美国"二元对立"的世界观有关。美国学界和政策界一直有"修昔底德陷阱"一说，类似于中国传统的"一山不容二虎"的说法。因此，美国是绝对不会容许另外一个国家来挑战美国的霸权地位的。当今，中国正是那个被美国视为"另一个国家"的国家。另一方面，强调地缘政治也是因为只有通过地缘政治冲突，美国才有可能遏制和围堵中国。因此，拜登政府明确说过，美国已经放弃了改变中国内政的企图（尽管实际上美国从来没有放弃过，也不会放弃），改为塑造中国的周边环境。正如我们之前数次讨论过的，美国在中国周边已经营造了7个小多边（即我们所说的"团团伙伙"），意在遏制和围堵中国。

### 三、如何管理美国的对华恐惧？

显而易见，对中国来说，在今后相当长的时间里，在国际关系和外交层面，一个核心问题是如何管理美国的对华恐惧症？主要有几个方面的问题需要考量。

第一，首先是需要理解美国为什么会对中国产生如此巨大的恐惧感。美国对华恐惧感以不同的方式表现出来，其中最常见的便是妖魔化中国，对中国搞各种认知战。但如果我们以牙还牙，互相妖魔化，那么我们就很容易被美国人牵着鼻子走，因为议题是美国设定的，我们只能跟着回应。"以牙还牙"的方式可以理解，因为国家的崛起在民众当中已经产生了巨大的骄傲感和荣誉感，人们也经常把对美国的"以牙还牙"视为是爱国主义的表达。尽管如此，但效果并不好。尤其是在社交媒体所导致的"流量"经济驱使下，商业民粹主义和商业民族主义盛行，很多自媒体只讲流量，不讲任何道理。因为在今天的技术条件下，内部媒体和外部媒体几乎很难分开来，诸多极端的言论实际上有效帮助美国的强硬派去动员美国社会层面的力量来应对中国。美国和其他一些西方国家的所谓的"大翻译运动"就是如此。实际上，这些年来，美国在各个方面大打对华认知战，其引用的大量资料即来自国内的各种媒体。

也就是说，针对美国的对华恐惧症，我们首先需要的是定力，先要看看美国的恐华具体表现，思考为什么会这样，然后再有的放矢，找到有效的对策。

第二，我们更重要的是要从正面来叙事中国，也就是这些年一直在强调的"讲好中国故事"。"讲好中国故事"的目标就是让人家理解我们，在理解的基础上接受我们。如果讲了之后，人家不能理解，甚至理解反了，那么就表明我们没有把故事讲好。尽管对国外的一些反华人士来说，我们怎么讲，他们都不会接受，但这并不影响大多数人。我们讲故事的对象并非这些反华分子，而是大多数。在很大程度上，这种情况便是上述"以牙还牙"方式的必然结果，因此太过于急着回应人家，易被人家牵着鼻子走，使得表现上好像针锋相对，但实际上在帮助对方。

第三，在具体的领域，包括经贸、技术、政治体制和地缘政治等，我们可以回应，但应当意识到，回应不是简单的反弹和反应，而是在总体国家战略中的回应。也就是说，回应必须具有很强的目的性，是理性的反应，而非简单的情绪回应。

第四，在地缘政治领域，中国没有美国那样的地缘政治的企图，中国最大的地缘政治利益在周边。但正因为如此，美国遏制和围堵中国的重心也在中国的周边。在这方面，我们需要加快国防建设，有足够的能力保家卫国。不过，要有效回应美国，中国的地缘政治利益必须"走出去"，超越周边。类似"一带一路"这样的倡议和机制能够带来地缘政治利益，尽管其本身是经济合作倡议。在今天的世界，各国越来越难以把经济发展和安全区分开来，实际上，发展是安全的基础，没有发展就谈不上安全。中国把"一带一路"定义为我们赋予国际社会的"国际公共品"，主要是因为这个倡议能够使当地国家和地区获得发展利益。但同时，正是因为当地社会获得了发展，当地国家就要平衡对华的经济利益和对美的安全利益。这有助于中国化解美国带来的地缘政治压力。简单地说，如果在地缘政治领域和美国的竞争不可避免，我们也要选择"异点"和"异轨"竞争。在周边，美国把重点放在通过拉帮结伙来遏制和围堵，我们把重点放在防御，并通过包容性多边主义寻求突破；在全球范围内，美国把重点放在安全轨道，而我们把重点放在经济轨道，让当地国家来平衡其安全和发展的需要。

第五，在经贸上，如前所述，美国的对华"卡脖子"和脱钩政策并未如期所愿。美国的打压不会停止，但中国企业依然会找到相应的方法。也就是说，尽管中国经济和企业会继续受到影响，但美国强硬派所设想的完全的脱钩几乎很难实现。实际上，在这个领域，我们还有巨大的空间和更为有效的方法来应对美国。在内部，我们可以继续扩大单边开放政策。无论是针对特定国家的签证免签政策还是上海进口博览会，都是我们单边开放政策的组成部分。迄今，这些政策已经产生了很大的效果。今后，我们还可以扩大单边开放的范畴和范围。例如，我们可以根据《中欧全面投资协定》、《跨太平洋伙伴全面进步协定》（CPTPP）和《数字经济伙伴关系协定》（DEPA）等区域协定的内容，自己先做起来。实际上，中国的单边开放政策是我们在国际层面最好的"统战政策"，可以起到分化西方国家资本和政治、分化欧洲和美国、团结最广泛力量的作用。对外，我们继续践行包容性多边主义以应对美国的排他性多边主义。

在与此相关的技术领域，如同早些时候的日本和韩国等东亚经济体，中国在经历了数十年的技术应用之后，实际上在转型成为创新创造国家。但是，要真正实现对美国的赶超，科技体制改革必须深化。由于没有足够的行政体制改革，我们很多创新很难落地，主要是独角兽企业。在互联网、人工智能和生物医药等领域，中国孵化了很多的创新技术，但因为审批通不过或者审批时间过长，或者落地了不赚钱等原因，这些创新技术不得不流落海外，成为他国的独角兽企业。也就是说，新质生产力需要能够容纳新质生产力的生产关系。一种新的生产关系需要通过自觉的改革而产生。

在最为核心的政治体制领域，和美国的竞争更不可避免。美国已经把中美之间的竞争界定为制度的竞争，我们无可回避。实际上，我们必须直面。在这方面，我们必须做好中国制度的叙事，一种基于中国制度实践之上的中国叙事，而非用西方理论对中国制度的阐述和解读。我们要把中国制度的诸多方面，包括中国共产党领导下的"三权分工合作"（即决策、执行和监察）体制、全过程民主、混合经济体制等加以系统性、理论化和实证化地叙事。必须强调的是，正如"中国式现代化"，我们要强调的是，我们的政治体制是符合中国文明、文化和国情的最佳制度，是一种"非"西方的制度，不是"反"西方的制度。与西方的制度共享普遍性的共性之外，也存在差异性，这种差异性源于、基于自我文明和文化之上的制度的特殊性。作为一种"非"西方制度的选择，我们不会把自己的制度强加给他国，更是希望所有国家都能找到符合其文明、文化和国情的政治制度。同时，我们也提倡文明间的互学互鉴，各国通过文明对话，学习和吸纳其他制度下的一些最佳实践。

| | |
|---|---|
| 原标题 | 如何回应和管理美国的"综合中国恐惧症"？｜独思录×郑永年 |
| 来　源 | 大湾区评论 |
| 日　期 | 2024-08-09 |
| 链　接 | https://mp.weixin.qq.com/s/xXRC2xdC_xECQ99sGScA3g |

# 中国"单边开放"下的国际新秩序

(2024-11-08)

"中国基于多边主义之上的单边开放政策越来越成为重塑国际秩序的重要动力"。

《中共中央关于进一步全面深化改革、推进中国式现代化的决定》提出"扩大自主开放""扩大对最不发达国家单边开放",揭示了新形势下高水平对外开放的新内涵和新要求,具有重要现实意义和长远指导意义。自主开放和单边开放,既是我国主动向世界开放的重要形式,也是我国在应对以美国为主导的霸权主义挑战时,展现出的独特的战略选择与智慧。

本文分析了"单边开放"对世界秩序的影响。面对美(西方)国家推行的经济民族主义和贸易保护主义政策,以及意识形态和地缘政治两极化的风险,中国通过单边开放政策实现了内、外部目标的有效平衡。单边开放不仅促进了中国的快速发展,还成为化解西方势力推行两极化的有效方法,同时还为国际社会提供了最好的国际公共品。作者指出,与美国的排他性多边主义相比,中国的包容性多边主义与全球化相向而行,构成了重塑全球化秩序的新动力。

## 一、中国开放政策的三个阶段

中国的单边开放政策从实践到概念,再到理论的系统化,经历了一个过程。改革开放以来，中国的开放政策经历了三个阶段，即"请进来""接轨"和"走出去"。每一个阶段，都包含着单边开放政策的成分。

在20世纪80年代改革开放初期，国家开始实行"请进来"的政策，主动为外资打开了国门。当时，国家处于贫穷状态，急需依靠资本推动经济发展。由于内资缺失，吸引外资成为最有效的选择。因此，国家开始实行"请进来"的政策，主动为外资打开了国门，为外资进入营造了政策环境。外资进入中国也是一个非常复杂的过程。早期，西方资本对中国并没有表现出很大的兴趣。因此，首先进入中国的是海外华侨资本，它们对中国有比较深刻的认识。在华侨资本进入中国并取得了成效之后，西方资本才开始进入中国。

1992年邓小平南方谈话之后，国家实行了更大规模的开放政策，外资开始大规模进入中国。其中真正具有划时代意义的是20世纪90年代的"接轨"政策。为了加入世界贸易组织（WTO），国家实行"接轨"政策，从中央到地方，主动修改了上万条法律、法规和政策。也就是说，加入世界贸易组织，把中国的开放政策提高到制度层面。这为外商提供了最佳的营商条件和法制保障。

进入新世纪以来，中国开放政策开始进入"走出去"阶段。经过"请进来"和"接轨"两个阶段，中国很快从一个资本短缺经济体发展成为资本过剩经济体。和其他所有国家一样，一旦进入资本过剩的阶段，资本的国际化便不可避免。但是，资本过剩和"走出去"并不意味着中国不欢迎外国资本了。恰恰相反，进入这个阶段以来，中国的单边开放政策越来越有利于外国资本和商品进驻。中国上海进博会便是典型，它为外商提供了一个进入中国市场的有效平台。

## 二、"单边开放"的必然性

实际上，过去数十年中国之所以发展那么快，和单边开放政策分不开。这种发展模式与之前的英国和美国的发展经验有趋同的一面。这些国家都是根据自身需要实行单边开放政策而得到了迅速的发展。

这里尤其要强调一下美国的经验。自二战结束以来，美国的发展和其维持世界霸权的能力与其所拥有的三大开放系统直接相关，即开放的教育、人才系统，开放的企业系统和开放的金融系统。这些领域美国践行的就是单边开放政策，这使得美国形成了一个我称之为"地域嵌入型世界级经济枢纽或者平台"——集中了来自世界各地的高端人才、优秀企业家和优质资本，这些要素都想进入这个枢纽，来了不想走，也走不了，因为只能在这个枢纽中得到发展。所以，尽管二战以来美国的政治和社会已经经历了巨大的变迁，但这些优质生产要素从来没有离开过这些枢纽。

从英国和美国的单边开放经验看，中国依然具有巨量的开放空间，而这些空间便是中国未来增长的最大的动力。这里需要强调一下"单边开放"和"对等开放"的不同之处。尽管在国际谈判中，大家都强调"对等开放"，但实际上并不可行。正如人们期待国际秩序是民主的，大国和小国一律平等，但事实上很难真正实现平等，对等开放也是如此。历史地看，"对等开放"的概念臭名昭著，因为这是发达经济体要求欠发达经济体开放市场时所强调的贸易政策。当欧美国家先发展起来，它们会对其他国家实行殖民主义和帝国主义，用强大的武装力量打开其他国家的大门。美国在其成长起来之后，也强调"门户开放"政策，所以西方从来没有践行过"对等开放"政策。

在实践层面，中国早已实施大国和小国间的单边开放政策。最典型的例子体现在中国—东盟自由贸易协定上，中国针对一些较落后和较小的经济体，实行单边开放政策，只不过当时中国没有使用"单边开放"这一概念而已。

近年来，中国正式提出和使用这一概念。首先在签证方面，中国正在向越来越多的国家实行单方面免签政策。这里的"单方面"就是"单边"的不同表述。单方面免签政策取得了令人意想不到的积极效果。二十届三中全会公报使用了"单边开放"的概念，强调扩大对最不发达国家单边开放。2024年中国—东盟峰会上，李强总理指出，中国愿意和东盟国家进行单边开放的协商和讨论。可以预见，中国会把单边开放政策适用到越来越多的领域。

无论从实践上还是理论上，单边开放对于中国和对象国（无论是单一国家还是国家集团）的关系，乃至对国际秩序正在产生深刻而深远的影响。

## 三、来自世界秩序的挑战

单边开放正在如何影响世界秩序变化？先要看今天世界秩

序面临怎样的严峻挑战。

就经贸来说，美国自特朗普以来盛行经济民族主义和贸易保护主义政策，使得在全球范围内出现"去全球化"和"逆全球化"现象。美国等西方国家是上一波全球化的最大受益者。然而，由于全球化所创造的巨量财富得不到比较公平的分配，西方又开始搞贸易保护主义，这破坏着国际经济秩序。不仅如此，美国还使用排他性的方式重塑全球化，把很多国家排挤出自己的"小圈子"。这种行为正在导致全球贸易的碎片化。这个趋势如果不能扭转，那么现存全球贸易体系很快就会解体。实际上，越来越多的人相信，全球贸易体系已经解体。

在政治领域，世界面临意识形态两极化的风险。美苏冷战半个世纪，意识形态极化对世界秩序的冲击已经表现得淋漓尽致。今天，美国和其他一些西方国家继续践行意识形态两极化。美国拜登总统上任以来，一直把中美关系界定为"美国民主"与"中国专制"之间的关系。西方已一直在塑造所谓的"全球东方"的概念，提出所谓的"新轴心国"，把中国、俄罗斯、朝鲜和伊朗捆绑在一起。

美国的最终目标是地缘政治两极化，把今天基于全球化之上的世界秩序转型成为美苏冷战时期那样的两极化秩序。美国在包括中美双边关系、中国周边环境和中国在国际秩序中的角色等各层面不遗余力地对中国进行全方位的围堵和遏制。这不仅冲击了中美两国关系，恶化着中国的周边环境，更破坏了现存的国际秩序。

因此，对中国来说，最大的挑战便是：在这样的情况下，如何在实现内部可持续发展的同时，维护和促进世界和平，重塑国际秩序。

### 四、重塑国际秩序"新动力"

从这个角度来看，单边开放可以说是中国同时实现内、外部目标的最有效方法。

在内部，诚如前面所说，从以往的经验看，单边开放可以促进一个国家更快更有效地发展。这里的经济和政治逻辑很简单。就经济逻辑来说，只有在开放的状态下，才能实现生产要素的自由流动，让市场来配置资源。因此，单边开放有助于一个国家在国际层面吸引生产要素。就政治逻辑来说，在美国等西方国家践行意识形态和地缘政治两极化的情况下，国与国之间的协商和谈判变得越来越困难，甚至在一些领域，已经变得完全不可能了。在这样的情况下，单边开放是化解以美国为首的西方势力推行两极化的有效方法。正因为是单边开放，开放国不需要与对象国进行协商和谈判。迄今为止，中国的单边开放政策所取得的成果已经表明，单边开放的经济逻辑和政治逻辑已经开始发挥作用了。

在外部，单边开放是中国为国际社会所能提供的最好的国际公共品。众所周知，贸易投资会促进经济增长。过去的美国之所以强大，一是市场庞大，拥有庞大的以中产为主体的消费群体；二是市场向其他国家开放，其他国家通过和美国的贸易投资往来促进自身的经济发展。但是，自特朗普以来，美国盛行"美国优先"政策；拜登尽管表面上强调盟友政策，但他的

"中产外交"的核心也是"美国优先"。尽管美国的贸易保护主义和经济民族主义主要针对对象是中国，但也影响到美国和包括其盟友在内的所有国家之间的经贸关系。例如，前些年美国为了针对中国，与一些国家搞了一个"印太经济框架"，但参与国发现，美国并不想向这些成员国开放市场。

今天的中国有很大不同。中国现在是世界第二大经济体、全球最大的单一市场。较之发达经济体，中国的经济增长还有巨大的空间，中产阶层也在不断成长。中国多层次的消费群体对发达国家和发展中国家的企业有无限的吸引力。这一点我们已经在进博会中看到，我们不仅吸引了发达经济体的厂商，也吸引着发展中国家的厂商。中国的单边免签（证）政策正在扩展到更多的国家。尽管美国等一些发达国家对中国"脱钩断链"，但很多发展中国家希望通过引入中国的资本和技术来促进自身的经济发展。无论是在上海进博会还是在广交会，单边开放最终导向的都是双边甚至多边的贸易投资活动。

如果把中国的单边开放政策置于中国践行的包容性多边主义（Inclusive Multilateralism）构架内，对世界秩序的影响就更显著。尽管美国也宣称在践行多边主义，但这是一种排他性的多边主义（Exclusive Multilateralism），即我们所说的"团团伙伙"。因此，我们认为，美国表面上在重塑全球化，但这种排他性的多边主义与全球化背道而驰，正在摧毁现存贸易多边主义，使得全球范围内的贸易体系高度碎片化，甚至封建化。比较而言，中国签署的贸易投资协定都是包容性的。中国的单边开放政策不仅体现在中国和一些经济体之间的自由贸易协定上，也反映在诸如 RCEP、"一带一路"倡议、"金砖＋"和新开发银行等上。尽管这些多边组织开始时也呈现出区域性，但正是因为其包容性，这些组织和全球化相向而行，构成了全球化的新动力。因此，无论是国家之间的单边开放政策还是在多边主义框架下的单边开放政策，从短期看，都在赋予全球化新的动力，从而在很大程度上抵消美国和西方的逆全球化力量。从长期看，单边开放政策正重塑全球化，为全球经济发展创造新的条件。

同样重要的是，从短期来看，中国的单边开放政策和包容性多边主义，不仅可以促使美国"两极化"的努力演变成"自我孤立主义"；从长远来看，还可以为美国再次加入国际秩序提供动机。美国的逆全球化政策，尤其是特朗普版本的贸易保护主义政策不仅造成美国盟友的担忧，也造成了所有国家的担忧。对包括发达国家和美国盟友在内的大部分国家来说，他们既不想和美国脱钩，也不想和中国脱钩，因为和任何一方的脱钩都会导致巨大的损失。尽管今天美国的孤立主义有其理由，即所谓的"重振美国"，但这并不符合美国的长远利益。从经济规律来看，中国的单边开放政策力度越大，越会从国际层面吸引到更多的生产要素，越会对美国的孤立主义构成压力。美国资本的本质是开放，美国资本从长远看必然回归全球化。

概括地说，中国基于多边主义之上的单边开放政策越来越成为重塑国际秩序的重要动力。美国和西方一直在强调中国通过"一带一路"倡议等方式塑造以自己为中心的贸易秩序。历史地看，任何一种贸易秩序不管是由哪一国家倡导和开始的，只要是开放包容性的，这种秩序便是参与国共赢的。英国和美国曾经也是这样的。无疑，一个新的世界秩序，已经逐渐浮现成形。

| | |
|---|---|
| 原标题 | 中国"单边开放"下的国际新秩序｜独思录×郑永年 |
| 来　源 | 大湾区评论 |
| 日　期 | 2024-11-08 |
| 链　接 | https://mp.weixin.qq.com/s/fwNCZJttHvWuk_M-HZZNxw |

# 中国开放力度还可更大
# 未来或将重塑世界贸易格局

(2024-11-08)

今年以来,"单边开放"成为经济学界、工商界人士热烈讨论的一个话题。党的二十届三中全会也已经明确提出,扩大自主开放,有序扩大中国商品市场、服务市场、资本市场、劳务市场等领域的对外开放,扩大对最不发达国家单边开放。

在11月5日召开的第七届进博会开幕式上,中国政府也再次明确,中国愿进一步开放超大规模市场,包括实施单边开放措施,落实好给予最不发达国家100%税目产品零关税待遇等,持续办好进博会、广交会等展会,真正把中国大市场变成世界大机遇。

何为单边开放?它与多双边开放举措有何不同?中国应该如何用好单边开放政策?《21世纪经济报道》记者在进博会上采访了香港中文大学(深圳)公共政策学院院长、前海国际事务研究院院长郑永年。

郑永年近年来曾多次呼吁扩大对不发达国家的单边开放。他认为,当前中国进一步扩大自主开放,需要更大力度地实施单边开放措施,例如向众多行业的外资企业开放中国市场,举办进博会便是典型的单方面开放措施,而加入WTO、自贸协定则是多双边开放的举措,这些开放措施共同助推了中国和全球贸易的良性循环。

在他看来，中国作为世界第二大经济体，对最不发达国家实行单边开放，是向国际社会提供一个国际公共平台，这也是大国责任的一部分。同时也要看到，中国很多领域也是可以向发达国家开放的，中国的单边开放政策将是未来重塑世界贸易格局的一个重要变量。

"单边开放不是无原则的开放，而是根据自身的需要精准推动的。"郑永年表示，中国目前主动在越来越多的领域实施单边开放，比如扩大外资医院、电信等服务贸易领域的单边开放，系统地分析《中欧全面投资协定》、《全面与进步跨太平洋伙伴关系协定》（CPTPP）、《数字经济伙伴关系协定》（DEPA）等，从而确定哪些内容可以根据自身需求优先实施，循序渐进，由点带面，通过试点成熟后再全面推广。

值得注意的是，今年进博会的参展商数量创下历届之最，除了世界500强企业，很多发展中国家的中小企业也积极来到中国。郑永年表示，中小企业一旦获得市场就有望变成大企业。进博会就是在帮助有潜力的中小企业共享中国超大规模市场的机遇，共同推动世界经济增长。

"我们要好好理解单边开放，这将是中国在国际上最有效的政策之一。"郑永年表示，从历史经验和实践效果来看，中国扩大单边开放不仅是为了应对复杂的国际环境，更是自身进步和实现经济高质量发展的迫切需要，能够推动发展所必需的资金、技术、市场、人才等诸多优质资源更好地汇聚。

论单边开放 全球剧变下的中国开放新命题与新思考

| 原标题 | 南财对话丨郑永年解读单边开放：中国开放力度还可更大　未来或将重塑世界贸易格局 |
|---|---|
| 来　源 | 南财对话 |
| 日　期 | 2024-11-08 |
| 链　接 | https://m.21jingji.com/article/20241108/herald/b895f2ab6ea42b3a7f6854fb7291d5fd.html |

# 中国的单边开放政策可能重塑全球贸易格局

(2024-11-11)

以"中国经济的下一程：塑造新动能 释放新活力"为主题的新华网思客云丘山年会10日在山西临汾市云丘山举办。香港中文大学（深圳）公共政策学院院长、前海国际事务研究院院长郑永年在会上表示，中国需要更大力度地实施单边开放措施，这不仅是应对当前复杂世界局势、赢得经济发展主动的需要，也是吸引资金、技术、人才等优质资源的客观要求。

单边开放是我国主动向世界开放的重要形式。党的二十届三中全会《决定》提出："扩大自主开放，有序扩大我国商品市场、服务市场、资本市场、劳务市场等对外开放，扩大对最不发达国家单边开放。"

郑永年认为，中国的单边开放政策具备重塑全球贸易格局的能力。他表示，中国作为世界第二大经济体，对最不发达国家实行单边开放，是向国际社会提供一个国际公共平台，为中国和世界提供新机遇。除了扩大免签"朋友圈"、设立外商独资医院试点、制造业外资准入限制"清零"之外，中国还可以在更多领域扩大对外开放。

郑永年表示，英美等发达国家通过实施单边开放政策，集聚了全球高端的人才、优质的资本。中国可以根据自身需求，系统地分析梳理《中欧全面投资协定》、《全面与进步跨太平洋伙伴关系协定》（CPTPP）、《数字经济伙伴关系协定》（DEPA）中可以优先实施的内容，进行试点，"中国完全可以先做起来"。

| | |
|---|---|
| 原标题 | 郑永年：中国的单边开放政策将可能重塑全球贸易格局 |
| 来　源 | 新华网思客 |
| 日　期 | 2024-11-11 |
| 链　接 | https://www.news.cn/sikepro/20241111/79d8ec085b3744c1bfdc04703c60f4e3/c.html |

# 中国单边开放正重塑全球化

(2024-11-15)

改革开放以来，中国的开放政策经历了三个阶段，即"请进来""接轨"和"走出去"。每一个阶段，都包含着单边开放政策的成分。

在改革开放初期，国家开始实行"请进来"政策。当时，国家处于贫穷状态，急需依靠资本推动经济发展。由于内资缺失，吸引外资成为最有效的选择。因此，国家开始实行"请进来"的政策，主动为外资打开国门，为外资进入营造政策环境。外资进入中国也是一个非常复杂的过程。早期，西方资本对中国并没有表现出很大的兴趣。因此，首先进入中国的是海外华侨资本，它们对中国有比较深刻的认识。在华侨资本进入中国并取得了成效之后，西方资本才开始进入中国。

1992年邓小平南方谈话之后，国家实行了更大规模的开放政策，外资开始大规模进入中国。其中真正具有划时代意义的是20世纪90年代的"接轨"政策。为了加入世界贸易组织（WTO），从中央到地方，我们主动修改了上万条法律、法规和政策。也就是说，加入世界贸易组织，把中国的开放政策提高到制度层面。这为外商提供了最佳的营商条件和法制保障。

新世纪以来，中国开放政策进入"走出去"阶段。经过"请进来"和"接轨"两个阶段，中国很快从一个资本短缺经济体发展成为资本过剩经济体。和其他国家一样，一旦进入资本过剩阶段，资本的国际化便不可避免。但是，资本过剩和"走出去"并不意味着中国不欢迎外国资本了。恰恰相反，进入这个阶段，中国的单边开放政策越来越有利于外国资本和商品进驻。进博会便是典型，它为外商提供了一个进入中国市场的有效平台。

### 一、单边开放的必然性

过去数十年中国之所以发展那么快，与单边开放政策分不开。这种发展模式与英国和美国之前的发展经验有趋同的一面。这些国家都是根据自身需要实行单边开放政策而得到了迅速发展。

这里尤其要强调一下美国经验。自二战结束以来，美国的发展和维持世界霸权的能力与其所拥有的三大开放系统直接相关，即开放的教育—人才系统、开放的企业系统和开放的金融系统。这些领域美国践行单边开放政策，使美国形成了一个我称之为"地域嵌入型世界级经济枢纽或者平台"——集中了来自世界各地的高端人才、优秀企业家和优质资本，这些要素都想进入这个枢纽，来了不想走，也走不了，因为只能在这个枢纽中得到发展。所以，尽管二战以来美国的政治和社会已经经历了巨大变迁，但这些优质生产要素从来没有离开过这些枢纽。

## 二、从英国和美国的单边开放经验看，中国依然有巨量的开放空间

这里需要强调一下"单边开放"和"对等开放"的不同之处。尽管在国际谈判中，大家都强调"对等开放"，但实际上并不可行。正如人们期待国际秩序是民主的，大国和小国一律平等，但事实上很难真正实现平等，对等开放也是如此。历史地看，"对等开放"的概念臭名昭著，因为这是发达经济体要求欠发达经济体开放市场时所强调的贸易政策。当欧美国家先发展起来，它们会对其他国家实行殖民主义和帝国主义，用强大的武装力量打开其他国家的大门。美国成长起来之后，也强调"门户开放"政策，所以西方从来没有践行过"对等开放"。

在实践层面，中国早已实施大国和小国间的单边开放政策。最典型的例子体现在中国—东盟自贸协定上，中国针对一些较落后和较小的经济体实行单边开放政策，只不过当时中国没有使用"单边开放"这一概念而已。

近年来，中国正式提出和使用这一概念。首先在签证方面，中国正在向越来越多的国家实行单方面免签政策。这里的"单方面"就是"单边"的不同表述。单方面免签政策取得了意想不到的积极效果。党的二十届三中全会通过的《中共中央关于进一步全面深化改革、推进中国式现代化的决定》使用了"单边开放"概念，强调"扩大对最不发达国家单边开放"。李强总理在第27次中国—东盟领导人会议上的讲话指出，中方愿探讨面向东盟国家实施单边开放等举措，逐步迈向更高水平的双向

开放，助推区域经济一体化发展。可以预见，中国会把单边开放政策适用到越来越多的领域。

无论从实践上还是理论上，单边开放对于中国和对象国（无论是单一国家还是国家集团）的关系，乃至对国际秩序正在产生深远的影响。

### 三、来自世界秩序的挑战

单边开放正在如何影响世界秩序？先要看今天世界秩序面临怎样的严峻挑战。

就经贸来说，美国自特朗普以来盛行经济民族主义和贸易保护主义政策，使全球范围出现"去全球化"和"逆全球化"现象。美国等西方国家是上一波全球化的最大受益者。然而，由于全球化所创造的巨量财富得不到比较公平的分配，西方又开始搞贸易保护主义，破坏国际经济秩序。不仅如此，美国还使用排他性的方式重塑全球化，把很多国家排挤出自己的"小圈子"。这种行为正在导致全球贸易碎片化。这个趋势如果不能扭转，现存全球贸易体系很快就会解体。

在政治领域，世界面临意识形态两极化的风险。美苏冷战半个世纪，意识形态极化对世界秩序的冲击已经表现得淋漓尽致。今天，美国和其他一些西方国家在继续践行意识形态两极化。

美国的最终目标是地缘政治两极化，把今天基于全球化之上的世界秩序转型成为美苏冷战时期那样的两极化秩序。美国在包括中美双边关系、中国周边环境和中国在国际秩序中的角色等各层面不遗余力地对中国进行全方位的围堵和遏制。这不仅冲击了中美两国关系,恶化了中国的周边环境,更破坏了现存的国际秩序。因此,对中国来说,最大的挑战便是:在这样的情况下,如何在实现内部可持续发展的同时,维护和促进世界和平,重塑国际秩序。

### 四、重塑国际秩序"新动力"

从这个角度来看,单边开放可以说是中国同时实现内、外部目标的最有效方法。

在内部,诚如前面所说,从以往经验看,单边开放可以促进一个国家更快更有效地发展。就经济逻辑来说,只有在开放的状态下,才能实现生产要素自由流动,让市场配置资源。因此,单边开放有助于一个国家在国际层面吸引生产要素。就政治逻辑来说,在美国等西方国家践行意识形态和地缘政治两极化的情况下,国与国之间的协商和谈判变得越来越困难。这样的情况下,单边开放是化解美国为首的西方势力推行两极化的有效方法。正因为是单边开放,开放国不需要和对象国进行协商和谈判。迄今为止,中国的单边开放政策所取得的成果已经表明,单边开放的经济逻辑和政治逻辑已经开始发挥作用。

在外部,单边开放是中国为国际社会提供的最好的国际公共品。众所周知,贸易投资会促进经济增长。过去的美国之所以强大,一是市场庞大,拥有庞大的以中产为主体的消费群体;二是市场向其他国家开放,其他国家通过和美国的贸易投资往来促进自身经济发展。但是，自特朗普以来，美国盛行"美国优先"政策。拜登尽管表面上强调盟友政策，但他的"中产外交"核心也是"美国优先"。尽管美国的贸易保护主义和经济民族主义主要针对对象是中国，但也影响到美国和包括其盟友在内的所有国家之间的经贸关系。例如，前些年美国为了针对中国，与一些国家搞了一个"印太经济框架"，但参与国发现，美国并不想向这些成员国开放市场。

今天的中国是世界第二大经济体、全球最大的单一市场。较之发达经济体，中国的经济增长还有巨大空间，中等收入群体也在不断成长。中国多层次的消费群体对发达国家和发展中国家的企业有无限的吸引力，这一点我们已经在进博会中看到。我们不仅吸引了发达经济体的厂商，也吸引着发展中国家的厂商。中国的单方面免签政策正在扩展到更多国家。尽管美国等一些发达国家对中国"脱钩断链"，但很多发展中国家希望通过引入中国的资本和技术来促进自身经济发展。无论是在上海进博会还是在广交会，单边开放最终导向的都是双边甚至多边贸易投资活动。

如果把中国的单边开放政策置于中国践行的包容性多边主义（Inclusive Multilateralism）构架内，对世界秩序的影响就更显著。尽管美国也宣称践行多边主义，但这是一种排他性的多边主义（Exclusive Multilateralism），即我们所说的"团团伙伙"。美国表面上在重塑全球化，但这种排他性的多边主义与全球化背道而驰，正在摧毁现存贸易多边主义，使全球范围内的贸易体系高度碎片化。比较而言，中国签署的贸易投资协定都是包容性的。中国的单边开放政策不仅体现在中国和一些经济体之间的自由贸易协定上，也反映在诸如RCEP、共建"一带一路"倡议、"金砖＋"合作模式和新开发银行等上。尽管这些多边组织开始时也呈现区域性，但正是因为其包容性，这些组织和全球化相向而行，构成了全球化的新动力。因此，无论是国家之间的单边开放政策还是在多边主义框架下的单边开放政策，从短期看，都在赋予全球化新的动力，从而在很大程度上抵消美西方的逆全球化力量。从长期看，单边开放政策正重塑全球化，为全球经济发展创造新条件。

同样重要的是，从短期来看，中国的单边开放政策和包容性多边主义，不仅可以促使美国"两极化"的努力演变成"自我孤立主义"；从长远来看，还可以促使美国再次加入国际秩序。美国的逆全球化政策，尤其是特朗普版本的贸易保护主义政策不仅造成美国盟友的担忧，也造成了所有国家的担忧。对包括发达国家和美国盟友在内的大部分国家来说，他们既不想和美国"脱钩"，也不想和中国"脱钩"，因为和任何一方"脱钩"都会导致巨大损失。尽管今天美国的孤立主义有其理由，即所谓的"重振美国"，但这并不符合美国的长远利益。从经济规律来看，中国的单边开放政策力度越大，越会从国际层面吸引更多的生产要素，越会对美国的孤立主义构成压力。美国资本的本质是开放，美国资本从长远看必然回归全球化。

概括地说，中国基于多边主义之上的单边开放政策越来越成为重塑国际秩序的重要动力。历史地看，任何一种贸易秩序

论单边开放 全球剧变下的中国开放新命题与新思考

不管是由哪一国家倡导和开始，只要是开放包容的，这种秩序便是参与国共赢的。无疑，一个新的世界秩序，已经逐渐浮现成形。

（本文根据郑永年在第七届进博会"世界开放现状与前景"研讨会上的发言整理）

|   |   |
|---|---|
| 原标题 | 中国单边开放正重塑全球化 |
| 来　源 | 中国经济周刊 |
| 日　期 | 2024-11-15 |
| 链　接 | http://paper.people.com.cn/zgjjzk/pc/content/2024-11/15/content_30046111.html |

# 中国的开放政策是重塑世贸格局的重要变量

(2024-11-15)

11月13日，前海国际事务研究院院长、香港中文大学（深圳）教授郑永年在2024大湾区—东盟经济合作（前海）论坛上，剖析了全球化背景下中国与东盟国家合作的机遇与挑战，并表示单边开放是中国近年来践行的开放政策中非常重要的一环，是应对当前复杂世界局势，赢得经济发展主动的需要，对重塑世界贸易体系的能力不可低估。

何为单边开放？与对等开放相对应，单边开放意味着中国在自身发展的进程中，主动且自主地放宽市场准入限制，降低贸易壁垒，以更加开放包容的姿态迎接全球各国的贸易往来。目前，中国正在越来越多的领域主动实施单边开放政策：扩大免签"朋友圈"、设立外商独资医院试点、制造业外资准入限制"清零"……单边开放与对等开放共同构成了中国和全球贸易的良性循环。

郑永年认为，"尽管中国—东盟自由贸易区实现了从1.0版到3.0版的升级，但贸易资源已经远远不够用了。自贸区的概念已经不适用于现在中国跟东盟经济发展、监管发展的需求，双方可以参照欧盟早期共同市场的概念，推进中国—东盟共同市场的建设"。

作为世界第二大经济体，中国的单边开放政策将是未来重塑世界贸易格局的一个重要变量，对最不发达国家实行单边开放，是向国际社会提供一个国际公共平台。郑永年观察到，今年以来，中国希望跟东盟国家开始讨论协商单边开放的问题，"如果可以实现，将成为中国—东盟经济关系史上一个里程碑"。

| | |
|---|---|
| 原标题 | 2024大湾区—东盟经济合作（前海）论坛开幕 |
| 来　源 | 南方日报 |
| 日　期 | 2024-11-15 |
| 链　接 | https://epaper.nfnews.com/nfdaily/html/202411/15/content_10118004.html |

# 不能低估中国对外开放政策重塑全球贸易体系的力量

(2024-12-04)

12月3日下午，2024年"读懂中国"国际会议（广州）之"中国高水平对外开放与全球经济增长新动能"嘉宾对话举行，各国嘉宾畅谈中国改革在世界上带来的积极影响。香港中文大学（深圳）公共政策学院院长、前海国际事务研究院院长郑永年在发言时表示，中国的对外开放是以规则为基础的开放，我们不应该低估全球资本的能力，也不能低估中国对外开放政策重塑全球贸易体系的力量。

## 一、政治承诺、自由、包容性："读懂中国"的三个关键词

读懂中国，从哪些关键词开始？郑永年用三个关键词来阐述中国高水平对外开放的特征：政治承诺、自由、包容性。

"中国领导人所作出的诚挚的、深刻的政治承诺，这是非常重要的。"他进一步指出，目前世界上很多国家也会讲到对外开放政策，但是他们没有做出政治承诺，当遇到困难时，他们就放弃了"对外开放"，而转向了"保护主义"。而中国的领导层在不断重复对外开放政策的重要性，这不仅是口头上的，更是一直在实践中。

此外，中国的对外开放是自由的。包容性的多边主义是中国对外开放政策的重要核心，这与全球化以及区域化的发展是保持一致的。截至目前，中国已经和29个国家和地区签署了22个自贸协定，占中国对外贸易总额的三分之一左右。

## 二、开放是一个国家自信的表现

当今世界百年变局加速演进，世界各国既面临新的风险和考验，同时也拥有新的发展机遇和进步前景。

郑永年指出，目前中国对外开放政策的一个新的重要特征是单边开放。郑永年举例近来推出的免签（Visa Free）政策，吸引了许多外国人到中国来，并在社交媒体上发布了大量关于中国的短视频，"这让西方社会看到一个真实的中国"。他强调，"单边开放不仅要拓展到发展中国家，也要拓展到西方发达国家，这同样重要"。

在今年召开的第27次中国—东盟领导人会议上，中国提出中方愿探讨面向东盟国家实施单边开放等举措。郑永年表示，"如果中国对东盟的单边开放实现了，那将是一个巨变，将会形成中国—东盟共同市场。这是非常了不起的一件事，对世界来说也是一件大事情"。

中国在不断拓展单边开放的范围，拓展到了许多领域，在很多领域已经加快了开放的步伐。郑永年举例前不久国家卫生健康委、商务部等四部门发布《独资医院领域扩大开放试点工作方案》，允许在北京、上海、广州、深圳等地设立外商独资医院（中医类除外，不含并购公立医院）。他表示，这是进一步对外开放的生动体现,"开放是一个国家自信的表现,越开放越自信,越自信越开放,这是一个良性循环"。

### 三、不能低估中国对外开放政策重塑全球贸易体系的力量

特朗普即将开启第二任期,让不少人感到担忧。郑永年表示,"一方面,我们确实不能低估特朗普可能会对全球贸易体系带来的冲击;但与此同时,我们也不能低估中国在重塑全球贸易体系中的能力"。

郑永年认为,中国通过"一带一路"倡议、金砖国家等合作机制,也能推动全球化的进程。即使美国一开始就反对"一带一路"倡议,但直到今天,中国依然对美国敞开大门。"中国的对外开放是兼收并蓄的,哪个国家准备好要加入新的合作机制和体系,中国都随时欢迎",郑永年说。

据悉,"读懂中国"国际会议已成功举办了七届,成为世界了解中国发展战略最具影响力的平台之一。今年是第八届"读懂中国"国际会议,也是第五次在广州召开。

| | |
|---|---|
| 原标题 | IIA新闻｜郑永年谈"2024读懂中国":不能低估中国对外开放政策重塑全球贸易体系的力量 |
| 来　源 | 前海国际事务研究院 |
| 日　期 | 2024-12-04 |
| 链　接 | https://www.qiia.org/zh-hans/node/1358 |

# 投资科技创新永远不会过剩

(2024-12-08)

12月7日到8日，由广州粤港澳大湾区研究院主办的广州论坛2024年年会举行，论坛以"建设中心型世界城市，迈向世界最好湾区"为主题，举办了"巅峰对话：2025年国内外政经形势预测会"。会上，广州粤港澳大湾区研究院理事长、香港中文大学（深圳）公共政策学院院长郑永年表示，要走出"内卷"，就要增加新的经济活动，向外寻求增量，尤其是要将科创技术作为新的增量和突破口。

今年7月的中共中央政治局会议指出，要强化行业自律，防止内卷式恶性竞争。对于内卷的概念，郑永年理解为对存量竞争。"一块比萨，大家都不做增量，只抢这一块，就是内卷。"他表示，当传统"三驾马车"不灵了，科创技术就是新的增量和突破口，国内企业需要加快提升自身的科技和产业竞争力。"世界上投资房地产、教育会过剩，但是投资科创永远不会过剩。"

郑永年认为，必须推动更多科技创新落地，但也有一个前提，就是围绕当前的监管政策进一步深化改革，打造更加宽松的环境。在目前宽松金融政策、积极财政政策之外，还要加一条，将监管适当地松绑，要避免因为监管过度导致发展不足，以及监管过度导致新增经济增量减少。

破局"内卷"的另一个思路是高水平对外开放，今年的二十届三中全会公告中，"单边开放"首次出现在完善高水平对外开放体制机制的内容当中。当前，看到单边开放从概念到文件到实践，其内涵和外延都在不断完善。"不要低估开放政策尤其是单边开放政策在重塑世界贸易体系过程中的能力。"郑永年说道。

　　7日当天，粤港澳大湾区研究院发布研究成果《精准单边开放》，报告研讨国家在稳步扩大制度型开放方面存在的思路和具体举措，并提出建议：以精准单边开放为重点，撬动多边双边，以开放促创新，以开放促改革，以开放促发展。强调按照自身发展需求推进单边开放，并且主动在规则、规制、管理和标准上与国际实现对接融合，尤其是通过系统的体制改革获取动力，消除内外市场一体化的体制机制壁垒。"我们有能力推动实现高水平的对外开放，与世界实现双向奔赴。"

　　中国宏观经济学会副会长、中国银行原首席经济学家曹远征认为，世界经济正在碎片化，但碎片化并不意味着去全球化，而是全球化换了一个面貌，用区域化重新组织全球化，如中吉乌铁路在内的"一带一路"建设项目盘活了欧亚大陆，支撑中国经济发展更加平衡、更具韧性。"在区域化重塑全球的决定性时期，关键在于方向与信心。抬头看路比埋头苦干更加重要。"他表示。

原标题　郑永年：投资科技创新永远不会过剩
来　源　广州日报新花城
日　期　2024-12-08
链　接　https://huacheng.gz-cmc.com/pages/2024/12/08/SF13039288a49c178bbb964fb1851611.html

# 未来三年，对真正的企业家是机遇

(2024-12-24)

**侠客岛**："全球南方"正成为越来越不可忽视的力量。您怎么看待这一力量？会对世界局势产生怎样的影响？

**郑永年**：我个人理解，"全球南方"是对不公正的国际秩序的抗争，是这些国家要发出自己的声音；它也是全球性的政治运动，跟"全球北方"相对。

这些后发国家、落后国家、发展中国家觉得当前世界秩序不公平，他们的声量很小，承担的责任也不尽合理，比如气候问题，发达国家历史排放那么多，先排放、先污染了，早早发展起来了，现在又要让后发国家承担减排责任。这种权利与义务的不对等是显而易见的。这些诉求没有完全反映在现有国际组织里。所以，"全球南方"是对利益、责任、权利三个层面的争取。

"全球南方"跟"全球北方"相对，但不是反"全球北方"的，是要向北方争取利益，而非反北方的联盟。"全球南方"本身就是从不结盟运动、欠发达国家发展起来的，不是高度组织化的，它的边界在变化，内部的多元性远远高于统一性，政党、制度都很多元，内部也有竞争。有一些势力想要破坏"全球南方"的团结，这本身就说明它的确是重要的国际政治力量。在"全球南方"里，中国的位置最好，既有能力也有意愿去做改变，也可以作出更多贡献。

**侠客岛**：中国对"全球南方"意味着什么？

**郑永年**：不要低估中国单边开放对"全球南方"的影响。我一直说，有三个"不要低估"：不要低估特朗普上台对世界贸易体系的破坏力量；不要低估世界资本重新推动全球化的力量；不要低估中国单边开放重塑世界贸易体系的力量。

世界资本跟中国单边开放是相向而行的。特朗普不能把美国、日本、欧洲的资本固定在自己的土地上，即便限制这些资本来中国，总不能限制他们去"全球南方"吧？换一个思路，这是很大的市场。

更重要的是思想层面。现在"全球南方"还缺少一定的灵魂和思想。印度说自己是"最大民主国"，但现在是西式民主最低潮的时候，吸引不了"全球南方"。真正吸引他们的，就是中国现代化的经验。他们对中国最感兴趣的就是现代化。为什么？因为中国不像美国那样推广自己的模式，但又走出了非西方的现代化道路。"全球南方"国家很多曾经是西方殖民地，也采取了西方的政治制度、发展模式，但到现在为止，要么仍是低度发展状态，要么掉进中等陷阱。中国是唯一既独立，又发展的。能不能把中国式现代化跟"全球南方"的叙事对接？他们需要思想、共识。

这方面有广阔天地。美国不能替那么多国家做主。这些国家要发展就会做出自己的选择。如果世界上只有西方现代化一种模式，他们就没得选；有非西方的路子，他们就可以选。至少有两家了嘛，可以比较了。

**侠客岛：** 这几年大家反复讨论的一个词就是"不确定性"。我们应该如何面对2025年各种各样的不确定性？

**郑永年：** 当然。不确定性取决于客观形势的变化。除了我们前面反复谈到的国际关系中的不确定性，更多的不确定性实际上是认知问题。我在广州的"读懂中国"论坛上讲，我们必须乐观，也有足够的理由乐观。面对问题，实事求是，方法总比问题多。现在好多不确定性是在国际上，中国本身是确定的。问题暴露出来了，方法也都有了，解决问题有个过程。

中国的数字经济、新能源、生物医药、人工智能还在蓄势待发。受西方保护主义影响，贸易肯定会受到冲击，但是其他可以做增量。只要体制改革到位就可以。中国现在人均GDP才1.3万美元，美国是5万—6万美元。这中间有多大的提升空间？方向是确定的，中国式现代化说穿了就是老百姓的生活变得更好，剩下的就是落实。放眼世界，东盟、日本、韩国、欧洲、中东……都存在激烈或相对不那么激烈的地缘政治变动，但中国是稳定的。

前面说认知问题，一方面要看到转型期客观的困难挑战，但如果认知有问题，就会牵涉到信心。我说接下去三年，只从眼下挣钱的角度看的商人可能会悲观，但对真正的企业家是机遇。任何一个变迁的时代都是企业家的机遇。商人可能更需要稳定时代，而企业家是要抓住机遇改变世界。对马斯克来说，美国到处都是机遇。

**侠客岛：** 年底的中央政治局会议、中央经济工作会议，提出要实施更加积极的财政政策、适度宽松的货币政策，包括说要稳住楼市股市等,给外界传递了许多积极信号。接下去怎么看?

**郑永年:** 这都是宏观政策条件。接下来需要的就是将政策转化至实体经济的机制,释放更多新的经济活力。上世纪90年代,改革开放早期,当时的宽松金融、积极财政为什么很快能带动大发展?因为可以通过大规模基建,通过房地产,通过制造业应用技术转化,把政策空间转化成实体经济效果。

现在呢?不仅要有宽松的金融、积极的财政,而且要有第三条腿,就是科学监管。比如生物医药,以前我们很多药是仿制药,现在有原创了,但是要么过度监管,要么因为卖不上价,企业就卖掉了。上个月美国企业就花几亿美元买了两种中国的新药,到时候可以在那边弄成百亿千亿的规模,说不定我们还得去回购。还有人工智能,中国一些技术已经赶上美国了,但没有落地应用。

什么叫科学监管?打个比方,你首先得让小孩生下来,才可能慢慢把他培养成理想中的小孩。这就是监管。你如果根本不让它落地,直接流产,那就不是监管,而是只有"禁"没有"管",更谈不上科学、合理、有效的监管。

我们看马斯克被提名的职务,目的就是提高效率,去做去监管的事。如果我们不能有效监管,或者过度监管,一些技术很可能就跑去美国,帮美国去发展了。宏观政策要转化成经济活动,带动新的就业,得算这个"大账"。

当然,时代不一样了。以前房地产就是新增经济活动,现在传统行业就业饱和了,就得创造新就业机会,未来科创很重要。二战后美国的经济发展是靠科技推动的。这也是最有潜力的地方。

**侠客岛：**怎么看中国的外部环境？您在不同场合都强调中国要有定力有信心，能否再归纳一下？

**郑永年：**中东会有一定影响，但中国不是那里的当事方；俄乌局势会有影响，但也还好；东海、南海、台海是可控的，即使有一点摩擦。很多人仍然抱着西式想法，把自己的发展取决于外在环境。比如我在"读懂中国"论坛碰到的一些外国学者，他们觉得美西方排挤中国，中国就孤立了。实际上不是这样，他们越孤立中国，中国反而越开放。

美国战略界也在重新评估，说美国是不是高估了自己的能力，以为在这种压力下中国经济会死掉，结果呢？反而越战越勇了。中国的发展不完全取决于外在环境。我们需要和平，但是也有双循环；如果外循环出问题，还有内循环这个根本。这么大的市场所释放出的经济活力，是很可观的。

而且中国自主性很强，无论是跟东盟还是欧洲，都可以自主去做很多事情。随着国际环境变化，中国的自主性反而在变强。以前还有人说粮食不用种，芯片不用造，买就行了。现在呢？

无论是中国企业家还是年轻人，都要改变思维。改革开放后，中国内部的现代化和世界范围内的全球化相向而行，所以我们顺风顺水几十年。但如果看大历史，没有谁能永远顺风顺水。但逆水就不行舟吗？也要走，慢一点没关系，只要往前走就可以。

所以认知很重要。想想看，我们1.3万美元的人均GDP，如果能够达到"亚洲四小龙"最后一位韩国3.3万美元的人均GDP，到时候中国的经济体量得是多大？我们的中等收入阶层只占人口的30%，如果按照"亚洲四小龙"的比例，未来达到50%—65%甚至更高，那又是多大的潜力？

信心很重要。但信心来自直面问题，只要解决问题，就会涌现活力。不敢直面问题的都是悲观者；乐观者才会去找问题。直面问题，找到方法，才能光明。

| | |
|---|---|
| 原标题 | 对话郑永年：未来三年，对真正的企业家是机遇【侠客岛年终观察③】 |
| 来　源 | 侠客岛 |
| 日　期 | 2024-12-24 |
| 链　接 | https://mp.weixin.qq.com/s/lG_xktLrzE0Joh8i_ODDJQ |

# 大国竞争看的是谁更开放，更开放的将会是赢家

(2024-12-26)

中央经济工作会议提出2025年要有序扩大自主开放和单边开放，稳步扩大制度型开放，传递出持续扩大高水平对外开放的坚定决心。香港中文大学（深圳）公共政策学院院长、广州粤港澳大湾区研究院理事长郑永年日前接受北京日报客户端记者专访时表示，单边开放已成为中国对外开放的重要特征。中国的发展仍有巨大潜力，美国无法遏制中国的现代化进程。中美之间的竞争看的是谁更加开放，最终的赢家将是对外更开放的国家。

## 一、单边开放范围应不断拓展

郑永年表示，中国高水平对外开放的首要特征就是深刻的政治承诺，这是中国领导人所做的诚挚、深刻的政治承诺。很多其他国家也会有对外开放政策，但并没有做出政治承诺，当遇到困难的时候就放弃了，转向了保护主义。第二个重要的特征是自由，中国已和29个国家或地区签署了自由贸易协定。第三个特征是包容性和多边主义，这是中国对外开放政策的核心。美国也在实践所谓的多边主义，但中国的多边主义是包容性的，与全球化和区域化发展是保持一致的。

"近几年，单边开放成为了中国对外开放的重要特征。在实

施对外开放的过程中，我们以单方面免签政策吸引了大量外国旅客来到中国。单边开放的范围应该不断拓展到其他领域中。"郑永年说，中国政府已经宣布外国投资者可以在一些大城市建立独资医院，并全面取消了制造业领域的外资准入限制。单边开放政策还应该同时向发展中国家和西方发达国家拓展。

郑永年说，中国正申请加入《全面与进步跨太平洋伙伴关系协定》（CPTPP），此前也与欧盟达成了《中欧全面投资协定》文本内容，这些合作机制都具有重要意义。虽然《中欧全面投资协定》因政治原因被欧洲单方面冻结，但中国可以对照CPTPP和《中欧全面投资协定》的条款，推动单边开放，欢迎外国投资者来到中国，建立信任之后再进行互惠、双向的开放，这会是一个非常务实的做法。在教育领域尤其是高等教育领域，中国也欢迎各种各样的人才来到中国。他举例说，在自己所在的香港中文大学（深圳），有很多来自西方国家、印度的教授，与他们达成共识并非难事，因为高校是"非政治"的。在政治危机的时代，必须思考通过一些非政治的方式来展开合作。

## 二、应向美国人民单方面免签

郑永年说，美国一直指责中国不遵循国际贸易规则，实际上中国不断强调要在开放中要遵守法律法规和国际规则，中国的对外开放是以规则为基础的开放。在他看来，面对"特朗普2.0"将带来的冲击，全球资本有能力进一步实现经济的"再全球化"，尤其不应该低估中国开放政策重塑全球贸易体系的力量。中国有很多能够促进全球化的手段，例如"一带一路"倡议、金砖国家等。以"一带一路"倡议为例，尽管美国从一开始就反对这个倡议，但直到今天中国仍向美国打开大门，欢迎包括美国在内的世界各国加入其中。

中国如何应对"特朗普2.0"？郑永年说，中国作为第二大经济体，应该有耐心观察一段时间，如果特朗普对中国施加宣称的60%关税，美国将会再次出现高通胀，美国蓝领工人阶层将首当其冲受到影响，所以特朗普也尚未决定将实施何种水平的对华关税税率。

郑永年说，美国投资者仍然对中国市场充满兴趣。中国现在有4亿人口的中产阶级，任何资本都不会忽视和放弃这一全球最大市场。中国应该看到，美国不是一个单一主体，而是由很多主体构成的，华尔街、农业州、科技界、学者等都有不同的政策偏好。他建议，中方应该把更多的美国各界人士和美国人民纳入单方面免签清单，欢迎大多数美国人来中国看看，发现中国市场的机遇，进而开展投资。

### 三、特朗普无法实现"脱钩断链"目标

"特朗普将在高科技领域尽力推动对华脱钩，但他无法实现'脱钩断链'目标。拜登已经做了四年，特朗普第一个四年其实也失败了。"郑永年说，我们应该有信心实现更高水平的对外开放，中国市场十分庞大，实际上在很多领域仍有进一步对外开放的空间。中国经济虽然增速有所放缓，仍保持增长，中产阶级规模也仍在增长，中国还有巨大潜力。美国可以略微延缓中国的现代化步伐，但绝不可能遏制中国的现代化进程。

美国一直强调与中国是竞争关系，郑永年说，中美之间的竞争的确存在，但竞争的性质是看哪个国家更加开放，而不是哪个国家更加封闭，最终的赢家将会是对外更加开放的国家。中国受益于全球化，将继续推动全球化的发展，而美国则相反。特朗普的口号是"让美国再次伟大"，但如果把美国的大门关上，是无法使美国再次伟大的。一个国家想要变得伟大，需要坚持促进全球化，坚持对外开放政策。

| | |
|---|---|
| 原标题 | 对话郑永年：大国竞争看的是谁更开放，更开放的将会是赢家 |
| 来　源 | 北京日报 |
| 日　期 | 2024-12-26 |
| 链　接 | https://xinwen.bjd.com.cn/content/s676ceb14e4b000299bade40c.html |

# 中国单边开放政策有助于重塑世界贸易格局

(2025-01-09)

2025年已经到来，世界经济站在一个新的起点。在各大国际机构和各国经济学家展望2025年世界经济前景时，"不确定性"是出现频率极高的一个词。各方普遍认为，"变"带来了不确定性，其中有挑战，也有机遇。

近日，香港中文大学（深圳）前海国际事务研究院院长、广州粤港澳大湾区研究院理事长郑永年接受本报记者采访，对2025年世界经济形势进行分析和研判。

## 一、"我们需要重点关注美国新任政府的政策走向"

**人民日报**：您认为，2025年世界经济主要面临哪些不确定性？

**郑永年**：2025年，世界经济面临的不确定性在上升，不确定因素也在增加，包括地缘政治冲突、贸易摩擦、科技发展带来的问题等。从地缘政治冲突来看，乌克兰危机持续，巴以冲突升级，国际社会各方都想结束这些冲突，但目前仍然缺乏有效的方法和协调者。此外，已有冲突还未解决，新的冲突随时可能发生。国际形势的不稳定性和不确定性会给世界经济增长造成负面影响。以欧洲为例，近两年，受乌克兰危机影响，欧洲经济一直处于下行态势。作为欧盟"双引擎",德国、法国的经济前景均不容乐观。

在这里,我们需要重点关注美国新任政府的政策走向。1月20日,美国当选总统特朗普将宣誓就职。特朗普上台之后,将采取怎样的政策,国际社会非常关注。有美国媒体预测,特朗普上台后的第一件事可能是宣布退出世界卫生组织,这虽然与经济不直接相关,但在国际政治与国际经济密切相关的背景下,"退群"行动给全球多边治理体系带来的冲击,无疑将打击人们对世界经济的信心。此外,特朗普已表示,将对墨西哥和加拿大进入美国的所有产品征收25%关税。目前看来,特朗普的关税"大棒"不是针对某几个国家,而是针对所有国家,包括美国的盟友。

但需要注意的是,特朗普上台后想做的,与他真正能做到的,是两码事。一个简单的例子,八年前,特朗普第一次上任时,就提出要实现美国"再工业化",但如今,八年过去了,这个目标并没有实现。如今,特朗普想再次搞"再工业化",力推美国制造业"回流",这几乎是不可能的。特朗普重拾"极限施压"策略,声称将对墨西哥、加拿大等国挥起加关税"大棒"。然而,高关税的结果是高通胀,这不符合美国劳工阶层的利益,与特朗普宣称要为劳工阶层利益服务的立场相悖。高关税影响美国企业的供应链和产业链,美国企业也没有准备好。美国国内许多经济学家一直在强调,高关税不仅解决不了美国的问题,更可能导致情况的恶化。因此,特朗普的表态有其战略层面的考量,而实际究竟能做到什么程度,还待观察。

## 二、"要对未来世界经济趋势有理性判断，重点关注三个方面"

**人民日报：**您如何看待2025年世界经济整体发展趋势？

**郑永年：**要对未来世界经济趋势有一个理性的判断，重点关注三个方面：

一是关注美国贸易政策走向。美国采取贸易保护主义，目的是希望通过保护原有产业基础、保护新兴产业以及牢牢把握第四次工业革命的主导权，来保护自身利益。而作为世界第一大经济体，美国的政策走向必然将对全球经济复苏以及国际经济秩序产生重要影响。

二是关注全球资本再全球化的走向。全球化是资本在全球流动的产物，资本连同技术和人才在全球范围内的流通构成了全球化。对美国资本来说，需要平衡国际和国内的需要，而欧洲国家以及广大新兴经济体目前也都普遍支持全球化。

三是关注中国开放政策，尤其是单边开放政策重塑世界贸易格局的能力。近年来，中国在各种国际场合强调坚定推进全球化和贸易自由化。目前，中国已经和29个国家和地区签署了自由贸易协定。尤其值得关注的是，中国践行单边开放政策。单边开放是中国主动向世界开放的重要形式。中国提出扩大自主开放，有序扩大中国商品市场、服务市场、资本市场、劳务市场等对外开放，扩大对最不发达国家单边开放。迄今为止，中国对越来越多国家实行签证免签政策，并采取了包括允许外资在一些主要城市设立全外资企业、外资制造业准入、电信开放等举措。2024年10月的第27次中国—东盟领导人会议上，中方表示，愿探讨面向东盟国家实施单边开放等举措，逐步迈向更高水平的双向开放，助推区域经济一体化发展。中国和东盟如果能够建立共同大市场，这对中国、东盟以及全球经济发展都具有重要意义。与此同时，中国通过共建"一带一路"，推动共建国家经济发展，也将对重塑世界贸易格局产生积极影响。

### 三、"当谈论发展中经济体的'中等收入陷阱'时，发达国家也面临'高收入陷阱'问题"

**人民日报**：您认为2025年，发达经济体和发展中经济体各自将有怎样的表现？

**郑永年**：发达经济体与发展中经济体增长不同步的现象早在多年前就已出现。当我们在谈论发展中经济体的"中等收入陷阱"时，发达国家其实也面临"高收入陷阱"问题，即传统产业发展已经"到顶"，经济增长大多来自新技术。目前，美国的新技术在发展，但上层建筑与生产关系出了问题，导致社会分化、财富分配不均；欧洲的问题则是监管规则过多，在一定程度上限制了创新。因此，对发达国家来说，如果科技创新水平不能持续提高，就会进入经济增长放缓的阶段。

广大发展中经济体的增长空间还很大。发展中经济体基数小，发达经济体基数大，所以前者对世界经济增长的贡献增大是很自然的事情。但是，这并不代表发展中经济体占世界经济总量的份额在显著增加，因此对于这个数据还是要冷静、科学地看待。

## 四、"可以确定，中国对世界经济增长贡献率保持在30%左右的态势不会变化"

**人民日报**：您如何看待2025年中国经济发展前景？

**郑永年**：2025年，中国大市场的活力与潜力依然非常可观。从中国自身来看，东部在资本、技术、管理经验等方面具有优势，西部在劳动力成本、自然资源、土地等方面具有优势，如果能让东、西部的生产要素更多地双向流动起来，就可以更好发挥东、西部的比较优势，进一步扩展中国经济的空间。此外，中国着力打造新兴产业，例如，长三角、珠三角等地区的低空经济发展持续升温；沿海省份都在发展海洋经济，中国的船舶工业在全球处于领先地位，为海洋经济的发展提供了强有力的支持。我们看到，中国在多个领域内存在巨大的发展潜力。因此，应当对中国经济的未来充满信心。

同时，可以确定的是，中国对世界经济增长贡献率保持在30%左右的态势不会变化。中国坚持扩大开放，不断与世界各国加强互联互通与经贸往来，促进生产要素的全球流通，必将为世界经济增长作出越来越大的贡献，成为新型经济全球化的引领者。

| | |
|---|---|
| 原标题 | 中国单边开放政策有助于重塑世界贸易格局（环球热点） |
| 来　源 | 人民日报海外版 |
| 日　期 | 2025-01-09 |
| 链　接 | http://paper.people.com.cn/rmrbhwb/pc/content/202501/09/content_30050653.html |

# 中国和美国拼的是经济韧性

(2025-04-07)

美国东部时间4月2日下午,特朗普摁下关税战"核按钮"。他称该措施为"对等关税",强调颁布该行政令当天是美国解放日(Liberation Day),表示这些"期待已久"的关税将使美国重新变得"富有"。这场覆盖广泛、力度空前的"关税战",不仅给全球贸易体系带来了巨大冲击,也让本已复杂的中美关系面临新的严峻考验。面对由此引发的对经济衰退的担忧、国际社会的普遍疑虑以及各国的应对博弈,我们应如何理解这场"关税战"的实质?中国又该如何在这场大国竞争中作出正确选择?

本文指出,关税等激烈手段只是表象,中国要对特朗普"总体交易观"进行实事求是地评估。要看到关税战背后的实质,关税只是美国解决问题的一个临时的工具——没有一个国家可以因为关税而致富,也没有一个富裕的国家因为关税而继续保持繁荣。同时,既不能相信西方媒体而低估了特朗普,也不能低估美国社会的活力。

作者强调,对美国的反制既不可避免,也是必须的,但我们的目标应当是构建一个具有强大经济韧性的产业体系——突破核心技术瓶颈、建设强大国内市场、坚持高水平对外开放——只有这样一个产业体系才能使得我们在和美国的长期竞争中不仅立于不败之地,实现自身的可持续发展和国家的复兴。

## 一、对等关税：特朗普向全球贸易体系投下一颗"核弹"

美国东部时间4月2日下午，美国总统特朗普在白宫玫瑰花园宣布了规模庞大的"对等关税"政策。由于涉及的贸易伙伴太多，而且税率各不相同，特朗普拿出一个大型图表进行讲解，演讲现场还摆放着更多图表，详细列出了对各国各地区的税率。

总体上，特朗普对亚洲地区加征的关税最高，其中对中国加征34%关税，对中国台湾地区加征32%，对印尼加征32%，对泰国加征36%，对越南加征46%，对老挝加征48%，对柬埔寨实施的税率最高达49%；对日本、韩国、印度分别实施24%、25%、26%的关税。在欧洲，对欧盟实施20%的关税，对瑞士为31%，对英国和巴西为10%，非洲大部分国家也是10%。即使是对属于澳大利亚领地、紧邻南极洲的赫德岛和麦克唐纳群岛（The Heard and McDonald Islands）的商品，也征收10%的关税，尽管那里完全无人居住。

经济学界普遍认为，这是美国历史上最激进的贸易保护主义政策了，可谓是特朗普的"大爆炸"和"休克疗法"，希望通过向世界各国收钱的方式即刻解决特朗普所认为的美国问题。无论对美国还是其他国家，这一政策的影响无疑是爆炸性的。在特朗普宣布这一政策之后，国际货币基金组织前首席经济学家肯尼斯·罗格夫（Kenneth S. Rogoff）告诉媒体，"他（特朗普）刚刚向全球贸易体系投下了一颗核弹"。

## 二、对美国而言：对等关税的"利"与"弊"

为什么要投这颗"核弹"？针对这一政策，特朗普自有他的算计。他曾宣称这次宣布征收的关税将使美国政府在未来一年进账超过1万亿美元；同时，美国消费者不会为这些对等关税承担任何额外开销，因为关税带来的收入将用于为国民"减税和偿还国家债务"。

特朗普的对等关税并非突然之举。在今年早些时候的达沃斯世界经济论坛上，特朗普已经直截了当地表明了自己的想法——他打算通过普遍征收关税，让全球企业面临两个选择：要么利用税收优惠政策在美国本土建厂生产；要么继续从海外工厂进口商品到美国，但需缴纳关税。

其背后的逻辑是，如果能收取大量关税，短期内就能增加美国财政收入，长期而言能够减少美国国内所得税税率环境，促使企业回到美国建厂，推动美国再工业化。特朗普因此重申这些对等关税将使"美国工业重生"。他将这一天形容为"解放日"，并称这是国家命运重新掌握的日子。

美国凯投宏观（Capital Economics）预计，特朗普的这项政策有望为美国带来7000亿美元收入，相当于美国GDP的2.3%。而数据分析公司Exiger的计算则表明，特朗普宣布的措施每年将给美国带来6000亿美元的新关税。大部分征税将来自10个国家，中国出口占新增关税的四分之一，为1490亿美元。越南商品将面临630亿美元的关税，中国台湾地区产品面临370亿美元的关税，日本出口面临360亿美元的关税。德国和爱尔兰商品合计将面临410亿美元的额外征税。

这可能也是特朗普的这一政策得到美国底层民众支持的原因。一些民众将这一政策形容为"必要之恶"（necessary evil）。美国此前数十年的"去工业化"已经导致了副总统万斯所说的"乡下人的悲歌"。在一些民众看来，即使这一政策在短期内会对他们的生活造成严重的冲击，但从长远看，这一政策或许会给他们带来好日子。

特朗普发动的全面关税战争不仅对全世界带来冲击，对美国本身的坏消息也远远淹过了特朗普所提供的"好消息"。美国各界对美国经济的预测可以说是"哀鸿遍野"，包括高通胀、滞胀、"特朗普衰退"、保护落后和孤立等。有些属于预见和警告类型，而更多的则是实实在在的负面影响。

对特朗普的认知，传统经济学家们感到的是"无语"。特朗普认为，来自其他国家的商品，尤其是廉价商品，导致了美国制造业的空心化或者去工业化。但他忘记了，这些商品同时也有助于美国控制通货膨胀，对美国消费者来说，它们降低了物价。经济学研究者们发现，尽管在过去数十年，美国中产萎缩，但他们的生活水准并没有降低，这和美国进口大量物美价廉的商品有关。

再者，特朗普表示美国进口的商品多于出口，这让他感到愤怒。但是，他忘记了美国在服务业、美元霸权、知识产权出口等领域所获得的巨大利益。实际上，服务业——包括金融、旅游、工程、医疗等多个领域——构成了美国经济的主要部分。2024年，这些服务的出口为美国带来了超过1万亿美元的收入。

很多受到美国商品关税打击的国家，与美国在服务贸易上存在逆差。根据美国人口普查局的数据，这些国家包括加拿大、中国、日本、墨西哥以及欧洲大部分地区。

特朗普所期望的"再工业化"的计划更是不可行。在上一波全球化过程中，为了节约数倍的成本，一些美国公司把业务迁移到中国等国家，在那里生产产品，再出口美国。自特朗普第一任期计划"再工业化"开始到拜登政府，为了避免受到美国对中国加征进口关税的影响，这些公司开始在越南或印度建厂。但现在，特朗普也要对越南和印度等几乎所有国家征收高关税了。尽管这样，这些公司依然很难如特朗普所预期的那样，把生产迁移回美国，因为对这些公司来说，这样并不可行，美国的生产成本依然过于高昂。

不过，人们更担心特朗普的对等关税会导致美国经济的衰退，甚至另一场"大萧条"。按照经济学家们的粗略计算，对等关税会使美国平均关税税率上升到约22%，这将是1909年以来的最高水平，超过1930年的《斯姆特-霍利关税法》（*Smoot-Hawley Tariff Act*）。1930年的这部关税法提高了输美数万种商品的关税。经济学家们认为，该法案当时实际上引发了一波外国报复浪潮，使世界陷入了更深的大萧条。法案实施后，到1932年，美国从欧洲的进口额从13亿美元下降到3.9亿美元，而对欧洲的出口额则从23亿美元下降到1932年的7.84亿美元。

美国的经济学家们担心美国会重演20世纪30年代的"大萧条"。由于美国的进口约占其消费的10%，依据计算，大约25%的有效关税可能会使物价上涨2.5%，到了2025年年底，通胀率将会超过4%。摩根大通（JP Morgan）和高盛（Goldman Sachs）都表示，他们将美国经济衰退的可能性分别提高到40%和35%。经济学家罗格夫也预测，这种程度的关税对美国进口商品的影响"简直令人难以置信"，美国陷入经济衰退的可能性上升至50%。

不过，特朗普的理解则完全不同。特朗普强调，如果当时的高关税政策维持下来，20世纪30年代的大萧条就根本不会发生。特朗普相信，1913年对美国公民征收所得税之前，美国倾向于高关税并向其他国家收钱。但"1929年，大萧条突然来袭，这一切都结束了，如果他们当初坚持关税政策，这一切都不会发生，故事就会大不同"。

### 三、对全球经济的冲击

整个世界也已经感受到了巨大的冲击。正如惠誉评级美国研究部门负责人奥卢·索诺拉（Olu Sonola）所说，美国的有效进口税率在特朗普执政下从2024年的2.5%飙升至22%，如果长期维持，"许多国家可能最终陷入衰退"。

欧盟委员会主席乌尔苏拉·冯德莱恩表示，特朗普的关税将使全球经济"遭受重大损害"。她呼吁进行谈判，但同时也表示，除了此前针对美国对外国钢铁和铝征收的关税而准备的报复性关税之外，欧盟还在准备进一步的反制措施。

如果有足够的意志，欧盟是有能力反制的。例如，欧盟可以利用限制美国服务进入欧洲地区的工具，作为施压的手段。其中最极端的措施可能是已经在2021年提出但尚未经过实质测试的"反胁迫工具"。这个工具允许欧盟对贸易伙伴采取"各种可能的反制措施",包括征收关税、限制服务贸易以及限制与贸易相关的知识产权。这可能会影响像Google这样的美国科技巨头。一些欧洲外交官已经表示,如果贸易战升级,使用这个工具有明确的可能性。

以往很多年来,欧盟持续对硅谷最大的公司采取监管行动,指责其存在反竞争商业行为、数据隐私保护薄弱和内容监管不力等问题。由于欧盟拥有约4.5亿人口,是一个重要市场,欧洲的监管压力已经迫使多家科技公司调整产品。Google修改了搜索结果的展示方式,苹果调整了App Store的设置,Meta对Instagram和Facebook也进行了修改,都是因为欧盟的法规。

而针对美国服务的限制将是欧盟贸易战中的新策略。如果欧盟把矛头对准科技行业,这必然加剧与特朗普政府在欧洲科技监管问题上的争端。即使在关税冲突之前,包括副总统万斯在内的美国高级官员就已批评欧盟对美国科技公司监管过严。

预计欧盟将宣布对苹果和Meta的新罚款,原因是两家公司违反了2022年11月通过的《数字市场法》,该法旨在让小型企业更容易与科技巨头竞争。Meta和X目前还在接受另一部欧盟新法《数字服务法》的调查,这部法律要求公司加强平台上的非法内容监管。

亚洲受特朗普的关税政策冲击尤为严重。长期以来,出口导向的经济发展一直是亚洲很多发展中经济体摆脱冲突、危机或贫困,走向经济繁荣的重要途径。最新关税不仅惩罚了日本和亚洲"四小龙"等发达经济体，也使柬埔寨和孟加拉国等仍在寻求这一道路的贫困国家前景更加黯淡。例如，美国是柬埔寨服装和鞋类最大的出口市场，现在美国要对柬埔寨征收49%的关税。作为小国，柬埔寨马上就面临生存的压力，而不仅仅是经济危机。

对各国而言，当前最大的不确定性在于，特朗普的这些关税究竟是谈判策略还是长期措施？关税对本国经济的实际冲击会是怎样的？如果要报复，那么如何报复？如果要妥协，那么如何妥协？

不管怎样，可以预见，各国的反应会是很不相同的。关税战背后是国家之间实力的较量。那些没有力量和美国较量的，就会选择投降；那些继续想从美国得到一些好处的，就会选择妥协；那些安全上不得不依靠美国的，就会（不得不）选择合作；而那些有力量与美国较量的，就会选择以牙还牙。

### 四、中国该如何选择？

中国选择的是反制。在世界范围内，人们最为关切的是特朗普关税政策对中美关系的影响。在人们的认知中，中美关系不仅仅是经贸关系，中美的互动基本上决定了未来的国际秩序。

无可否认，特朗普惩罚性关税对中国经济肯定有冲击。因为中国是一个出口导向型经济，其对国际贸易的变化高度敏感。这其中，中国与美国的贸易尤为重要。根据中国海关的数据，2024年中国对美国的货物出口总额超过5000亿美元，占其出口总额的16.4%。

根据特朗普的关税政策，美国将向全球所有进口产品课以10%以上的关税，但对中国的课税比例高达34%，其理由是中国对美贸易顺差高达2700多亿美元。这一税率，加上此前对中国已经实施的20%的关税，使得特朗普重返白宫以来对华加征关税税率将达54%。而且，中国同样要对美国对进口钢铁、铝和汽车征收特定行业税付出额外关税。如果把特朗普第一任时期对华征收的关税计算在内，美国对中国商品征收的总关税率将达到65%左右。

美国彼得森国际经济研究所（Peterson Institute for International Economics）认为，中国对美国的主要出口产品可能会受到很大影响，包括电子产品、电气机械、纺织品和服装。但是，美国公司的生产线也可能受到重大影响。美国从中国进口的大宗产品是资本货物和工业材料，而不是消费品。因此，关税将伤害美国制造商和消费者。

在特朗普宣布对等关税政策之后，中国立刻指出了美国"单边霸凌"的本质，誓言将采取"坚决反制措施，以维护自身权利和利益"。自然，中国已经宣布，对原产美国的所有进口商品，在现行适用关税税率基础上加征34%的关税。也就是说，中国对特朗普的"对等关税"进行了对等的反击。

对中国而言，不管特朗普这些关税是谈判策略还是长期措施，也不管美国的其他贸易伙伴将如何回应特朗普，既然特朗普采用的是"总体交易"，那么我们也应当对中美关系和国际秩序的未来做一系统的考量，也来对美国进行一种"总体交易"。正如特朗普的"总体交易"策略，我们的策略也远远超越经贸领域。

对特朗普的总体交易观、其所使用的手段和所产生的影响，我们需要一个实事求是的评估。因为美国已经把中国界定为世界上唯一有能力和意志的竞争者，甚至敌人，中国和美国的博弈是长期而艰苦的。对这场对等关税战争，我们既不能高估特朗普，但更不能低估特朗普。有几点是需要深思熟虑的。

第一，对于美国和西方各国对特朗普的批评，我们需要有一个超然的看法，持开放态度。正如前面所指出的，尽管有些批评具有现实性，但也有些是警告性和预见性的。经济学家（包括美国经济学家）对美国的实际经济问题并不见得有正确的认识。如果经济学家真的如他们所言有能力诊断和解决美国的经济问题，那么美国社会不会变得像今天这么糟糕。实际上，美国经济到了今天的地步，经济学界负有很大的责任。

第二，经验地看，没有一个国家可以因为关税而致富，也没有一个富裕的国家因为关税而继续保持繁荣。或者说，关税只是解决问题的一个工具，甚至是一个临时的工具。对对等关税政策所能造成的局面，特朗普并非完全不知道。或许这个局面是他想要的，并且这仅仅是一个开端。特朗普尽管在很多人看来，非常的"鲁莽"，甚至"愚昧"，但其行为并不缺乏逻辑。人们需要对其博弈的每一步进行冷静观察，不要过早下结论。

第三，绝对不能相信西方媒体而低估了特朗普。《纽约时报》大谈特朗普如何"摧毁美国的伟大"，《经济学人》最近的封面是"特朗普使得中国再次伟大"，BBC说特朗普的对等关税是送给中国的一个"大礼包"。类似的标题最近会越来越多。尽管很多人意识到贸易战或者关税战争没有赢家，而只有输家，但在国内媒体，尤其是社交媒体，依然有为数不少的人再次有了"赢麻了"的感觉。这是很危险的。如果这样，我们就会被西方所迷惑，被牵着鼻子走，最后犯战略错误。用中国来恐吓特朗普，这是现在西方越来越盛行的一种方法，无论是政界、经济界、学术界还是政策研究界。对此，人们一定要有清醒的认识。特朗普不会使得中国再次伟大，只有我们自己才能使国家再次伟大。

第四，更不能低估美国社会的活力。美国的活力从来不在政府，而在社会和资本。特朗普政府的一些改革政策，尤其是对企业的"去监管"和对州政府的"分权"在导致社会混乱的同时也在重塑美国社会。这也是美国 MAGA 运动的目标。尽管很多美国人（尤其是传统精英层）对特朗普是否可以复兴美国持怀疑态度甚至否定态度，但我们不能忽视这一运动对美国的影响。

第五，更需要关切的是，在关税战之后是什么？对等关税是特朗普解决其所认知的美国问题的方法，但如果这一方法解决不了问题，甚至是使得问题进一步恶化，那么特朗普又会怎样做呢？如果说1930年的关税法导致了大萧条，继而导致了战争，那么特朗普的对等关税又会导向何处？

## 五、避免"负和博弈"：中美拼的是经济的韧性

张宇燕教授早就观察到，大国博弈对整个贸易的损害是非常大的。哪怕是零和博弈，还有赢有输，但现在很多国家玩的、特别是有些大国玩的是负和博弈，即"我可以受损失，只要你的损失比我大"。实际上，在中美之间，负和博弈早已经超越贸

易领域，而扩展到地缘政治和意识形态等领域，并且更为严重。

尽管中国不想跟随美国把中美关系简单地定义为"竞争关系"，但是和美国的竞争既不可避免，也不可怕，直面即可。如果如张宇燕教授所说，美国采用的是负和游戏方法，那么我们大可不必采用同样的方法，而且要避免使用这种方法。如果我们也采用同样的方法，那么就会犯苏联那样的战略错误。正如长达半个世纪的美苏冷战所表明的，两个核武大国之间竞争的核心并非特朗普所使用的经济"核弹"，而是长期持久的经济韧性。对美国的反制既不可避免，也是必须的，但我们的目标应当是构造一个具有强大经济韧性的产业体系，只有这样一个产业体系才能使得我们在与美国的长期竞争中不仅立于不败之地，而且实现自己的可持续发展和国家的复兴。

无论是地缘政治竞争还是政治领域的意识形态竞争，我们都必须有自己的定力。今天，在地缘政治领域，特朗普同时表现为收缩与扩张。在收缩方面，特朗普的"退群"政策导致了二战以后建立在联合国体系之上的国际秩序的解体，而特朗普的"去联盟化"政策导致了西方所谓的"自由国际秩序"的解体。在扩张方面，特朗普崇拜的是19世纪到20世纪初的扩张主义的美国，这反映在其对加拿大、巴拿马和格陵兰岛的政策。不管是收缩还是扩张，都有一个共同点，那就是一个极端自私的美国。"收缩"政策或许如同特朗普所期待的，可以减轻一些美国的国际负担，但"收缩"很难使得美国在国际舞台上"再次伟大"；同样，如果特朗普回到一个"扩张主义"的美国，那么过度扩张所导致的成本说不定会促成美国更快地衰落。

就中美之间的直接冲突而言，需要掌控，但也并不可怕。中美都是核武大国，即使在人工智能领域也旗鼓相当，两国已经形成了一种互相威慑或者遏制态势。即使在台湾问题上，我们也可以相信即使美国卷入，也会是一场常规战争，而非核武战争。美国现在所采用的政策是遏制，意在防止我们用武力解决台湾问题。尽管美国在台湾问题上得寸进尺，但也显得小心翼翼，因为生怕和中国发生直面的冲突。一旦发生冲突，尽管很难预测谁胜谁负，但美国更有可能因为这场冲突而彻底衰落。但即使就再糟糕的情形来说，即中美在台湾问题上发生直接的冲突，美国是难以承受这样一场不对称的冲突的，因为对美国来说，台湾只是其地缘政治的一环，只代表少数人的利益，而对中国大陆来说，这是一场关乎主权的战争，代表全民的意志。

在政治领域的意识形态上，美式民主今天所经历的困局已经终结了20世纪90年代初盛行西方的"历史终结"论。尽管如哈佛大学亨廷顿教授生前所言，民主有高潮和低潮的时候，但今天美国式民主的困局绝对不是"低潮"的概念所能形容的。西方民主从精英民主到中产民主再到今天的民粹民主，现在的问题是如何走下去的问题。尽管民主陷入困局，但迄今没有人知道如何走下去。尽管特朗普在国际舞台上兴风作浪，但这完全是美国内部的政治因素所致。经验地看，美国的经济基础和生产力没有大的问题，问题在于上层建筑和生产关系，或在于美国（和西方）感到最骄傲的政治体制。今天，特朗普把内部政治问题经济化，把经济问题国际化，这不仅有可能导致经济的恶化，更可能会导致政治的进一步恶化。

## 六、中美竞争的关键：依然在技术和经贸领域

所以，中美竞争的关键依然在技术和经贸领域。

在这个领域，较之任何国家，任何时候，中国更有条件和经验来作出理性的决策，保持定力，不为外部所干扰，而根据自己的既定路线追求进步。自特朗普第一任期开始经拜登政府再回到特朗普第二任期，已经八年多了，中国的企业表现出强大的韧性，国家表现出强大的韧性。可以毫不夸张地说，就韧性而言，没有几个国家可以和中国相比。

作为一个学习型国家，中国在这些年学到了很多在正常的国际环境下学不到的东西，弥足珍贵。

第一，我们不再假定一个开放市场是永恒的，绝对不能走"采购"立国的路线。此前，一些人和企业深受西方新自由主义经济政策的影响，认为企业和国家的发展可以依靠国际市场。"既然可以在国际市场采购，为什么还要自己生产"是当时很多人的主流思路。从特朗普第一任期的对华贸易战中，这些人和这些企业已经得到了深刻的教训。今天，新自由主义经济思想在中国已经没有市场了。

第二，核心科技等不来，还得靠自己。对任何经济体而言，在经济发展的早期，的确存在着大量的现存技术可以使用的情况，即发达国家技术的应用和扩散，也即经济学中所谓的"后发优势"。但经验地看，"后发优势"只会在一个国家从低度发展到中等收入的发展阶段发生作用，之后"后发优势"的弊端会越来越显现。很多年来，中国就面临这样一个局面。当中国

开始赶超美国的时候，美国就对中国实施在高科技上"卡脖子"和在经贸上"脱钩断链"的政策。正如很多人所观察到的，美国的这种政策反而促成了中国在科技上的自强自立。近年来，中国在所有关键的技术领域有大量的投入。有投入就有回报。最近杭州"六小龙"现象表明，中国已经进入了科技引领经济发展的新阶段。在全国范围内，杭州"六小龙"只是类似那样的企业的冰山一角。中国技术发展路径和亚洲早些时候的日本和韩国类似。在经济发展的早期，通过现存技术的应用和扩散而追赶西方，在发展数十年之后，积累了足够的技术知识，就开始转向从"0—1"的原创。

决策层对此是高度清醒的。党的二十届三中全会就把"教育、科技、人才"放在一起加以叙事，这表明大科研系统建设已经提到议事日程上来了。结合国家目前的技术积累水平，这个体系的形成和发展，势必触发企业层面原创技术浪潮的来临。这一阶段有点类似于二战之后的美国。而一旦整个经济体转向原创的阶段，那么美国或者其他国家的"卡脖子"和"脱钩断链"等不再能够深刻影响中国经济。实际上，在可预见的将来，美国等发达国家可能会在很多领域反过来依赖出自中国的原创性技术。

第三，建设内部统一大市场，挖掘和拓展内部发展空间。中国是一个具有14亿人口、4亿中产的大市场，但我们还没有形成一个全国统一大市场。一旦国内统一大市场形成，那么更多的发展潜力就会释放出来。近年来，建设全国统一大市场已经提到议事日程上来了。这个不是幻想，而是可以通过行政体制和市场机制的改革来达成的。越来越多的要素在促成统一大市场的形成，唯一的阻力在于行政分割。而行政分割是可以通过区域或者国家统筹来克服的。近年来，长三角一体化和大湾区一体化的经验就充分说明了这一点，只不过改革的力度还可以更大、更有力。

第四，开放是发展的前提。二战之后，美国之所以变得伟大，就是因为美国的开放。美国的开放政策促使其形成了多个地域嵌入型世界级经济枢纽，包括旧金山湾区和纽约湾区等，这些地方帮助美国吸引了大量的高端人才、优质资本和技术。或者说，美国的开放为全世界塑造了这个平台，而全世界促成了美国的伟大。今天轮到中国了。我们在唐宋时期曾经是世界上最开放的国家，但是后来封闭起来了。当时的人们没有意识到，尽管我们地大物博，几乎不需要任何外来的货物，但是开放的本质价值并不在外来的货物，而在于货物流通背后的思想和精神。20世纪80年代，我们总结了历史，得出"封闭就要落后，落后就要挨打"的结论。这个结论可说是普遍性的，对任何国家都是如此。因此，当美国和一些西方国家践行经济民族主义和贸易保护主义的时候，中国接过了"自由贸易"的大旗。今天，我们践行的高水平开放具有三方面的内容：一是规则、规制、管理和标准的制度型开放，二是自主的开放，三是单边开放。没有人可以低估中国通过高水平开放重塑国际贸易格局和贸易体系的能力。

第五，经济科技领域的内部改革和外部开放的必然结果是一个现代产业体系的形成。作为一个大国，中国的现代产业体系必须具备"全""大""多""密""强"五大特征。中国吸取了此前两个经济大国英国和美国在这方面的深刻教训。在20世纪80年代，英国的撒切尔政府推行新自由主义经济政策，"毅然"放弃了制造业，而把重点转向金融业。这是一个重大的战略错误。尽管伦敦拥有了今天人们所看到的"金融城"，但英国却失去了制造业。当一个国家不再制造，等待的便是这个国家的衰落。这也为后来英国脱欧埋下了种子。美国也如此。二战之后，美国成为世界制造业最强国。但与英国一样，里根革命推动金融全球化，美国的资本带着美国的制造业流向了世界各地。在短短的数十年时间里，美国从一个什么都制造的国家转型成为一个什么都不能制造的制造业弱国。也就是说，新自由主义经济政策导致了美国的"去工业化"。这也就是特朗普自其第一任期开始推动"再工业化"的原因。尽管特朗普对美国"去工业化"所产生的弊端的判断是正确的，但他对"再工业化"所采取的做法（也就是本文所讨论的"对等关税"）则很难让人相信他会成功。而中国既不会作出英美那样的错误判断，更不会犯英美那样的战略错误。

一旦意识到中美拼的是经济的韧性，那么构造这样一个现代产业体系，必然会成为国家发展下一步的重中之重。

---

原标题　中国和美国拼的是"经济韧性"｜独思录×郑永年

来　源　大湾区评论

日　期　2024-04-07

链　接　https://mp.weixin.qq.com/s/zvKLj-xmAxJFM1VfuGaBYQ